国家社会科学基金项目"资源环境约束下的淮河流域经济发展方式转变研究"
(项目编号:11BJL056)结项成果

资源环境约束下的淮河流域经济发展方式转变研究

任志安　著

人民出版社

责任编辑:孟令堃

策划编辑:王艾鑫

装帧设计:朱晓东

图书在版编目(CIP)数据

资源环境约束下的淮河流域经济发展方式转变研究/

任志安 著.—北京:人民出版社,2018.11

ISBN 978-7-01-019951-1

Ⅰ.①资… Ⅱ.①任… Ⅲ.①淮河流域－区域经济发展－研究

Ⅳ.①F127.54

中国版本图书馆 CIP 数据核字(2018)第 238821 号

资源环境约束下的淮河流域经济发展方式转变研究

ZIYUAN HUANJING YUESHU XIA DE HUAIHE LIUYU JINGJI FAZHAN FANGSHI ZHUANBIAN YANJIU

任志安　著

人民出版社 出版发行

(100706　北京市东城区隆福寺街 99 号)

北京中兴印刷有限公司印刷　新华书店经销

2018 年 11 月第 1 版　2018 年 11 月北京第 1 次印刷

开本:710 毫米×1000 毫米 1/16　印张:20.75

字数:298 千字

ISBN 978-7-01-019951-1　定价:65.00 元

邮购地址:100706　北京市东城区隆福寺街 99 号

人民东方图书销售中心　电话:(010)65250042　65289539

前　　言

　　随着淮河流域在我国经济发展中重要性的日益显现，淮河流域的问题逐步由治理转向发展，也就是说，如何实现又好又快发展，已经成为淮河流域面临的头等大事。但是，淮河流域的可持续发展却越来越受到资源和环境的限制，暴露出原有的粗放型发展模式越来越难以为继的发展困境。因此，切实转变经济发展方式已迫在眉睫。那么资源环境到底对淮河流域经济发展有何影响？淮河流域为什么要转变经济发展方式？为什么产业优化与转型发展是淮河流域转变经济发展方式的根本途径？从产业的视角来看，淮河流域转变经济发展方式的最为重要的任务有哪些？这些问题都需要我们去深入研究，以期找到实现淮河流域健康可持续发展的路径和方法。

　　为此，本书采用"理论梳理、跨学科分析、系统分析、统计分析、计量分析以及对策的情景分析"等研究方法，围绕具有逻辑递进的淮河流域为什么要实现经济发展方式转变，淮河流域实现经济发展方式转变的根本途径以及淮河流域实现经济发展方式转变的主要任务这样三个问题，分别对资源环境约束对淮河流域经济发展的影响、淮河流域经济发展方式转变的评价、淮河流域经济发展方式转变的路径、淮河流域承接产业转移、淮河流域矿产资源利用与资源型产业转型和淮河流域农业发展方式转变与可持续发展六个内容开展了较深入细致的理论和实证研究。通过上述内容研究，使得人们对淮河流域经济发展方式转变的必要性有了更加理性的认识，论证了产业优化与转型是淮河流域经济发展方式转变的根本途径，指出了基于科技优势承接产业转移、加快资源型产业转型与切实转变农业发展方式是淮河流域推进经济发展方式转变的当务之急。在此基础上，本书从产业优化与转型的角度给出了在资源和环境双重约束下，淮河流域切实转变经济发展方式，实现又好又快发展的对策建议，并从制度体系设计和政策组合运用两个方面对相关建议进行了拓展，进而为有力推进淮河流域经济发展方式转变提供更加广阔的政策操作空间。

第一，基于本书研究涉及的论题，分别从经济增长和经济发展、经济发展方式转变、资源环境约束与经济发展以及淮河流域经济发展四个方面梳理了目前学术界的研究现状。从中可以看出，有关经济发展方式转变的理论研究仍在不断拓展，尤其是对像淮河流域这样的特殊区域的经济发展方式转变问题研究还有待深入。同时本书在不同部分对相关论题进行了有侧重的梳理和探讨，较系统地展现了当前的研究状态。

第二，从约束层面论证资源环境约束下淮河流域转变经济发展方式的必要性。一是通过构建指标体系（包括 15 个指标层），并基于熵权的TOPSIS 模型对淮河流域的资源环境承载力展开实证研究；二是基于Brock and Taylor（2005）的环境污染变化模型，并在模型中添加了人口密度和建成区绿化覆盖率两个变量，对淮河流域主要环境污染物的影响因素进行回归分析；三是以 2003—2014 年淮河流域市级面板数据为样本，使用采掘业从业人员数占从业人员总数的比例来衡量一个地区的资源禀赋，在加入了劳动、资本、人力资本、产业结构、对外开放等控制变量后，实证检验"资源诅咒"命题在淮河流域市级层面是否成立。

第三，从评价层面论证资源环境约束下淮河流域转变经济发展方式的必要性。通过对淮河流域现有的经济发展方式进行评价，找出淮河流域经济发展方式存在的主要问题，说明淮河流域想要又好又快发展需要转变经济发展方式。主要工作包括：一是利用单一指标 Malmquist 指数测算了淮河流域的全要素能源效率，分析其变化过程；二是构建了一套综合指标体系，衡量和评价淮河流域经济发展方式转变的效果，考察经济发展与资源消耗之间的关系；三是利用空间面板模型，找出淮河流域经济发展的主要影响因素，并探讨其作用机理。

第四，探寻资源环境约束下淮河流域经济发展方式的转变途径。通过构造环境质量、产业结构、资源利用效率、产业环境协调度、经济发展方式转变效率等评价指标体系，以及基于不同场景构建多种不同的面板模型分别研究了产业结构优化对淮河流域的环境质量、资源利用效率、经济发展方式转变效率的影响，阐释了产业结构优化与转型在淮河流域发展中的重要作用，从而实证检验了产业优化与转型是资源环境约束下淮河流域转变经济发展方式的根本途径。

第五，研究资源环境约束下淮河流域承接产业转移的理应选择。通过建构科技进步与经济增长模型，验证了科技进步对淮河流域发展的重要性；通过建立科技资源配置效率评价指标体系，探讨了淮河流域科技资源配置效率，并通过因子分析法，评价了淮河流域各地市的科技优势；通过构建灰色关联模型，研究了淮河流域科技优势对产业经济发展的影响。从而论证了基于科技优势承接产业转移正是资源环境约束下淮河流域转变经济发展方式的不二选择，并给出了承接产业转移的模式和对策。

第六，实证分析淮河流域矿产资源的开发利用效率、环境效应和资源型城市的转型路径。首先研究了淮河流域 38 个地市矿产资源开发利用现状；其次利用 DEA 的 C^2R 模型对各地市矿产资源开发利用效率的高低进行相关分析；再次运用时序全局主成分分析法针对淮河流域山东省矿产资源开发利用的环境效应进行了实证分析来估测和推断淮河流域矿产资源开发利用过程中存在的问题，并提出相应的解决策略；最后从资源型城市角度出发，分别从产业生命周期、全要素生产率及三次产业占 GDP 比重等对淮河流域资源型城市的转型进行多维度分析，进而引导矿产行业持续、协调、健康发展。

第七，探讨在资源环境约束下，淮河流域如何加快农业发展方式转变和实现农业可持续发展。运用 DEA-Malmquist 指数方法计算出 2000—2014 年淮河流域的各个地市的农业全要素生产率指数，对淮河流域农业发展方式转变的效率进行了动态评价和实证分析，指出淮河流域农业发展方式转变存在的问题。同时，通过运用门槛效应模型，分析了水资源利用对淮河流域农业发展方式转变的影响，进一步研究了水资源约束下淮河流域农业发展方式转变的门槛效应，并对淮河流域农业可持续发展水平进行了灰色关联度分析。

第八，作为本书研究的落脚点，旨在前面各部分研究的基础之上，给出资源环境约束下淮河流域转变经济发展方式的对策建议，以期对淮河流域又好又快发展提供决策参考，从而实现本书研究的最终目标。但是，对于淮河流域来说，转变经济发展方式是个大问题，更是个庞大的系统工程，因此从全局上看淮河流域转变经济发展方式更加需要一个完善的制度体系，同时在运用政策时还需要注意政策组合问题，只有这样才能更加有效地推进淮河流域转变经济发展方式。为此，作为资源环境约束下淮河流域转变经济发展方式对策研究的有益补充，本部分在后面分别探讨淮河流域转变经济发展方式的制度体系设计以及政策组合运用问题，进而为有力推进淮河流域经济发展方式转变提供更广阔的操作空间，当然也为以后的研究提出更多的科学命题。

本书根据经济学的经济发展理论，采用理论探寻和实证检验等主要方法，对淮河流域这一特殊区域在资源环境双重约束下的经济发展方式转变问题进行了较为系统的研究，尤其是基于转变经济发展方式具有多目标和显著的时空特征，不同系统在不同时期，应该有各自不同的转变途径和转变任务的基本认识，找寻到了目前淮河流域转变经济发展方式的主要突破点应该是已有产业的转型和承接新的产业。相信我们的研究进一步丰富了像淮河流域这样的特殊区域的资源与环境管理，以及环境经济研究理论，尤其是对这样的特殊区域如何实现可持续发展研究具有一定的学术价值。

然而，资源环境双重约束下淮河流域经济发展方式转变研究还是个年轻的论题，其理论本身也在不断发展和完善之中，而且在淮河流域转变经济发展方式伟大实践中也不断提出新问题。本人在对这一课题的研究过程中，深感这一领域的理论博大精深，应用范围十分广阔。本书只是其中的一个部分，而且可能还是较为基础的部分。

　　本书在研究过程中，得到了课题组成员周泽炯教授、徐德云教授、李强副教授、廖信林副教授、李勇刚副教授、郭利京副教授、沈宏研究员、夏成林研究员的大力帮助，他们不仅积极参与调查研究，提供相关研究数据和素材，而且还深入参与部分内容的具体研究，同时还对本书内容的修改和完善提出了很多宝贵意见，在此，向他们表示最衷心的感谢！另外，在本书写作过程中，安徽财经大学经济学院硕士研究生王利、陈博文、闵路路、宗艳华、丁桂云参与了研究，并进行了大量的实证分析，还有张小倩、刘雨佳、俞筝等同学进行了文字加工和格式规范，在此一并表示深深的谢意。

　　本书是在国家社科基金项目《资源环境约束下淮河流域转变经济发展方式研究》成果的基础上形成的，其出版得到了国家社科基金项目的资助。人民出版社王艾鑫编辑为本书的出版付出了大量辛勤劳动。在此表示十分感谢！

　　本书在写作过程中，本人参考了大量国内外的著述和资料，唯恐在参考文献中有所遗漏，特此致谢并对他们的研究成果给予本人的启迪表示感谢。

　　任何一个论点的被认可无不经历长时间的检验和挑战，本书的观点也不例外，同样需要接受更多的经验证据的支持或理论上的不断修正。就是在具体研究过程中，也常常感到很多问题上研究的不足，还留有大量的问题有待作进一步探讨。由于水平和时间所限，本书中对许多问题的探讨仅仅是提出问题，许多观点也可能有失偏颇，期望学界同仁们多提宝贵意见。如有不当之处，也请读者们给予批评指正。

任志安
2018 年 7 月 3 日

目 录

导　论

　　较系统地探讨和研究"在资源和环境双重约束下，如何从产业转型和承接产业转移的角度，加快经济发展方式转变，实现淮河流域科学发展"是本书的主要目的。作为开篇之论，导论主要是提出本书所要研究的问题，综述该问题的国内外研究现状，阐释课题研究涉及的几个概念，介绍本书的研究目的、方法、逻辑架构和内容安排。

一、研究背景与问题的提出

　　淮河流域是我国承载人口和经济活动的重要地区，是重要的粮食主产区和煤电能源基地，也是承接东部地区产业转移、实施中部崛起发展战略的重要区域。因此，长期以来，淮河流域发展问题始终是学术界关注的重要课题和研究热点。但是，综观已有的文献不难看出，对淮河流域问题的研究，多年来学者们更多地关注的是它的治理问题，相对缺乏淮河流域的经济发展问题研究。虽然近年来有关淮河流域发展问题的研究日益引起学术界的高度重视，但是，从目前开展的研究上看还很片面和零碎，尤其缺乏系统深入地开展淮河流域经济发展方式及其转变方面的科学研究。

　　事实上，多年来转变经济发展方式一直是我国经济社会发展的主线，当然也是淮河流域经济社会发展面临的重大现实问题。虽然近年来淮河流域的经济发展取得了较大成就和长足进步，但是，发展过程中仍然存在着很多问题，比如，淮河流域是我国名副其实的"经济谷地"、淮河流域的工业化水平较低、淮河流域的农业发展相对落后，尤其是淮河流域的经济发展日益面临着资源和环境的双重约束，因此，想要从根本上解决这些问题，就必须切实转变经济发展方式。也就是说，在资源和环境双重约束下，淮河流域经济要想实现又好又快发展，在中部崛起中发挥更大的作用，必须加快转变经济发展方式，全面提升发展水平。

经济发展理论在西方的经济理论研究中一直占有重要地位，经济发展方式的相关理论我们可理解为是随着经济发展理论的发展而发展的，其主要研究集中在经济增长方式转变方面。在国外文献中，关于经济增长和资源环境问题研究可追溯到威廉·配第（Willian Petty）、大卫·李嘉图（David Ricardo）、约翰·穆勒（John Mill）等古典经济学家对经济增长与资源环境关系的探讨。特别是在第二次世界大战以后，随着环境制约社会经济的进一步发展，这方面的研究日益加强。1968 年，美国经济学家肯尼斯·鲍尔丁（Boulding K. E.）对资源利用和环境污染等一系列问题作了原创性研究，首次提出了"循环经济"和"经济、社会和自然"协调发展理念。1972 年，在以美国生态经济学家丹尼斯·米都斯（Meadows D. H.）为代表的研究小组发表的研究报告——《增长的极限》中，主张人类社会要想避免这种衰退就必须自觉抑制增长，实现"零增长"。1987 年，世界环境与发展委员会发表报告进一步明确了可持续发展的概念。1991 年，格罗斯曼（Grossman）等提出了著名的"环境库兹涅茨曲线"理论，认为环境质量同经济增长呈现倒"U"形的曲线关系。1992 年，联合国环境与发展大会拉开了全球可持续发展的行动序幕，此后世界各国的学者对可持续发展理论以及资源环境等问题开展了非常广泛而深入的研究。2003 年，英国政府发表《能源白皮书》（UK Government 2003），首次提出了"低碳经济"（Low Carbon Economy）概念，而于 2010 年 1 月在瑞士小镇达沃斯召开冬季达沃斯论坛更是把"低碳经济"研究推向高潮。

在国内，经济发展方式转变是学术界近年来才兴起和探讨的热点问题，可以说学者们从不同维度对经济发展方式的转变问题进行了研究，形成了十分丰富的研究成果。综观学者们的研究，主要集中在几个方面：（1）经济发展方式转变的内涵。史晋川（2010）认为经济发展方式转变的基本内涵包括两个方面：一是资源利用效率的提高，二是资源配置效率的改善。黄泰岩（2007）认为转变经济发展方式的内涵，应该是向发展目标多元化转变，其核心是向以人为本这一发展转变；向建设资源节约型、环境友好型社会转变。张光辉（2011）从促进全要素生产率出发，认为影响经济发展方式转变的因素有体制问题、经济结构发展不平衡问题、道德体系问题。王宁西（2012）认为经济发展方式转变围绕着科学发展观进行定义，发挥社会主义政府的优势，辅助市场经济的发展运营。（2）经济发展方式转变的意义。王一鸣（2008）认为党的十七大提出转变经济发展方式这一重大命题，具有重大现实意义。孟祥仲、袁春振（2008）从经济社会情况和对"转变经济增长方式"出现问题的反思出发，分析了提出转变经济发展方式新表述的背景和原因。杨伟民（2011）认为转变经济发展方式对全面建设小康社会具有重要的现实意义，对各方面改革的运行具有指导性意义。王宁西（2012）认为经济发展方式的变革受到国内外不同方面的影响，是一种新事物动态演进的经济运行影响方式，只有明确转变经济发展方式的前提、重点、目标、核心才是面对这些动态新事物产生的关键。（3）经济发展方式转变的任务。吕政（2008）认为，转变经济发展方式，需要解决诸如正确处理速度与效益的关系、调整优化产业结构、节约资源和保护环境的突出问题。著名经济学家吴敬链（2010）认为目前经济增长方式的转变之所以推进缓慢，主要是由于体制性障碍没有消除。陈刚（2014）认为经济发展方式转变的动力机制是科技创新，提出了科技创新支撑要素结构重组、产业结构升级和需求结构优化。徐永德（2014）认为落后的制度因素阻碍经济运行的方面有实施机制的路径依赖、行政制度限制经济运行和文化思想中的保守观念。还指出新常态下转变经济发展方式的关键在于从制度和社会组织方面完善市场机制、充分发挥市场竞争下的合理资源配置、政府简政放权下注入市场新活力，并且以合理的空间承载力保障经济发展的持续性。（4）经济发展方式转变的路径。关于转变经济发展方式途径的研究，国内大多数经济学家主要从以人为本，节能减排，注重环保、完善市场机制、政府规制、法律监管，体制改革和产品价格改革等方面进行探讨。比如，任保平（2015）提出基于新常态背景下的推进经济发展方式转变路径，包括传统制造业的现代化、老工业基地的产业振兴、资源枯竭型城市的转型、实体经济的转型发展。（5）经济发展方式转变的实践。范恒山（2010）研究了长江三角洲地区经济发展方式的转变。杨素刚（2010）研究了广西经济发展方式转变的生态战略。蔡昉（2008）通过拟合环境库兹涅茨曲线和预测排放水平从提高到下降的转折点两个方面，系统考察了中国经济内在的节能减排要求。高颖飞（2012）认为中原地区经济发展方式转变的制约因素与路径选择中应该按照自身区位优势，转变发展观念、产业结构优化、统筹城乡发展、科技创新、扩大开放等方面探索经济发展方式转变新途径。唐羽（2016）通过研究沈阳经济发展方式转变，认为市场化程度低，私营经济不发达是导致经济发展方式指标评价低的原因，等等。

由此可见，国内外关于经济发展方式的研究十分丰富。但是，从已有的研究仍然不难看出，对于像淮河流域这样特殊区域的经济发展方式转变研究尚属前沿，尤其是较系统地探讨在资源和环境双重约束下，如何从产业转型和承接产业转移的角度，加快经济发展方式转变，实现淮河流域科学发展的研究还不多见。本书正是针对这一科学问题开展研究的。而淮河流域如何实现又好又快发展，始终是淮河流域今后一段时期面临的重大现实问题。要想实现淮河流域又好又快发展，转变经济发展方式是关键。然而，特有的自然和社会环境决定了淮河流域经济社会发展的特殊性。所以，淮河流域转变经济发展方式有其特殊性和自身的规律性。因此，无论是从理论研究，还是从现实需要来看，本书研究都具有非常重要的意义，更是十分必要的。

二、国内外研究综述

虽然经济发展方式转变研究涉及的理论众多且内容丰富，但是通过对《资源环境约束下淮河流域经济发展方式转变研究》从内向外的逐层分解可知，该课题研究主要涉及四个方面的基本理论：（1）经济增长与经济发展理论；（2）经济发展方式转变理论与实践；（3）资源环境与经济发展的关系；（4）淮河流域经济发展问题，等等。正因为如此，以下我们将从这四个方面对国内外研究现状进行综述，以期了解目前学术界对此问题的研究动态，从而进一步说明本书研究具有的理论意义。

（一）经济增长和经济发展研究综述

经济增长与经济发展之间的关系密切，但经济增长与经济发展并不是完全等同的概念。虽然经济增长是经济发展的前提要求，但是经济增长不会必然导致经济发展，也有可能会对经济发展起到消极的作用。经济增长理论和经济发展理论长期以来被学术界作为诠释经济现象及经济规律的依据，研究成果十分丰硕。考虑到课题篇幅，本书仅从经济增长理论、经济发展理论以及经济增长和经济发展的关系三个方面进行一般性综述。

1. 经济增长的理论综述

经济增长在历史长河中始终是学术中研究的重要问题，同时也是社会各界讨论的热点方向。国内外的学术界在对经济增长理论和经济增长与现实问题研究分析上取得了诸多成果，本部分仅从经济增长的概念及理论依据、影响经济增长的因素、经济增长方式转变研究以及经济增长理论的运用四个方面进行文献综述。

（1）经济增长的概念及理论依据

对经济增长概念的把握是经济学研究的前提要求。纵观经济学的发展历史，学术界对经济增长的定义各不相同，以萨缪尔森（Paul A.Samuelson）为代表的经济学家认为，经济增长可以被看作随着时间的变化，生产可能性边缘逐渐向外移动。另外，经济增长被认为是一个国家或地区内生产的所有产品，包括服务在内均处于长期增长趋势。以刘易斯（William Arthur Lewis）为代表的经济学家认为，经济增长不仅包括经济总量的长期增长趋势，还应该包括人均产出的长期增长趋势。此外，以西蒙·库兹涅茨（Simon Smith Kuznets）为代表的经济学家认为，经济增长是一个区域范围内向所有公众提供的商品、服务的数量及水平处于逐渐上升趋势，同时科技的进步和相关的政策制度的创新能够提高产品及服务的供给水平。西蒙·库兹涅茨对经济增长的内涵界定被广泛接受，他的经济增长理论有两层含义：第一，经济增长具体体现在商品或服务供给总量的持续增加；第二，经济增长离不开科学技术创新以及制度创新。

　　国内学术界对于经济增长内涵的把握几乎是在以上经济学家对经济增长定义的基础上进行的。陈世清（2015）认为经济增长，在狭义上是指能够定量分析的经济国民收入、经济总量与经济规模；在广义上指包括能用货币来计算的与不能用货币来计算的社会财富的增加。认为广义的经济增长是狭义的经济增长向发展转化的过渡阶段。陈锐（2013）认为进入工业社会之后，经济增长已经成为一种常见的现象，科学技术成为发达国家经济增长的基本力量。任保平（2013）认为不能仅仅把经济增长的数量作为唯一指标，而忽视经济增长质量的重要性，因此需要创立系统而全面的质量经济增长理论。

　　（2）影响经济增长的因素

　　国外学术界对促进经济增长的影响因素分析可以追溯到亚当·斯密（Adam Smith）时期，他认为分工合作可以提高劳动生产率，进而促进经济增长。大卫·李嘉图（David Ricardo）认为收益递减规律会使得经济的长期增长趋势停止。马尔萨斯（Thomas Robert Malthus）认为人均产出表示的经济增长会受到人口增长的限制。19世纪后半叶，马歇尔（Alfred Marshall）认为人口的递增、资本的累积、分工合作的程度加深等，都会使工业的生产率得到提高，进而促进经济增长。哈罗德-多马模型认为，储蓄率与经济增长率是正相关的关系，相反，与资本和产出的比呈现负相关的关系。20世纪80年代中后期，罗默（Paul M. Romer）认为生产要素中的新思想是促进经济增长的主要因素。卢卡斯（Robert E. Lucas Jr.）认为促进经济增长的真正源泉是特殊专业化的人力资本。

　　近几年国外学术界关于研究影响经济增长因素方面的文献有很多。Toya，Sikidmore 和 Robertson（2010）研究人力资本对经济增长的相关影响。Ozyigit 和 Eminer（2011）分析外商直接投资、人力资本与经济增长的长期关系。Ding 和 Knight（2011）深入地研究了中国在改革阶段经历了高速经济增长的原因。Rao 和 Vladlamannati（2011）改进了索罗增长模型，进而研究了人力资本对经济增长水平与增长的影响效应。Kveiborg 和 Gosgerau（2007）认为促进经济增长最大的因素是使用大型车辆、更大的货车载重量和更少的空运转比例。Lakshmanan（2011）从贸易、技术、建设等方面出发，广泛地研究了交通基础设施建设对经济增长的影响。Owen 等（2012）认为解决低技术、低效率劳动力的交通问题对经济增长有促进作用。

　　在国内，学术界对于促进经济增长因素的研究成果也十分丰富。张明（2013）认为经济增长是波动着上升的，而不是一条平稳的直线，良好的制度是产业升级和经济增长的保障。赵小克（2013）认为经济增长的直接来源只有两个：一是生产要素投入量的增加，二是生产要素使用效率的提高。邵琳（2014）认为对于一个国家或地区的经济持续增长来讲，一定数量和质量的人力资本存量是最为关键的基础。金海年（2014）认为经济长期增长的决定性因素在于侧重供给侧的制度供给，从供给侧研究供求均衡问题是推动经济增长的关键。汪孟宵（2015）认为发达国家的经济增长主要是由技术进步来推动的，而发展中国家更应该重视技术进步对经济发展的影响，此外，制度是另一个影响国家经济增长的重要因素。张亮（2013）以吉林省为例研究，认为金融发展是促进经济增长的重要推动力。刘骏民、刘晓欣（2014）创立了以产业创新为核心的经济增长理论，阐述了技术进步、金融创新以及制度因素等直接推动经济增长的核心机制。

　　（3）经济增长方式转变研究

　　2013 年以来，我国部分地区雾霾现象严重，这使得转变经济增长方式成为大家热议的焦点，而在此之前，国内已经有了许多对经济增长方式转变的研究成果。杨志强（2013）分析了我国经济增长方式依然不能满足经济可持续发展要求的原因。郭晗和任保平（2013）认为目前的经济发展方式转变滞后的根本原因是经济发展方式依赖多重路径和锁定效应。杨雪锋（2013）认为传统的经济增长方式存在逻辑自洽。任保平和王蓉（2013）认为提高经济增长质量必须重视经济道德基础的构建。王君

（2013）分析了工业化、信息化与经济增长方式转变之间的内在联系。黄铁苗和蒋鑫（2013）认为改变粗放型经济增长方式，需要提高经济增长质量和效益。卢万青（2013）认为经济增长方式转变受教育科研水平、融资制度、政府支持等重要因素的影响。任保平和李娟伟（2013）认为经济增长方式转变，必须是经济增长的战略、方式、动力、结构、体制都进行转变。任保平和张文亮（2013）认为需求管理和供给管理都对经济发展方式转变具有重要影响。任保平和郭晗（2013）认为经济发展方式从"要素驱动"转向通过技术进步来提高劳动生产率的"创新驱动"。蔺雪芹、王岱、任旺兵、刘一丰（2013）认为城镇化本身作为经济发展的直接动力源特征并不明显，但城镇化确实对经济增长有良好的传导作用。

尽管我国学术界在转变经济增长方式方面的研究较多，但是仍然缺乏系统性和长远性的分析框架，仅仅是针对当前的问题提出暂时性的对策建议，相对缺乏真正深入探讨转变经济增长方式内在要求的文献。

（4）经济增长理论的运用

我国经济界，对于经济增长理论的研究更偏向于对现实问题的分析和实践。比如，蔡昉（2013）把经济增长划分为马尔萨斯贫困陷阱、刘易斯二元经济发展、刘易斯转折点和新古典增长等几种类型或阶段，并结合中国经济发展问题，进行实证分析并提出政策建议。陈锐（2013）运用现代增长理论，结合政治经济学方法，将其在理论上和实践研究上予以深化，来对今后中国经济增长的动力做出初步研究。郑予洪（2013）通过经济增长理论研究，进而追溯经济增长的发展源，深入探讨经济增长的内在机制以及对其产生影响的外部因素，对经济的持续增长以及产生国别经济差异的原因进行分析探讨，发现相对其他经济理论而言，经济增长理论的创新还是不足，需要做进一步突破研究。杨晓峰、赵宏中（2013）认为在经济增长过程中保持平衡，教育进步、收入公平是经济可持续增长的必要条件。郝大江（2013）认为非正式约束与经济活动的相互匹配在区域经济增长的路径选择中起着至关重要的作用。王振华（2014）从产业结构升级的角度对中国县域经济的快速增长进行解释，测度中国县域经济增长中产业结构升级的贡献。郝颖、辛清泉、刘星（2014）认为在经济规模较小的地区，企业固定资产与权证投资降低了经济增长质量，而技术投资则提升了经济增长质量。唐未兵、傅元海、王展祥（2014）认为技术创新与经济增长集约化水平负相关，外资技术溢出和模仿效应有利于经济增长集约化水平的提高。钞小静、沈坤荣（2014）认为城乡收入差距通过劳动力质量，影响了中国的长期经济增长。徐现祥、梁剑雄（2014）发现随着中国经济进入结构调整期，经济增长呈现出新现象：东部经济增长放缓、省际经济差距缩小、中央实施偏向内陆的区域协调发展政策。郭步超、王博（2014）发现政府债务对经济增长的影响具有门槛效应，但其作用机制在发达国家与新兴市场国家并不相同。郭熙保、郑淇泽（2015）借助统一增长理论来分析我国人口转型与经济增长，能够更好地解释经济起飞的过程与面临的挑战。周小亮（2015）从经济增长学术史角度，梳理了经济增长动力转换研究的理论，并结合中国国情特别是新常态特征要求，进行了相应的评论和研究分析，提出了初步思考。武康平、倪宣明、殷俊茹（2015）借助内生经济增长理论框架，探究人口老龄化对经济增长和社会福利的影响。马永军（2015）发现找出投资中存在的问题和不足，促进经济增长质量提升不仅有利于弥补经济增长的理论缺陷，而且对于中国适应经济新常态，实现经济增长健康平稳可持续也具有重大的意义。

关于经济增长的研究成果显著，但是经济增长的根本目的仍然是经济发展，雾霾等严重的环境问题使人们渐渐对经济增长的价值产生了怀疑，然而对环境与经济的关注被推到了一个新高度，随之，近年来国内外经济学界逐渐将研究的重点转向了经济发展的研究中。

2. 经济发展的理论综述

经济发展是指人们在追求更高经济福利的同时，也在追求着经济和社会生活水平的提高。所以，经济发展涉及的内容已经不仅局限于简单的经济增长，比经济增长更为宽泛。国内外学术界关于经济发展理论的研究成果同样十分丰硕，但本部分只是从经济发展的概念及理论依据、对区域经济发展的研究和经济发展理论的运用三个方面进行综述。

（1）经济发展的概念及理论依据

发展经济学形成于 20 世纪中叶，但是关于经济发展的思想在经济史上源远流长，可以追溯到古典经济学时代甚至更早，这些思想家的萌芽思想对现代经济发展理论的产生奠定了坚实的基础，其中代表性人物和著作有：亚当·斯密的《国富论》、大卫·李嘉图的《政治经济学及其赋税原理》、马尔萨斯的《人口原理》和《政治经济学原理》、马克思的《资本论》等。

在国内，对经济发展的研究也一直是学术界研究的热点问题，国内专家学者多倾向于研究中国及区域性的经济发展现实问题。比如，崔妍（2013）认为特定的文化环境促使中国经济发展奇迹的发生，中国经济发展历程与中国文化之间必然存在着密切联系。魏守华、王缉慈、赵雅沁（2014）从新型区域发展理论角度认为产业集群理论，是一种适合中国国情的区域经济发展理论。Jiying Wang（2014）认为经济发展与文化价值观变迁的协同发展将是社会和谐与稳定的关键目标。庞瑞芝、范玉、李扬（2014）认为创新对经济发展的支撑作用不仅取决于创新生产阶段，更受制于创新支持下的经济发展阶段。田坤明（2014）认为文化资本对经济发展在要素分配、技术创新等方面都有不同程度的影响。马腾（2015）认为经济发展没有最好的发展理论，只有最合适的发展理论，每个国家都必须根据自己的国情，发展生产力。贺光烨、吴晓刚（2015）认为地区在市场化和经济社会发展水平上的差异在某种程度上可以近似地反映整个国家在时间维度上的变化趋势。戴玲、张卫（2015）从演化经济学的视角重构了斯密的经济发展学说，认为其发展理论是以制度、劳动分工、资本积累三者螺旋式协同演化为基础的动态有机演化系统。罗光洁（2015）指出要推动经济的发展，就必须充分重视人力资本的作用，随着国内人口素质不断提升，对于科技与生产力都具有促进作用，进而实现中国经济长期的持续增长。刘奂辰、张二震（2015）认为经济发展与通货膨胀关系的本质在于信用膨胀，而互联网金融的"信用化"具有降低信用膨胀的可能性，因而能够降低经济发展对通货膨胀的依赖性。钱津（2015）认为面对全面深化改革与经济升级转型发展的需要，中国经济理论界必须进一步深入地进行社会主义初级阶段理论和社会主义市场经济理论的研究。

（2）对区域经济发展的研究

区域经济发展理论，随着深入研究逐渐形成和完善，这为我国的经济发展提供了强有力的理论支撑。陈明星、唐志鹏、白永平（2013）认为过去的半个世纪，城市化率与经济发展水平的关系已经发生了明显的变化，经济发展水平对人口较少国家的城市化率的影响程度大于人口较多的大国及中等国家。刘新智（2014）认为开放是经济发展的有效途径，开放型区域经济的健康持续发展需要对经济准确定位，开放型区域经济发展的必由之路是区域市场的深度拓展。朱君（2014）认为从微观层面看，区域经济运行主体是企业，只有企业的发展壮大才能促使区域经济发展壮大。孙绪（2014）认为区域经济发展在很大程度上是由地区产业结构决定的，地区产业结构合理则区域经济发展稳定。周维现（2013）系统地分析了中国县域经济发展的影响因素、现状、存在的主要问题和主要原因，深入剖析和研究了县域经济发展的模式，进而找出了县域经济的发展思路、对策建议等。孔伟、郭杰、欧名豪（2014）认为经济发展水平与土地集约度的增加量符合 EKC 曲线规律，依据经济发展水平和资源禀赋条件，对江苏省 13 个地级市可划分为 4 类建设用地管控区域提出管理意见。孙晓华、李明珊、王昀（2015）认为市场化进程的不同步是地区经济发展失衡的重要原因之一。安虎森、肖欢（2015）认为我国国内区域经济理论是在解决一系列区域性问题过程中逐渐形成和完善起来的。曾刚、尚勇敏、司月芳（2015）认为一定的区域经济发展模式总是一定经济发展阶段的产物，随着各种影响因素的变化，经济发展模式也在不断变化之中。刘瑞明、赵仁杰（2015）认为国家高新区不仅可以驱动经济发展，而且通过对其合理布局，还有助于缩小地区间经济发展差距。尚勇敏（2015）对区域经济发展模式进行了反思，并在此基础上，重新对区域经济发展模式进行了归纳和总结，提出了全新的标准来对其进行衡量。

（3）经济发展理论的运用

经济发展问题研究对我国经济社会具有重大意义，我国专家学者对国内经济发展的研究也在持续进行。李扬（2013）认为我国宏观经济运行的重点是转变经济发展方式。黄群慧、贺俊（2013）认为我国面临当前的挑战时，需要调整经济发展战略。叶维武（2013）分析了中国农村经济发展对金融抑制的影响。高波（2013）认为现在是经济全球化时代，因此需要协调世界经济发展，深入探究经济发展理论的创新和应用。白涛（2013）对文化资本与经济发展关系进行了分析，找出了我国经济停滞与发展的文化动因。孙东琪（2013）分析了长江三角洲的城市化效率与经济发展水平的耦合度。齐元静、杨宇、金凤君（2013）在对经济发展阶段划分标准进行辨析的基础上，从全国和地级市两个层面对中国经济发展的阶段性及其时空特征进行系统分析，并探讨了中国经济发展的空间演变规律。周扬、李宁、吴文祥、吴吉东（2014）认为中国县域经济发展和增长存在正的空间自相关性。白洋（2014）通过分析我国的实际情况和世界典型国家的经验，提出了完善我国促进低碳经济发展财税政策。陆大道（2014）认为建设经济带是经济发展布局的最佳选择。李智（2014）对中国经济发展新常态下，未来几年经济发展的经济目标设定提出了相关的政策建议。吴丹（2014）认为预期至2020年左右，我国经济发展与水资源利用有望保持绝对脱钩的发展态势，用水总量预计将进入缓慢下降期。李扬、张晓晶（2015）认为在新常态下，中国经济将由依靠投资、出口驱动的增长方式，转变为依靠供给侧拉动经济增长的方式，即更注重供给质量、创新驱动等。刘志彪（2015）认为经济发展从旧常态到新常态的过渡期间能够平稳增长，首先需要产业相关政策进行转型升级。孙晓雷、何溪（2015）认为科技创新和生态保护，是我国高效生态经济发展的优先要素。王静媛（2015）以吉林省为例，剖析当前对外经济发展中存在的问题，对影响因素进行深入的探究，并结合实际给出适合区域实情的政策建议。

由此可见，国内对经济发展的研究成果十分显著，随着社会的进步，我国在经济发展的道路上摸索前行，逐步找到了适合自己经济发展的理论道路，但前进道路上仍然有许多的问题亟待解决，需要国内的专家学者共同努力探索。其中，最重要的就是需要弄清楚经济增长与经济发展的联系与区别。

3. 经济增长与经济发展的关系

在学术研究中，诸多的专家学者在文献中并没有给出经济增长与经济发展的具体区别，但事实上，深入探究经济增长与经济发展之间的关系发现，经济增长和经济发展是既有联系，又有区别的。本部分主要从经济增长与经济发展的概念、内容以及方式三个方面比较来进行综述。

（1）经济增长与经济发展概念比较

经济增长与经济发展从概念上理解是完全不同的，经济增长是前提要求，而经济发展是最终目标。庞善东、靳英华（2016）认为经济增长的概念应该从经济数量的角度进行，认为是一定时期内的 GDP 与上一时期GDP 增长量的百分比；而认为经济发展的概念既包含经济数量，也包含经济生活质量，既包括 GDP 的增长，也包括生活质量、被提供产品和服务的能力水平以及科技创新等。经济健康持续的增长会促使经济的健康持续发展，GDP 的增长、居民生活水平的提升以及社会结构的健康转变都与健康持续的经济增长有密不可分的关系。

但是在学术研究中，我们应该对经济增长与经济发展的概念进行严格的区分。经济增长实际上是指实质上的物品数量增加，但经济发展的概念就宽泛很多，是指在经济增长的基础上包括生活质量、科技进步、制度创新以及收入公平等多个方面的发展。当然不可忽略的是经济增长对经济发展有一定的促进作用，但是如果不健康地、盲目地追求经济在数量上的增长也有可能会导致某个地区的经济发展停滞。

（2）经济发展和经济增长内容比较

经济增长和经济发展在内容上都包含了对 GDP 增速的追求，但追求数量上的增长是经济增长的侧重点；而对转变社会、经济结构，科技进步以及制度创新的追求是经济发展的侧重点，当然也包括 GDP 的增长。经济发展着眼长期而不是短期。庞善东、靳英华（2016）认为经济发展通过经济增长来实现，而追求经济增长的最终目标就是实现经济社会的经济发展。李树（2014）认为在经济增长的新时期，严格的环境制度能够促进全要素生产率的提高，而不是负面的作用，为经济数量及质量带来双重的提高。王弟海等（2015）认为经济增长和经济发展会通过食物以及营养消费水平和结构，对健康产生影响。文华（2011）认为简单的对经济数量上增长的追求，并不能促进经济社会的发展。而是要更深入地对社会结构、经济结构、收入公平、科技进步以及制度创新等多个方面同时兼顾，从而达到真正的经济发展的目的。陈昆亭（2014）认为制度有时候要在增长与发展之间做出权衡。谢东水（2014）认为经济增长能够通过降低金融交易成本来实现。但成本又会因为交易规模的不断扩大而逐渐增加，所以目前发挥市场在资源配置中的决定性作用能促进经济健康的发展。

目前经济增长的研究也进入了经济增长方式、经济结构调整、产业结构调整、经济制度变革等领域。所以从上面的综述可以看出，经济发展是经济增长的外延。经济增长仅仅是手段，经济发展是最终目标。

（3）经济发展方式和经济增长方式比较

目前我国的经济增长方式主要是追求数量、效率上提高的简单方式，经济发展方式在数量、效率的基础上，追求对增长问题的深入探讨。卢万青（2013）认为经济发展方式是与经济增长方式不同的概念，它虽然比经济增长方式涉及面更广，内涵更为深邃，但是追本溯源依然找不到被学术界普遍认可的定义。吴树青（2008）认为经济发展在单纯追求数量增加的经济增长的基础上，更侧重于经济社会的结构、质量、资源配置以及制度创新等诸多方面。欧志文、蒋均时（2008）认为经济增长方式过于简单，而经济发展方式的层次更深、内涵更为深邃。经济发展方式与经济增长方式是一脉相承的，前者不是对后者的替代，相反，是以后者为重点，从更宽阔的视角出发探索在质量上促进经济发展最终达到经济社会整体发展进步的目标。因此，加快经济发展方式转变始终是在以经济增长方式为起点的基础上出发，从而解决有增长而无发展的问题。

总之，通过以上文献分析发现，学术界对经济增长和经济发展的研究对象多为发展中国家。因为发展中国家为了使经济高速增长，从而推进本国工业化进程，多采用传统的经济增长方式。但传统的经济增长方式，就有可能对经济发展产生负面的影响。具体表现在几个方面：（1）重视工业的发展而导致农业发展滞后，最终会使产业结构失衡；（2）传统的经济增长方式导致资源配置不合理，使得大量资源被浪费；（3）在推进工业化进程中，环境危机日益显著、生态功能严重失调，空气、水资源污染严重等。所以盲目地追求经济增长速度，就会造成经济发展的严重失调和重大损失。这一系列经济与社会问题让我们意识到转变经济发展方式迫在眉睫，为此近年来国内外学术界也逐渐将研究的焦点集中到经济发展方式转变的问题上。

（二）经济发展方式转变研究综述

我国经济发展方式转变在不同时期发展阶段都有其特定的目标、意义、发展动力、难点和途径选择，并随着经济发展程度的深入表现出动态的上升过程。为此，经济发展方式转变日益成为我国学术界探讨的热点问题，可以说学者们从不同维度对经济发展方式的转变问题进行了研究，形成了十分丰富的研究成果。限于篇幅，下面我们仅就国内学者对经济发展方式转变研究的最为重要的几个方面进行综述。

1. 我国经济发展观与经济发展方式的变迁

经济发展方式一词是从经济增长方式演变而来的，但经济发展方式更为科学，以下部分内容会阐述二者不同之处，在此不做赘述。经济发展观的动态变化是以社会经济发展程度为基础提出的新要求与新观点，大部分学者以时间为主线来分析经济发展观的变化，以此说明经济发展观变化下的经济发展方式的变迁。具体分析主线又有两个范围：一是从全国的经济发展方式时间历程转变进行划分，二是选择部分区域在时间上经济发展历程进行划分。

王德平（2009）采用了重大会议时间发生点对经济增长进行分类，重大时间点为20世纪50年代中期，经济增长思想早期是由孙冶方先生提出的。60年代初期，由于国人一味追求经济增长而出现了社会经济停滞的状态。1979—1980 年，我国处于市场经济体制探索阶段，2007 年主导社会的方针政策就是胡锦涛同志提出的"全面协调可持续发展""创新驱动发展"，还有一系列的方针政策，统领社会多元化发展方向。方竹正（2009）学者通俗易懂地以在社会占主导地位的发展观作为划分类型的依据，分别是提高经济增长速度号召下的"赶超型"发展观、探索社会主义市场经济下的"姓资姓社"发展观、提出发展才是硬道理的"硬道理"发展观、科学发展观中的"第一要务"发展观。王宁西（2012）把时代经济发展的中心划分为三个阶段：第一阶段是 1978—1992 年以经济效益为中心的经济发展方式转变阶段；第二阶段是 1992—2007 年以转变经济增长方式为中心的阶段；第三阶段是 2007 年至今，以加快转变经济发展方式为核心的阶段。三个学者的精确划分大致相同，王德平学者倾向于以重大会议结论下的思想转变为界点，方竹正学者和王宁西学者倾向于对社会形成的经济发展思想核心的总体把握。

樊纲（2011）基于选择特定区域进行研究，运用定量分析的方法，研究了市场化改革对 TFP 提高和经济增长的作用，结论为我国从计划经济模式到市场经济模式转换的改革方向基本正确。施震凯（2016）基于计量经济模型考察了中国市场化改革对经济增长的影响，寻找深化市场化改革中所需要解决的问题，得出了在市场化进程中政府需要充分利用市场在资源配置中的作用，提高资源利用效率以达到经济快速增长的目标。张建清（2014）利用面板模型得出 1981—2011 年市场化进程由于各个地区推行程度不同而具有差异性，但总体来说对经济增长率具有显著的正向影响。因此，理论界的不同学者努力从实证上证明市场化进程对经济增长具有促进作用，从学者研究的不同时间跨度上可以显示这种促进作用是长期积累的。

不管是全国范围的研究还是区域范围的研究，经济发展观都处于社会经济发展的核心地位，并引领经济的运行。经济发展方式的变迁是经济发展观的外在表现形式，学者在划分经济发展方式变迁的时间跨度上，主要有两种，其一是以政府推行的重大政策时间点为依据进行经济发展方式划分，其二是以经济数据走势的转折点为依据进行经济发展方式划分。

2. 经济发展方式转变的内涵

经济发展方式转变的众多研究中，对于学者研究成果分类较为准确的是刘向国（2013），他采用了三个角度对经济发展方式转变内涵的研究成果进行分类：一是从构成经济发展方式内在因素角度展开分析，二是从存在理论的基础上进行突破的创新型研究分析，三是从科学发展观深入贯彻下所拥有的独特内涵进行分析。本部分沿用刘向国学者的分类并在此基础上做相关补充。

第一层次理解的学者：张连辉和赵凌云（2011），认为经济发展方式包含的内容具有多样性，影响因素涵盖了经济结构、收入环境、保护环境和社会保障结构等内容。王梦奎（2004）以经济增长为目标，从要素的依赖程度、手段有效性和实现良性循环途径三个方面进行研究。程言君和王鑫（2011）提出了粗放式—集约式—循环式的资源配置方式下的经济发展历史轨道，并且一直被大部分学者所沿用。简新华（2010）指出以实现经济发展的方法和途径为目标，结合经济社会发展的各种要素，明确发展的内容、发展的对象、发展的方法。综述学者的以上观点，一般按照理解的递进层次和资源配置特点进行经济发展方式的研究。

第二层次理解的学者：于学东（2007），认为经济发展方式和经济增长方式具有密切的关联性，但二者的区别有：其一，经济增长和经济发展的社会经济定位不同。其二，经济增长和经济发展的表现形式不同。其三，经济增长和经济发展的实现途径不同。其四，经济增长和经济发展对社会影响的方向不同。概括于学东学者的观点，即经济发展是远期、抽象、多方面指标测量的可以用矩阵表现的综合型社会目标，具有积极影响；而经济增长是短期长期兼用、具体、单数据指标测量的可以用数组表现的单方面社会手段，具有正负双方面影响，因此，经济增长是经济发展的子集，经济发展包含经济增长。经济发展本身具有的长期科学特点是经济增长所不具备的，例如，短期的经济增长如果是以环境为代价则不能作为经济发展的一部分，短期的经济负增长如果是以调整产业结构暂时性的成本提高则可以作为经济发展的一部分。黄泰岩（2007）基于已存在的经济发展方式提出了经济发展方式转变的时代特点，包含单一目标向多样化目标转换，并重视经济增长质量和经济增长效益，持有以人为本的核心发展观念，涵盖科学发展观的新型综合经济发展方向。史晋川（2010）的观点融合了上述转变方向，一是经济增长特点从粗放型到集约型转变，二是由于经济结构的优化使得经济配置效率提高。张光辉（2011），从促进全要素生产率出发，认为影响经济发展方式转变的因素有：体制问题、经济结构发展不平衡问题、道德体系问题。王宁西（2012）认为经济发展方式转变围绕着科学发展观进行定义，发挥社会主义政府的优势，辅助市场经济的发展运营。

第三层次理解的学者：张国祥（2011），认为科学发展观的践行是以经济发展方式快速转变为基础的，经济发展方式的加快转变又以科学发展观为指导，两者相互促进紧密联系。刘湘溶（2009）强调了经济发展方式注重数量和品质、经济与社会、经济社会与人口、资源与环境等各类关系的统一，深入贯彻科学发展观并重塑社会价值观念。孙蚌珠（2008）认为经济发展方式包括经济增长方式，以经济增长为基础的全面协调可持续发展目标也是科学发展观的内容之一。方竹正（2009）更加全面地总结了经济发展方式的转变，明确了经济发展方式转变的内涵，指出经济发展方式转变的要素、手段和具体做法。指出经济增长来源于输入总量的增加和输入效率的提高两方面，以科学全面的经济发展方式指标，充分显示出社会经济的健康运行。

经济发展方式转变内涵以三个相互区别的角度进行理解，充分体现了人民对于物质文化生活水平的高期望和表现在生产力发展中的科学态度。从社会心理需求角度考量经济增长到经济发展转变，是社会的生产力发展到一定水平超越了对于生产数量的基本满足感，不能以经济增长的简单数量衡量这一社会普遍对高质量生活水平的概况。

3. 转变经济发展方式的意义和目标

经济发展方式转变的意义和目标随着社会经济发展程度的不同而具有

不同的定义，以下部分按照时间发展顺序对经济发展方式的意义和目标两方面内容进行学者研究成果排序，表现出经济发展方式意义和目标的动态发展特征。

王一鸣（2008）认为转变经济发展方式的意义主要体现：第一，转变经济发展方式是迎合全球经济发展趋势的战略抉择；第二，转变经济发展方式是为了加速转变我国经济发展新阶段的必经途径；第三，转变经济发展方式对于探索中国特色经济运行道路具有前瞻性意义。张国祥（2008）认为转变经济发展方式对科学发展观的贯彻具有正相关性。尹国胜（2011）认为转变经济发展方式是实现可持续发展，推动科学发展观的基础。现实中的经济运行出现的不协调、不平衡、不可持续问题只有以转变经济发展方式为主要突破口才能彻底缓解这些矛盾，这是我国探索出的经济发展新思想和新途径，主导解决社会一系列现实问题。杨伟民（2011）认为转变经济发展方式使全面建设小康社会具有重要的现实意义，对各方面改革的运行具有指导性意义。马德成（2011）认为转变经济发展方式是影响我国改革和经济运行的重大课题，马德成学者紧紧把握经济是社会基础这一潜规则，提出转变经济发展方式一对多的网状包含社会各个方面，蝴蝶效应般以各种社会关系为契合点加速社会变革。王宁西（2012）认为经济发展方式的变革受到国内外不同方面的影响，是一种新事物动态演进的经济运行影响方式，只有明确转变经济发展方式的前提、重点、目标、核心才是面对这些动态新事物产生的关键。

对于经济发展方式的目标，相关学者见解：杨欢进（2008）总结五个方面的经济发展实质性转变，从非结构优化型经济发展方式、非协调型经济发展方式、不可持续型经济发展方式、片面型经济发展方式、投入主导型经济发展方式，分别转换为结构优化型经济发展方式、协调型经济发展方式、可持续型经济发展方式、全面型经济发展方式、创新主导型经济发展方式。崔立涛（2008）从社会经济发展中出现的问题着手，参照当时政府提出的政策导向，提出了七个转换，分别是粗放型经济转换为集约型经济，投资、出口拉动型经济转换为消费、投资和出口拉动型经济，要素驱动转向创新驱动，资源消耗型经济转向资源节约环境友好型经济，对外开放程度加大，分配方式从以往的效率优先转向兼顾公平和效率，以投资、劳动为主导的经济转向以科技和消费为主导的经济类型。简新华（2010）更加简明扼要地阐述了经济发展方式的基本特征，以要素表现形式划分为粗放和集约，投入产出侧重点把握为产业选择和消费，社会整体协调性方面强调可持续发展，并紧密联系对外开放水平和国内外需求方面，时间分为改革开放前后，还创新性地提出了速度和效益二者的协同关系。

对转变经济发展方式的意义和目标的把握将直接影响经济发展战略的选择，以及社会各个部门对促进转变经济发展策略的践行程度。只有明确转变经济发展方式的意义和目标，动员社会成员积极投入，使得经济发展方式转变具有有效性和自主推动性，正向冲击的经济滞后期将会延续，良性的经济运行周期才会稳健支撑平稳的经济增长速度。综合多名学者观点大体可以得知，现阶段我国经济发展方式转变对实现我国阶段性目标即小康社会的建设和长期性探索即社会主义道路的开创具有指导意义。转变经济发展方式的目标是社会多方面、多层次综合性的协整以追求社会经济效益的最大化。这个目标的定义对于不同发展阶段都是适应的。

4. 我国经济发展方式转变动力

对于我国经济发展动力的理解相关研究较少，研究主要倾向于以已有理论为框架对我国经济发展方式进行归类，或者参照社会发展时期推行的相关经济政策对我国经济发展方式转变动力进行判断。

根据李福柱（2016）学者的研究，我国经济发展转变动力分为三个方面，分别是贡献度大小和作用途径、部分契合理论预期和"新"经济地理学理论。总结我国经济发展方式转变的第一个动力是技术创新和市场化改革。第二个动力是基于影响第一个动力间接作为经济发展转变动力，分别是产业结构变迁、城市化、基础设施建设、区域经济实施政策和金融发展。第三个动力是异质性企业空间集聚。李福柱学者通过研究指出我国经济发展转变的三个动力，并对应地提出三个针对原动力加速经济转变的方法，其一是加强科技创新，运用一系列的优惠政策和激励手段提高科技成果形成概率和加速科技成果产业化创造社会财富的能力。其二是统筹各方面间接影响经济发展动力因素，使得经济更好地运行。其三是加强金融领域改革。钱津（2008）以马克思的劳动价值论为核心，提出我国经济发展方式转变的动力是劳动主体而不是劳动客体，并认为以脑力为主的复杂劳动者是这种动力的外化表现。蒲晓晔（2010）和王军（2009）认为经济发展的动力集中在需求拉动，即消费拉动、投资拉动和出口拉动，并指出三者作用于内需和外需，以需求拉动经济的增长。此外王军学者还提出在微观层面推动经济发展方式的动力为物质要素和非物质要素，中观层面有一产、二产和三产的结构转换效应。并指出微观、中观、宏观的动力转变分别为向科技进步、科学管理和提高劳动者素质进行改变，向三大产业协调发展共同拉动经济发展方向转变，向投资、消费、净出口推动层面转变。总体概况为两个学者的观点宏观层面符合我国 2007 年开始对经济实施"三驾马车"的需求拉动经济增长战略，如今我国注重需求拉动和供给拉动并举政策，共同促进经济的平稳运行。

由于我国经济发展方式转变动力的判断将直接影响到政府宏观层面对经济刺激方向的具体把握，因此，经济发展方式也随经济发展水平差异性和经济发展出现的不同问题而不断动态变化。通过不同时期理论界学者对我国经济发展方式转变动力的深刻解读，我们可以观测到经济发展方式原动力是与当时主导的经济政策相一致的，即我们的经济政策制定和经济研究方向是与时俱进不断探索的。因此，目前对于经济发展方式转变动力的把握采用王军学者的划分原动力方法，认为宏观层面是供给侧和需求侧并举，共同攻克生产力增长难关，让经济增长更加稳健、可持续发展。中观层面是以提高第三产业比重，由第二产业向第三产业平稳过渡。理论界国内外很多学者已经证实第三产业的发展是现代经济发展的新动力，在此不加累述。微观层面是提高劳动者素质和企业的科技创新能力。只有企业向高科技生产方式和产品迈进，加之相匹配的人力资源，才可能成功推动经济的平稳运行。

5. 经济发展方式转变的难点

按照学者们关于社会各方面与经济发展方式转变的相关性研究，在此总结出城镇化、创新驱动、产业结构调整和制度因素是目前经济发展方式的难点所在。城镇化是经济发展到一定阶段的产物，城市扩张标志着社会资源集约程度加深和资源利用效率提高，如果认为工业革命是工场到工厂的转变，是资源集聚和分工细化的结果，那么城镇化是人类聚居方式的转变由于消费群体的集中致使的资源利用和消耗的高效性和集约化发展的必然路径。创新驱动是具有中国国情的制造业发展的缺乏因素，作为旧产业增长经济的突破口和新产业注入社会提高经济运行的动力，创新驱动都是当下经济发展方式转变难点的重要方面。产业结构调整是社会经济发展转变持续存在的难点问题，我国一直以第二产业为主导产业，而且外贸供给主要是低端产业，产业转型升级，三大产业比重如何调整和产业内部如何调整是现代经济持续增长的一大阻碍，解决好产业结构调整问题对于经济发展方式的转变具有正向推动作用。制度因素制约经济发展方式转变是我国计划经济向市场经济过渡的产物，是随着改革开放的进程逐步消除的因素。具体分述如下：

（1）城镇化扩展过程中伴随的经济增长对经济发展方式转变的负面影响

城镇化是现代经济发展到一定阶段的产物，城镇化的出现不仅是需求的简单聚集，社会效率提高，更是人类创造出适于自身生存和发展的人化自然。区别于早期迅猛工业推进的城市，现代的城镇化是基于环境可持续发展的高效经济发展模式的表现形式。国务院总理李克强于 2014 年 11 月 27 日在国家博物馆参观人居科学研究展时，发出感慨，城镇化要以人为核心，其他的一切服务都要为人服务，城镇化土地与人口要协调发展，因此，城镇化的发展方向和发展程度将直接作用于经济发展方式。据国家统计局报道，2015 年我国城镇化率为 56.1%，可见通过城镇化作用于我国经济发展蕴含巨大潜力。

关于城镇化与经济发展方式转变问题，王国刚（2010）认为中国经济发展方式的中心是城镇化的推行，指出城镇化进程的效率将直接影响到经济社会的发展，延迟或阻碍城镇化将提高社会运转成本，增加作用于各种摩擦、矛盾解决的灰色成本。因此，城镇化进程的积极推进将有效保障社会经济的持续快速发展。孙永正（2010）针对"两栖型"城市化的现象指出转变经济发展方式和扩大内需的战略选择是做实城镇化，并强调城镇化进程的核心是以人为本，呼吁政府采取政策措施指导城镇化进程的健康发展。陈伟（2011）认为经济发展方式转变中城镇化所扮演的角色是拉动内需、促进产业结构调整、实现经济由粗放型到集约型转换。陈伟学者提出城镇化进程对经济发展方式转变作用的提炼，关键是把握好城镇化形成机制和原理，简化即城镇化是社会经济追求高效运行的产物。从这一点上不难得出城镇化对于经济发展方式转变的作用。此外，陈伟学者还指出了城镇化所带来的弊端和降低这些弊端危害的有效建议。李红梅（2012）认为转变经济发展方式的内在动力是城镇化，并且从需求和供给两个角度提出了城镇化的促进作用。

现今城镇化出现的问题研究中，总结姚士谋（2014）、李爱民（2013）、陈伟学（2011）、简新华（2013）学者们的观点，城市化问题主要集中在人口环境问题、城市土地人口承载力失衡问题、城镇内部二元结构凸显问题，这些问题来源主要在于城市的盲目扩张造成的结构不合理，城市基础设施跟进不足。在研究城市化进程中，孙永正（2010）学者首次提出了"两栖型"城市化现象。

基于学者的理论研究，整体认为城镇化与经济发展方式转变之间的联系是相互促进，但也不可忽视城镇化带来的弊端，因此，城市化进程是经济发展方式转变的难点之一，二者的正相关关系如果不以科学的方法去运行也会放大负面影响，最终导致经济运行的下滑。不同城市虽然同属于社会经济发展产物，但是发展方向的不同所具有的城市差异性同样会毁灭一个城市的运行，这种毁灭不单单是自然事物强加运行的物理作用，更是由于经济不景气在社会恐慌中形成的多米诺骨牌效应，使得整个城市经济处于瘫痪状态。

（2）创新驱动迫切需求下的经济发展方式转变"瓶颈"

党的十八大明确提出"实施创新驱动发展战略，把科技创新摆在国家发展全局的核心位置。要坚持走中国特色自主创新道路，以全球视野谋划和推动创新，提高原始创新、集成创新和引进消化吸收再创新能力，更加注重协同创新"。创新驱动一直是我国经济发展方式的难点，可以从"中国制造"转向"中国创造"制造业发展方向的转变观测到创新对于一个产业发展的重要性，蕴藏着低成本、拥有取得市场超额利润权利的潜规律。2016 年 10 月 12 日至 13 日，李克强在考察广东并出席 2016 年全国大众创业万众创新活动周时强调扎实推进"双创"和"中国制造 2025"，以创新驱动经济发展转型升级。

理论界代表性观点：张来武（2011）认为科技创新可以促进经济发展方式转变，从而改变传统的要素驱动。并指出科技创新的三种力量是市场机制、政府干预、"非正式关系"的利益共同体。陈刚（2014）认为经济发展方式转变的动力机制是科技创新，提出了科技创新支撑要素结构重组、产业结构升级和需求结构优化。任保平（2013）基于要素禀赋视角阐述了供给角度下经济发展转变的创新驱动机制，认为实现创新驱动的路径是改善供给。齐建国（2010）认为在"十二五"期间，实施三项工程将有利于创新型国家建设，分别为提高生产率工程、转移发展中心由制造中心向创新中心转变工程、宏观管理创新工程。钞小静（2013）认为经济发展方式转变中的创新驱动机制会优化经济结构，提高资源利用效率和改善生态环境。马克（2013）认为创新驱动是加快经济发展方式的必然选择。并从激发市场主体活力、创新新动力、构建现代化产业发展新体系和开放型经济的新选择四个方面来阐述创新驱动是必然选择。卫兴华（2013）认为创新驱动是经济发展方式转变的核心内容并指出了创新驱动的紧迫性。洪银兴（2013）提出创新驱动是形成具有自主知识产权的关键技术和核心技术。李俭国（2015）认为创新会加大内需，是我国经济增长和结构变迁的持续动力。

众多学者研究了创新驱动与经济发展方式之间的关系，并表示创新驱动促进经济发展方式转变，但是如何创新？生产领域掌握核心技术拥有自主的知识产权，管理方面拥有高效的制度运行方法，政策方面更加灵活适应市场变化，这些问题是创新驱动所要面临的难点，并不是一蹴而就的。

（3）产业结构失衡制约经济发展方式转变

我国产业结构发展整体现状按时间发展顺序来看，新中国成立伊始优先发展重工业，后期快速发展制造业，因此第二产业处于传统优势产业地位；农业发展一直处于低水平状态，这是由于我国适于居住地带大多是丘陵和山地，加上传统倡导的小农经济根深蒂固致使农业发展规模没有形成规模集约化生产；第三产业发展正处于快速增长时期，边际增长量远大于第二产业。现在主流思想和国家倡导产业结构调整方向、由第二产业主导经济发展转向第三产业主导经济发展。不同时期相关学者研究如下：

周丽萍（2010）认为产业结构调整是经济发展方式转变的必然要求，而我国的产业结构目前发展总体状况有待进一步优化，不同区域的产业结构发展具有差异性，外向型经济产业的发展状况总体水平较低，具有高技术含量的产品发展动力不足，现代服务业发展不充分。并提出了相关措施，主要核心思想就是倡导自主创新，增加市场发展新活力；大力发展现代服务业，激发市场经济增长潜能；推行政策改革，包括产业政策的调整和资源环境政策的实施。张菀洺（2011）认为中国产业结构主要以制造业为代表的第二产业为主长期未变，大多是劳动密集型的低端产业生产为主，自主创新能力缺乏，并且承载着经济增长下的资源环境压力，要素市场发展欠缺。提出的解决方案有：以需求拉动经济增长，增强第三产业发展力度，注重体制创新以减少社会运营成本，努力朝可持续发展方向迈进。吴振球（2013）实证分析得出结论：合理高级的产业结构对经济的增长是正相关关系，并伴随失业率的降低。宋立（2011）认为经济发展方式转变的重点和难点是经济结构战略性调整，并提出三个解决方案，分别为：改革收入分配制度，优化需求结构；加强创新驱动经济发展战略；优化供求结构和内外结构调整，推动城乡和区域结构优化发展。陈佳贵（2010）认为经济发展方式转变需要产业结构的调整与优化，并指出优化产业结构，转变经济发展方式既需要政府的政策支持更需要发挥市场在资源配置中所起的基础性作用。于倩（2012）在协同演化视角的基础上进行实证检验，得出结论是承接产业转移与转变经济发展方式之间是相互、持续影响的。任保平（2013）研究发现我国经济发展方式转变中出现了新的经济结构失衡问题，并指出产业结构失衡的主要表现为自身发展动力不足和缺乏产业自主创新研发能力。

总结相关学者观点，分别是从产业结构内部调整和三大产业结构比重调整。涉及产业结构内部调整都会聚焦科技进步、推行政策改革、强调创新意识。涉及三大产业间的结构调整都会倡导加强第三产业发展和第二产业转向高技术类型。因此，产业结构调整得恰当与否直接影响到我国经济发展方式转变。

（4）制度中的不合理因素限制经济发展方式转变

经济发展与上层建筑的构建是分不开的，落后的制度因素会成为转变经济发展方式的主要障碍。制度因素的执行者是政府，涉及的利益是政治体制自身利益，因此，制度因素一直是经济发展方式转变的难点问题。

在此，徐永德（2014）认为落后的制度因素阻碍经济运行的方面有实施机制的路径依赖、行政制度限制经济运行和文化思想中的保守观念。还指出新常态下转变经济发展方式的关键在于从制度和社会组织方面完善市场机制、充分发挥市场竞争下的合理资源配置、政府简政放权下注入市场新活力，并且以合理的空间承载力保障经济发展的持续性和创新驱动发展。伍世安（2012）认为转变经济发展方式和转变体制机制之间的关系是生产力和生产关系、经济基础和上层建筑之间的关系，并指出制度性障碍表现形式是一系列的不准确性和不合理性的交织，不能合理有效进行资源配置。并且，制度障碍的清除是来自政府的执行力，由于牵扯相关团体的利益，因此，制度创新也是经济发展方式转变的难点之一。姜国强（2012）认为政府与市场关系的不平衡、国有产权冲突和非正式制度供给不足都成为阻碍我国经济发展方式转变的体制机制。并指出只有使政府职能不僭越市场职能、国企产权和管理权限相互分离、鼓励非正式制度创新以丰富市场组织形式和增加市场活力才能起到加快转变经济发展方式的作用。耿刚德（2014）认为经济发展方式转变需要放松市场中的行政管制，重新定位政府在市场经济中的角色，与时俱进把握经济发展方式转变新动力，社会各个方面不断进行深入改革，更好地推进可持续发展进程。杨友才（2009）通过实证检验得出结论：良好的制度可以提高人均和总体经济长期的平衡经济增长率，提高经济运行效率，使得贫穷的国家经济逐渐走向繁荣。反之即反。林毅（2013）通过实证分析分别证实了经济制度变迁、法律制度变迁以及行政体制变迁对我国经济增长的长短期影响。主要通过各项指标进行判断分析，具体指出长期中经济制度变迁对经济增长起正相关作用，短期中经济制度变迁对经济增长的影响并不显著。法律制度变迁在长期来看对经济增长起正相关作用，短期则起负相关作用。行政体制方面在长期来看对经济增长的变动起显著的正相关作用，而短期则起负相关作用。方竹正（2009）认为社会主义制度创新包括完善分配方式和深化社会各方面各个部门改革。

根据理论界多名学者研究，可以大体认为良好的制度会促进经济发展方式的转变，而缺乏科学合理性的制度则会阻碍经济发展方式的转变。我国的制度因素在生产力发展到一定阶段就会阻碍经济的发展，因此，不断深入改革开放进程，大力简权放政，充分给予市场自主空间将会积极释放市场潜能。

6. 经济发展方式转变的途径

经济发展方式转变在不同时期根据经济发展的需要会有不同的路径选择，这主要关系到社会经济发展的动态特征和路径选择的与时俱进之间基于尊重社会发展规律的最优化选择路径问题。目前我国经济发展背景是经济下滑压力大，经济持续性发展受到挑战。这是中国当前经济的整体概况，应当从不同维度提出具体改革路径，并逐渐完善发展这些路径的选择和可操作性。

从产业结构调整角度分析，任保平（2015）提出基于新常态背景下的推进经济发展方式转变路径，包括传统制造业的现代化、老工业基地的产业振兴、资源枯竭型城市的转型、实体经济的转型发展。刘丽伟（2015）提出结合现代互联网科技促进农业经济发展方式转变，创新农业新业态发展方式，通过加强与第三产业的关联度促进农业发展。路洪卫（2014）通过研究湖北经济发展方式转变提出了现代服务业推动经济发展方式转变的课题。朱维波（2012）通过研究生产性服务业与经济发展方式转变之间的关系，得知经济发展方式转变的程度在不同地区和不同领域具有差异性和特殊性。周丽萍（2010）认为经济发展方式转变的重点是加快产业结构调整，并提出了经济政策与产业结构调整战略有机结合促进国民经济的稳定增长。叶卫平（2011）认为真正实现经济发展方式的转变在于实施产业安全战略，以拥有自主的知识产权和品牌结束三高经济增长状况，即高能源消耗、高原材料消耗和高污染排放量。

从整个社会发展方式角度分析，简新华（2010）指出中国经济发展方式转变的根本途径，其一是创造有利于发展的外部条件，主要目的是减少外部阻力，优化创造环境；其二是加快发展阶段的转换，主要目的是减少转换期所具有的不稳定性存在时间，等同于降低社会为这种不能产生财富的不稳定性所支付的费用；其三是建立和完善制度，主要目的是减少制度阻力，优化市场和企业的体制机制，进一步改变宏观调控体制和对外开放水平。郭晗（2013）从经济发展方式转变的路径依赖性及其破解路径进行深刻解读，对一系列的依赖性提出了转型路径和体制改革中的机制设计。贾根良（2011）认为转变经济发展的路径首先是经济增长方式转变和经济结构调整，其次是经济体制改革，最后是发展战略转型。谢地和刘佳丽（2010）认为只有切实把握社会主要矛盾，才能够科学协调好经济社会间的各种关系，进而形成一套完整的经济发展理论体系。王国刚（2010）认为经济发展方式的重点是优先发展城镇经济，城镇经济的发展将会促使思想、生活方式以至于行为方式发生一系列的变革，从而带动经济发展方式发生巨大变化。虞崇胜和张光辉（2011）认为应该准确把握经济发展方式转变的机会，政治体制改革应该适应经济发展方式的需要，为经济发展方式的转变创造良好的环境和保障。吴灿新（2011）认为经济发展方式转变需要有文化软实力建设的配合，主要在于文化软实力包含一个社会的经济发展价值、社会精神动力体现、社会运行方向和一系列的秩序保障价值。

齐建国（2010）认为经济发展方式转变在科学发展的背景下表现的内容是科学发展观内容。因此，与时俱进是齐建国学者把握经济发展方式转变的主要方式。

可见，我国在经济发展转变途径理论方面开始逐渐完善。但是，对于区域性具有针对性的因地制宜相关的经济发展方式转变研究还是比较缺乏，因此，本书关于资源环境约束下的淮河流域经济发展方式转变研究尚属前沿，具有研究意义。

7. 经济发展方式转变的国际经验

经济发展方式转变国际经验主要研究都是参照美国、日本和新兴工业化国家的转变历程，对我国发展方式进行对比研究，凝练相关经验结合中国实际国情给出现实性发展建议。主要研究倾向于政府作用的发挥和社会全要素生产率的提高。

曹成喜（2010）认为美国、日本、东亚等新兴工业国家都具有科技创新、政府的激励措施、产业结构调整措施。对我国转变经济发展方式的启示是从实际出发，在尊重客观规律的基础上提高自主创新能力和体制机制创新，在市场失灵时还要充分发挥政府推动作用。阎坤（2008）认为美国、日本、东亚等新兴工业国家在推动经济发展方式转变中注重科技创新、人力资本的培养、调整产业结构、外向型经济、政府政策保障。对我国的经验是利用技术进步通过增强资源利用效率达到提升经济发展方式转变的目的，政府通过各项政策使市场竞争规范、有序，重视教育，从根本上解决由于复杂劳动缺失而导致的人力资本与产业资本不匹配现象，调整产业结构以达到经济的健康稳定增长。陈清（2010）总结美国、日本等新兴工业化国家的经济发展方式转变，认为我国应该注重区域规划、产业结构调整、社会制度的保障，立足于我国基本国情下的道路创新，需要正确处理好市场和政府之间的关系，充分发挥市场的主体作用和政府的主导作用，起到加快转变经济发展方式的作用。高峰（2005）总结发达国家的经济发展方式的转变经验是科技创新、明确政府职责和充分发挥市场在资源配置中的作用。对中国转变经济发展方式的建议是注重中小型企业和新兴产业的发展，实现经济体制的突破。全毅（2011）以日本为研究对象，认为日本主要是使技术创新经济模式和以保护环境为核心进行经济发展方式的转变。对我国可持续发展的启示是注重经济发展方式转变和生态环境的协调发展。

综观理论界的观点，主流观点的经济发展方式转变的国际经验是技术创新、政府政策保障、产业结构调整。对于我国转变经济发展方式的启示：其一，依据我国基本国情，加强三大产业的关联性，减少因产业间的矛盾而产生的不必要损失。并且注重新型产业发展，增强经济发展活力。其二，注重科技创新，并且把创新成果成功转换为增强生产力的手段，以达到经济发展的目的。其三，倡导绿色可持续发展，让经济健康稳定运行。

8. 我国经济发展方式转变的实践研究

我国经济发展方式转变的实践研究中，研究成果主要集聚于东部地区和南部地区，对于西部地区研究成果相对较少。鉴于篇幅限制，这里仅选取一些特征性研究成果进行综述，地区范围遍及全国。

沈璐莹（2010）运用指标体系在研究上海经济发展方式转变中得出实现上海可持续发展的唯一途径是转变经济发展方式。景普秋（2011）研究了山西省煤炭资源型区域经济发展方式转变，得出资源利用方式转变中主张资源节约型、环境友好型社会发展模式，在要素投入中主张创新驱动机制以解决发展动力不足的难点，提出产业结构调整和改革产权与收益。石宏博（2011）基于辽宁省分析了经济发展方式转变的绩效评价与地区差异，认为辽宁在经济可持续发展和协调发展方面处于劣势，而在民生福利和经济效益方面处于优势。林宪斋（2010）认为转变河南省经济发展方式中的系统化的金融体系，可以解决原有金融结构不合理、资金聚集能力弱和风险资本缺乏等难点。唐羽（2016）通过研究沈阳经济发展方式转变，认为市场化程度低，私营经济不发达是经济发展方式指标评价低的原因。王耘农（2011）基于重庆经济发展模式认为国家审计促进经济发展方式转变，主要是证明政府在经济发展过程中扮演的监督职能。吕福新（2012）

研究新视角下以浙商为主体加快转变经济发展方式转变生态模式，认为浙商必须突破原有的发展格局，充分反映现代化和后现代化，加大创新，促进经济发展。王新民（2013）基于福建省县域经济发展方式评价体系构建认为应该按照地区发展情况协调三大产业发展，还有以教育投资加快培育自主创新能力，以节能减排推进区域经济可持续发展。朱元秀（2014）认为长江三角洲转型发展的横向结果是在社会转型和生态转型方面位于全国前列，纵向结果是长江三角洲各领域协调欠缺。蓝晓宁（2013）以浙江省西部地区衢州为例分析欠发达地区经济发展方式转变路径，认为需要从思想认识上进行经济发展方式转变的根本改变，增强市场活力，进行创新驱动实现科学发展。高颖飞（2012）认为中原地区经济发展方式转变的制约因素与路径选择中应该按照自身区位优势，在发展观念、产业结构优化、统筹城乡发展、科技创新、扩大开放等方面探索经济发展方式转变新途径。胡晓登（2014）研究贵州经济发展方式转变，构建生态文明，主张节能减排，完善社会制度，致力于资源型经济发展方式转变服务的科技教育体系。秦成逊（2008）研究西部地区经济发展方式转变认为技术创新和制度创新是突破经济发展"瓶颈"的主要方面。李鹏（2011）基于新疆维吾尔自治区研究民族自治区经济发展方式转变，认为突破传统方式经济发展框架需要对经济进行战略性调整，推行城乡一体化发展和重视教育提升劳动者素质。张千友（2011）研究西部民族地区认为民族地区自然资源对于本地区经济发展经济增长贡献率偏低，应该从资源税改革、完善资源价格形成机制、调整产业结构、扶植区域主导产业、壮大优势产业集群等方面促进民族地区经济增长的转变。孙庆刚（2010）研究中国西部少数民族地区经济社会全面发展影响因素，从制度、政策、资源和综合因素对众多学者观点进行分类整理。蒲佐毅（2011）研究新疆经济发展方式转变，从需求结构、产业结构、就业和城乡结构、区域差异角度进行分析，指出把思想、科技创新、政策制度、城镇化建设作为经济发展方式转变的突破口。王力（2013）认为应当从新兴产业、城镇化和工业化、创新、因地制宜发展产业链、民生建设、生态文明角度来实现民族地区经济发展方式转变。

　　总结以上多位学者的研究观点不难看出，我国经济发展方式转变要求的共同点是科技创新、政策创新、模式创新，各个地区应结合本地区发展优势，因地制宜，创新经济增长点，从根本上为经济增长注入活力。由于地区间的发展程度不同，研究中提出的要求层次也有所区别，东部地区主要的要求是统筹经济发展，向科学环保发展层面迈进，西部地区主要从生产要素层面进行引导，优化要素迎合时代化发展需求。

　　（三）资源环境约束与经济发展关系研究综述

　　近年来，资源环境约束下经济发展研究日益成为国内研究的热点问题，资源环境与经济发展的关系较为复杂，需要从多方面进行分析。从现有文献来看，关于资源环境与经济发展关系的国内外研究成果主要可以分为资源丰裕度与经济发展关系、环境质量与经济发展关系以及经济发展对资源环境的影响三个方面。

　　1. 资源丰裕度与经济发展关系

　　资源丰裕度对经济发展有一定的影响，很多学者对二者的关系进行研究，研究方法、研究区域以及样本数据的不同，使学者们得到的结果有所不同，这些研究结果主要可以分为以下两类：

　　一是资源丰裕度与经济发展存在反向变动的关系。很多研究证明了"资源诅咒"现象的存在，如 Matsuyama（1992）建立了一个检验两个部门在经济增长过程中作用的标准模型，用其中资源部门的发展状况反映自然资源的作用大小，得知资源部门的发展会加速产业结构发生变化，并且最终会对经济增长率产生负的影响。Sachs 和 Warner（1995，1997，1999，2001）也相继发表了很多篇有关该命题的文章，且最先构建了 S-W 分析的框架，把资源丰裕度作为解释变量，被解释变量选择经济增长率，并逐步增加解释变量到模型中，对"资源诅咒"假说进行了实证性检验，而且这种反向关系就算是在增加人均收入、经济政策、投资率或者其他变量的时候也不会发生改变。Hausman 和 Rigobon（2002）研究表明，一个国家对其自然资源的依赖程度越高，其经济绩效往往会越差，比如高度依赖石油资源或者其他资源的国家，其经济状况都不会太好。在国内，李栋华、王霄（2010）利用我国的省际面板数据，对资源禀赋与技术进步的效率之间的关系进行了实证分析，结果验证了二者逆向关系的存在，在此证明了我国也同样存在"资源的诅咒"。徐康宁、韩剑（2005）构建了一个衡量资源丰裕度的指数，对我国现有的资源型地区进行了科学的判定，并通过实证分析证明了我国很多区域资源丰裕的程度与当地经济增长之间存在着反向的关系，即在我国资源丰裕度相对较高的区域内经济增长速度普遍要比资源匮乏的区域低。

二是资源丰裕度与经济发展存在正向的关系。有研究证明丰富的资源更有利于促进经济的发展，如 Habakkuk（1962），他认为美国获得了更高生产率的原因是拥有丰裕的自然资源，并且这些资源最终推动 19 世纪的繁荣局面。美国因为对煤、石油、铜、铁矿石等各类自然资源产品的开采和利用直接或间接地导致了其在工业上的引领地位。Wright（1990）在 20 世纪初对美国的产业保持相对技术领先的原因进行了实证性分析，很明显发现了不可再生是该国出口制成品所使用资源的主要特征；并且这种资源密集型产业在经济大萧条发生之前，已经增长了大约半个世纪并且呈现继续上升的趋势。景普秋、王清宪（2008）利用山西省内各个县域的面板数据构建经济模型，对该省域煤炭资源开发与经济增长关系进行了实证性分析研究，结果显示煤炭资源的丰裕度对地区经济发展具有明显促进作用。李天籽（2007）同样也讨论了我国中西部地区若干省份的自然资源丰裕程度与当地经济增长之间的相关关系，发现自然资源丰裕度对经济增长的作用机制是间接的，主要是因为丰富的自然资源更容易增加国内投资，进而对该地区经济增长起到了一定程度上的促进作用。

2. 环境质量与经济发展关系

环境质量与经济发展密切相关，随着现代经济的发展，各种环境问题也相继出现，比如环境污染，而在环境保护的过程中又会对经济发展产生影响。国内外的学者对环境质量与经济发展关系进行了研究，主要包括以下几方面的内容。

Commoner（1972）将环境质量的主要影响因素归纳为经济增长因素、

技术效应和人口规模因素三个方面，环境对经济发展的影响主要是通过经济的规模效应产生的。Seiden 和 Song（1995）采用了环境污染—经济增长模型对环境与经济发展的关系进行了实证分析，得出污染的削减成本与污染的程度呈现出"J"形曲线的变化规律。John（1994，1995）认为当代人只关注自身福利受到污染的影响程度，而不会考虑到后代福利状况，并在此基础下建立模型，得出的结论是在消费水平较低的情况下环境质量会随着经济发展而恶化，在消费水平较高的条件下经济发展会促进环境质量改善。李素清（2005）在对山西省黄土高原生态脆弱区的研究中，提出解决山西省黄土高原生态脆弱区所存在的资源环境经济问题，促进经济发展，最为有效的方法就是生态环境建设。马树才（2006）利用相关数据，通过协整模型，得出工业三废中只有固体废弃物与人均 GDP 存在显著下降关系，指出经济发展并不一定导致环境质量改善。戴亚南（2007）在对江苏省的海岸带生态环境脆弱区的研究中，根据实际问题，提出了解决该区域存在的资源、环境、经济问题的相应对策。杜江（2008）选择了 30个省 8 年的数据，选取了六类污染物构建模型探索环境与经济发展的关系，得出其中有 4 类污染物与经济发展存在倒"U"形的曲线关系，验证了环境质量与经济发展关系显著。李茜、张建辉、罗海江等（2013）选择了全国 10 年的数据和 2010 年 23 个省、4 个直辖市以及 5 个自治区的截面数据，利用主成分分析法对地区可持续发展情况进行了实证性检验，得到了全国的环境质量与经济发展在这 10 年内的发展趋势与变化规律，证明二者关系显著。

3. 经济发展对资源环境的影响

经济发展对资源环境有着一定的影响，但影响作用及其大小有一定的差异，不同的学者对此类问题的研究不同，对经济发展与资源环境状况之间关系的分析主要分为以下三类情况。

一是经济发展与资源环境存在倒"U"形关系。有的学者认为资源环境状况与经济发展呈现典型的库兹涅茨曲线，如 Panayotou（1993）选用了 1985 年 54 个国家的数据，以人均 GDP 作为经济因子，选取三种污染物的数据以及生态破坏的数据情况、植被的砍伐率作为环境因子，建立计量经济模型，主要用于探究环境污染程度与经济发展两者之间的相关性，研究发现人均国内生产总值和这三种污染物的关系大致符合对数的二次函数模型，呈现出倒"U"形的曲线；同时，还建立了植被砍伐率与收入和人口密度之间的函数，进一步证实了环境库兹涅茨曲线。Grossman 和 Krueger（1991）提出经济增长与环境污染关系曲线呈现倒"U"形状，符合著名的库兹涅茨曲线的理论，认为环境质量在初期会随着社会经济不断增长而呈现出先恶化后改善的现象。Selden TM 和 Song DS（1994）对污染物与当地经济水平的关系中是否存在着相似的库兹涅茨曲线进行了实证分析，最后得出了肯定的结论，即随着经济水平的不断提高，污染的情况会先不断恶化，然后再逐渐地改善。阳洁、魏新（2000）对环境、经济协调度的内涵进行了论述，绘制了环境的库兹涅茨曲线，建立了关于环境、经济协调度的函数，并给出了能够较为科学地对环境与地区经济协调发展进行判断的依据。吴玉萍、董锁成（2002）等选取了北京市时间序列的数据，建立经济增长与环境污染程度的经济研究模型，发现二者之间的关系呈现出显著的倒"U"形曲线的特征。陈华文、刘康兵（2004）通过效用的函数，提出了对 EKC 的一个微观层面上的解释，使用上海市的数据，发现了空气质量与收入存在一定的关系，部分的环境指标可以得到环境的库兹涅茨曲线假设所描述的情况，不同的是二氧化硫的浓度与经济增长表现为正"U"形的关系。

　　二是经济发展加剧资源环境问题的恶化。此类的研究较少，少部分学者认为经济发展会加剧资源环境的恶化，如 Robert Ayers（2003）提出地区经济增长会对该地区或者其他地区资源进行大量消耗，势必会加剧环境的污染程度，并且经过时间积累逐渐成为废弃物，由此他认为经济增长会加剧资源环境恶化情况。包群（2006）指出如果一味地追求经济增长会对自然资源造成过度利用，加剧环境污染。凌亢、王浣尘、刘涛（2001）利用行业数据验证了南京的环境与经济发展的关系，发现废气排放量会随收入增长呈现出严格的递增趋势，整体污染趋势在扩大。辜胜阻、巍珊

（2000）从环境损失的角度分析经济与环境之间的关系并指出了在经济发展过程中会造成较高的环境成本。

三是经济与资源环境可以协调发展。更多的学者认为资源环境与经济在一定程度上可以达到协调发展的良好状态，关于此类研究也相对较多，如以 Meadows（1984）为代表的研究学者认为对经济水平具有显著影响的因素包括资源消耗在内的五方面，并且可以通过调整这些因素的变换趋势从而使经济和环境达到相对协调发展的状态。Malcom Sleeser（1985）利用模型综合考虑了人口、资源、环境与发展之间的关系，通过模拟不同的策略方案，建立了一套同时满足人口、环境与资源条件的目标与政策。还有学者（2013）指出要确保资源环境与经济发展之间处于协调状态，需要及时对协调的状态做出客观的评价，而且要及时施加影响以使其趋向于协调。江永红、刘冬萍（2012）以主成分分析的方法和回归分析方法作为研究的工具，构建并测算了安徽省的经济、资源、环境三系统综合协调发展度，得出了安徽省的经济与资源、环境系统基本能够相互协调发展，但是环境仍然是制约三者协调发展的重要因素。赵伟伟（2009）通过可持续发展的思想，在建立了人口、资源、环境与经济发展指标体系的基础上，对四川省上述因素的发展协调性进行了计算，并分析了影响四川人口资源环境与经济发展协调性的主要因素。熊永柱、夏斌、张美英（2007）采用经济计量模型对广东省的可持续发展情况进行了定量评价，制定的协调发展的评价指标大部分情况下是针对不同的经济环境而设计的，仅仅具有一定的参考价值。黄友均（2007）分析评价了安徽省的资源环境与经济协调度的动态变化趋势。张宏元（2006）通过15年的数据，研究了乌鲁木齐市经济与环境协调发展度的变化情况。冯久田、尹建中、蒋红花等（2003）以山东省为例，对该地区的经济、资源与环境相关问题进行了研究，认为山东省经济与资源环境在一定程度上可以更为协调地发展，并提出了相应的目标及措施。李崇阳（2002）运用模型对经济发展与环境关系进行了分析，认为可以把经济与环境视为博弈的双方，双方通过达成一定的分配方式，能有效地使二者协同发展。李善同（2001）基于资源配置的角度，分析了地区环境与该地区经济的协调发展的相关问题，认为经济活动要同时考虑到内部均衡和外部均衡。

综上所述，国内外对资源环境与经济发展关系的研究方法主要是实证分析，对地区的资源与经济状况进行研究，得出了资源环境与经济发展的关系，这些研究成果能在一定程度上解释地区发展过程中经济与资源环境之间的关系，对二者之间的关系有比较科学的解释，为地区在促进经济发展中如何合理利用资源环境提供了政策参考。但也存在不足之处，如对跨地区的经济与资源关系的研究较少，且很多研究针对性较强，不具有普遍性，因此还需要进一步的发展完善。

（四）　淮河流域经济发展方式转变研究综述

淮河流域良好的发展态势会促进我国经济健康发展，对淮河流域经济发展的研究不仅有助于推动我国"中部崛起"发展战略的有效实施，而且对缓解我国整体地区经济发展不平衡，改善区域经济发展状况具有重要意义。长期以来，关于淮河的治理问题和该流域的经济发展问题始终是国内学术界研究的热点。但是，对于淮河的治理问题不属于本书研究的范畴，这里就不再进行综述。关于淮河流域经济社会发展的研究，从现有文献来看，其成果主要集中在淮河流域的可持续发展、工业化与资源利用、环境保护以及经济发展四个方面。

1. 淮河流域的可持续发展

关于淮河流域可持续发展的研究很多，主要对淮河流域可持续发展模式、能力以及相应的政策建议进行研究，如程必定、林斐、俞世伟等（2000）提出要通过两大战略，并结合淮河流域在现有条件下所形成的"一个板块"来实现淮河流域的可持续发展状态。万伦来、麻晓芳、方宝（2008）通过构建判断淮河流域农业发展状况的评价模型，对淮河流域农业的可持续发展能力进行了定量的评价研究。王远飞、张超（2000）在分析了淮河流域贫困情况的前提下，结合旱涝的调控以及水文环境的治理等方面，定性地探讨了如何实现淮河流域的可持续发展，认为水旱灾害控制、水环境保护、治愚反贫困、优化产业结构等环节对促进该流域的可持续发展具有重要意义，而且调整重心应该在经济、社会和生态三个方面的效益相结合的层面。万伦来、胡志华、金炎（2007）通过研究得出正是因为目前淮河流域的工业发展存在着环境污染严重、资源消耗大、信息化水平偏低等一系列问题，导致淮河流域工业化发展较为缓慢。这就迫使该流域必须加快开发新技术，促进对煤气层合理高效地利用；所以必须加快构建循环经济的发展新模式，持续推进新型工业化进程。也就是说淮河流域的发展选择走新型工业化道路势在必行。

2. 淮河流域的工业化与资源利用

淮河流域的工业化程度与资源利用率是影响淮河经济带发展的重要因素，但是应该如何加快工业化的发展以及促进资源的合理利用呢？有学者对此类问题进行了研究，只是目前关于这类问题的研究相对较少，具体来说与淮河流域工业化和资源利用相关的研究有：万伦来、胡志华、余晓钰（2009）对淮河流域三次产业结构变化进行了相关的分析，认为随着经济的不断增长，淮河流域的第二产业总产值比重存在明显增加的趋势，以及淮河流域要发展新科技产业，选择新型工业化道路有其重要性。王振波等（2012）运用经济模型对淮河流域功能区进行了一定的划分，认为对该流域生态系统整体性的调整需要格外注意，并且通过构建流域空间开发评价指标体系，从对淮河流域空间的开放情况及约束性、开发的强度以及引导方式三个角度，对该流域的空间开发进行了合理规划。此外，该研究在最后还将淮河流域的开发分成五类，并对流域空间开发区划等方面亟须解决的问题给出了一定的建议。胡瑞等（2008）认为淮河流域存在水资源开发利用程度不高的状况，强调了在淮河流域开展关于水资源的承载能力的研究具有非常重要的意义，并提出了基本的研究框架。

3. 淮河流域的环境保护

此类问题主要从淮河流域的环境现状、改善措施方面进行研究，学者们通过相应的方法对淮河流域的环境状况进行检验并给出了相应的政策建议，如万伦来、朱骏锋、沈典妹（2009）对淮河流域的环境库兹涅茨曲线效应进行检验，结论显示，随着经济的发展，淮河流域生态环境状态恶化得越发严重，但是依然没有达到库兹涅茨曲线极值点，所以需要提高该流域生态环境的财政支出，实行更有效的治理方式。秦莉云、金忠青、江新等（2001）认为应该建立水污染综合防治与淮河流域区域经济协调发展机制，从而控制并改善淮河流域水环境的污染问题，进而实现水污染治理与淮河流域社会经济的协调发展局面。经济发展会导致生态问题的出现，李庆玉（2013）以此为研究起点，以淮河流域为例，探讨了环境改善的重要程度以及改善环境的有效途径，以此促进淮河流域生态环境改善。

　　4. 淮河流域的经济发展

　　对于淮河流域经济发展方式的研究相对较多，很多学者运用不同的分析方法对其进行研究，如胡志华（2010）发现，在淮河流域经济不断发展的同时该流域间不同区域的经济差距却不断增大，为了有效地解决这一问题，需要建立该流域范围内的利益机制和产业机制，以期达到共赢的结果。蔡安宁（2015）认为淮河流域同时面临加快发展和快速转变经济发展方式的双重任务。顺应经济全球化和区域经济一体化深入发展的新趋势和新要求，从流域生态经济发展和打造中国经济升级版的战略高度，提出构建淮河生态经济带，有利于发挥淮河流域得天独厚的区位、交通、资源、产业等比较优势，激发其发展潜能，增强其内生发展动力。毛广雄、陈海廷、胡相峰（2015）根据协同发展的相关理论，选取处于构建中的淮河经济带，对其主要的节点区域的相关经济数据进行研究，运用与产业发展相关联的协同程度、区位熵等类似的指标，对该经济带的产业协同发展现状特征进行了较为规范的测度与分析。结果表明，经济发展水平较低、缺乏高层级的战略支持，产业同构现象明显、产业链协同能力不足，轴线发展不平衡、缺乏带动经济带发展的增长极等一系列问题制约了淮河生态经济带产业协同发展。曹志宏、梁流涛、郝晋珉（2009）利用自相关的方法，测度黄、淮、海地区的经济差异情况，研究了三个地区非农业经济情况以及竞争能力的问题。周婷、仇方道、朱传耿（2010）从区域之间的三个产业联系紧密的情况，分析了淮海地区的经济联系程度，运用各类的系数模型，从产业的两个不同层面构建有关产业联系紧密程度的测度模型，研究发现了淮海地区产业联系在空间分布上具有非常明显的圈层特点。李俊峰等（2010）在对江淮城市分布情况的现状分析的基础上，加入了从业人员区位熵等类型的计算公式，研究了地区城市群以及城市流的强度与该城市之间作用的大小，再在参照各地区的城市群组合模式的基础上，给出江淮城市群空间整合的三种发展模型。

（五）国内外研究现状评述

通过以上的综述，不难发现学术界对本书涉及的四个方面的内容：第一，经济增长与经济发展理论；第二，经济发展方式转变理论与实践；第三，资源环境与经济发展关系；第四，淮河流域经济发展问题的研究成果十分丰富，可谓是汗牛充栋，相信这些成果对于本书的研究具有非常重要的借鉴价值。但是，综观已有的文献我们同样不难发现，对于我国经济发展方式转变的理论研究，尚存在着一定改进和深入的研究空间。一是将资源环境约束、产业结构优化与转型同转变经济发展方式三者结合起来进行研究尚属于理论前沿，尤其是结合某个区域，对在资源环境约束下，产业结构优化与转型是该地区转变经济发展方式的根本途径的研究还需要实证检验；二是对淮河流域问题的研究，长期以来学者们更多地关注的是淮河的治理问题，相对缺乏对淮河流域的经济发展问题的研究。虽然近年来这方面的研究日益引起重视，但是目前开展的研究还很片面和零碎。特别是对于像淮河流域这样特殊区域的经济发展方式转变的较系统深入的研究还不多见。而本书正是对这一科学问题开展研究的。因此，从这几方面的研究现状来看，本书研究是十分必要的。

三、研究涉及的几个概念

（一）淮河流域范围的界定

淮河流域地处我国东部，介于长江和黄河两大流域之间，位于东经112度～121度，北纬31度～36度，流域面积27万平方千米。流域西起桐柏山、伏牛山，东临黄海，南以大别山、江淮丘陵、通扬运河及如泰运河南堤与长江分界，北以黄河南堤和沂蒙山与黄河流域毗邻。淮河发源于河南省南部的桐柏山，干流全长 1000 千米。流域西部、西南部及东北部为山区、丘陵区，其余为广阔的平原。山丘区面积约占总面积的 1/3，平原面积约占总面积的 2/3。淮河流域地处我国南北气候过渡带，气候温和，年平均气温为 11～16 摄氏度，年平均降雨量约为 920 毫米。

淮河流域以废黄河为界，分淮河及沂沭泗河两大水系。域面积分别为 19 万平方千米和 8 万平方千米，有大运河及淮沭新河贯通其间。淮河流域具有丰富的物产资源。流域有 1.8 亿亩耕地，沿海还有近 1000 万亩滩涂可资开垦。流域年平均水资源量为 854 亿立方米，其中地表水资源量为 621 亿立方米，浅层地下水资源为 374 亿立方米。境内日照时间长，光热资源充足，气候温和，发展农业条件优越，是国家重要的商品粮棉油基地。淮河流域矿产资源丰富，以煤炭资源最多，初步探明的煤炭储量有 700 多亿吨，主要集中在安徽的淮南、淮北和豫西、鲁西南、苏西北等矿区。

淮河流域流经湖北、河南、安徽、山东、江苏 5 省 40 个地（市），189 个县（市），2014 年总人口为 25179.2 万人，平均人口密度为 933 人/平方千米，是全国平均人口密度 142 人/平方千米的 6.57 倍，居各大江大河流域人口密度之首。近年来，淮河流域经济快速增长，地区生产总值从 2004 年的 23619 亿元增长到 2014 年的 101144 亿元，人均地区生产总值从 10375 元增加到 40170 元。第一、第二、第三产业比重从 2004 年的 16.3∶50.4∶33.3 调整到 2014 年的 9.7∶49∶41.3。可以看出，在地区生产总值产业结构中，同期第一产业的比重从 16.3％下降到 9.7％，第三产业的比重从 33.3％上升到 41.3％，第二产业的比重基本保持不变，仍是比重最大的产业。

从上面的介绍来看，淮河流域主要包括 5 省 40 个地（市），189 个县（市），但是，由于湖北省随州市和孝感市与淮河流域接触面积过小，出于数据的原因和研究的方便，本书特将这两个市剔除出研究范围，因此，本书研究的淮河流域范围主要包括 4 省（河南、安徽、山东、江苏），38 个地市，具体如表 0-1 所示。

表 0-1 淮河流域区域划分表（研究对象范围）

省	地（市）
河南	洛阳市、平顶山市、南阳市、漯河市、许昌市、开封市、郑州市、信阳市、商丘市、周口市、驻马店市
安徽	合肥市、安庆市、滁州市、蚌埠市、淮南市、淮北市、阜阳市、六安市、亳州市、宿州市
江苏	南京市、徐州市、扬州市、连云港市、淮安市、宿迁市、盐城市、泰州市、南通市、镇江市
山东	日照市、菏泽市、淄博市、济宁市、枣庄市、临沂市、泰安市

资料来源：根据《治淮汇刊（年鉴）》2010 年整理而得。

（二）经济发展方式转变的内涵

经济发展方式，是一个有着丰富内涵的概念。正如前文综述中认为目前我国经济学界对经济发展方式的内涵研究大体分为三个角度：一是从构成经济发展方式内在因素角度展开分析；二是从存在理论的基础上进行突破的创新研究；三是科学发展观深入贯彻下所拥有的独特内涵。但是，不管从哪个方面来理解，经济发展方式的本质没有太大变化。一般而言，经济发展不外乎两种基本类型：第一种类型主要是指侧重于实现更多产出的单纯的经济增长；而第二种类型主要是指侧重于追求经济发展质量的经济发展。与此相对应的就有两种不同的实现方式：对于第一种类型来说，可以通过增加生产要素投入实现的外延扩张式的粗放型增长、依靠提高生产的技术水平实现的内涵提升式的集约型增长两种增长方式来实现，本质在于单纯地追求增长速度和总量的扩张；而对于第二种类型来说，它的实现方式则十分广阔和途径多样，不仅包括单纯的经济增长，更重要的还包括产业结构的优化升级、经济运行质量的提高，以及经济社会和环境之间的协调发展等各个方面，其实质在于全面实现国民经济更好地发展。

事实上，一个社会的经济发展方式总是沿着从粗放型增长到集约型增长、从单纯的经济增长到全面的经济发展历史道路不断演进的，因此，一个社会对具体发展方式的选择总是要受到其本身所处的经济社会历史阶段的制约。对于我国来说，经济发展方式的选择也不例外。长期以来，由于所处的经济发展的历史阶段及整体技术水平的限制，我国经济增长主要通过增加生产要素的投入和物质消耗的粗放型增长的方式来实现。而这种发展方式带来的问题也越来越多，最主要的问题是导致整个经济社会的不可持续发展。正因为如此，为了提高经济增长的质量和效益，我们必须转变经济发展方式。具体而言，从1987年到1995年明确提出要实现经济增长方式从粗放型向集约型转变，被认为是我国经济增长方式转变的第一个历史性转变。而十七大旗帜鲜明地提出了从转变经济增长方式到转变经济发展方式变化的发展战略，被认为是我国经济发展方式的第二次历史性转变，其本质在于提高经济发展的质量。但是，直到今天我国既没有实现原有的粗放型增长方式的根本改变，同时，发展过程又积累了一些新的经济社会矛盾和问题。比如，经济增长与资源环境的矛盾日趋尖锐；我国经济社会的发展的矛盾性结构日益突出等。因此，如果我们不能采取强有力的措施和对策，那么上述矛盾的不断深入将会极大地影响和制约我国经济社会的稳定与发展，并最终导致我国经济社会发展本身的不可持续。为此，及时地转变经济发展方式已经迫在眉睫，已经成为当前和未来一段时期我国经济生活中第一位的任务和工作。

正因为如此，党的十八大报告更加明确地提出要加快转变经济发展方式，其中重点强调了我们国家繁荣富强、人民幸福安康、社会和谐稳定的物质基础的前提就是推动经济持续健康发展，本质要求就是坚持以科学发展为主题，以加快转变经济发展方式为主线。我们的发展要适应国内外经济形势新变化，加快形成新的经济发展方式，把推动发展的立足点转到提高质量和效益上。党的十八届五中全会在审议《国民经济和社会发展第十三个五年（"十三五"）规划》时指出我国经济发展已经进入新常态。在新的发展阶段，经济发展必须在转变方式上取得重大进展，必须是可持续性明显增强、科技进步贡献率大幅上升、"四化"同步、区域协调发展机制基本形成的发展。概括而言，我们的发展必须坚持以提高经济发展质量和效益为中心，而一定不能片面追求经济增长速度。

由此可以看出，经济发展方式转变在我国不同的发展时期有着并不完全相同的含义。但是，不论有何异同，经济发展方式转变的本质始终没有变，那就是发展由片面追求经济增长速度向提高经济发展质量和效益转变。其中产业结构的优化和升级、经济社会和资源环境协调发展是经济发展方式转变的重要内涵，而这一内涵恰恰与本书研究的淮河流域经济发展方式转变是完全吻合的。

四、研究目的、思路与逻辑架构

(一) 研究目的

总的来说，本书的研究目的就是较系统地研究资源环境约束下淮河流域如何加快经济发展方式转变，以探索像淮河流域这样的特殊区域实现经济发展方式转变的基本规律，并给出其一般理论。

为了实现上述研究目标，本书拟分析和探讨以下三个关键问题：

(1) 淮河流域为什么要实现经济发展方式转变。我们分析和探寻淮河流域经济发展方式转变现象，首先必须研究它转变的必要性问题。也就是说，我们必须回答淮河流域为什么要实现经济发展方式转变。虽然经济现实中，转变经济发展方式已经成为我国经济发展中的常见现象，但是，我们仍然需要首先从理论上认识在资源和环境双重约束下淮河流域实现经济发展方式转变的紧迫性和重要性，这也是研究淮河流域经济发展方式转变理论的基础性问题。

(2) 淮河流域实现经济发展方式转变的根本途径。在分析了淮河流域为什么要实现经济发展方式转变之后，我们自然会想到像淮河流域这样的特殊区域怎样去实现经济发展方式转变的问题。这个问题对淮河流域发展来说同样是非常重要的。也就是说，我们必须找到淮河流域实现经济发展方式转变的途径，否则淮河流域经济发展方式转变的实践将无从谈起。出于本书研究的需要，我们将充分论证产业优化升级与转型发展是淮河流域实现经济发展方式转变的根本途径。

（3）淮河流域实现经济发展方式转变的主要任务。找到了淮河流域实现经济发展方式转变的根本途径，并不等于它一定能够有效推进。仅仅有了转变途径就会产生显著的转变绩效是没有道理的。淮河流域经济发展方式转变途径是产生转变效果的必要条件，而非充分条件。因此，对于淮河流域来说，具体应该怎么做才能有效推进经济发展方式转变，自然成为淮河流域实现发展方式转变的重要内容。为此，关于淮河流域实现经济发展方式转变的主要任务的研究，也就顺其自然地成为本书研究的核心内容之一。

以上三个方面在逻辑上是连贯的，在层次上是递进的。通过对这三个方面的探索，我们希望能够为淮河流域如何实现经济发展方式转变提供理论指导和一定的操作建议。

（二）研究思路与逻辑架构

1. 研究思路

由于淮河流域经济发展方式转变研究，内涵十分丰富，涉及面广，需要解答的问题很多。而本书不需要，也不可能对此进行全面细致的研究。为此，本书在对淮河流域经济发展方式转变开展研究时，重点选择一个视角，即从产业的角度，并在加入资源环境约束下，来分析探讨淮河流域经济发展方式转变问题。为此，基于本书研究的需要，本书将沿着"问题描述—现状评价—途径探寻—任务实现—对策建议"的研究思路，并采用"理论梳理、跨学科分析、系统分析、统计分析、计量分析以及对策的情景分析"等研究方法较系统深入地开展资源环境约束下淮河流域经济发展方式转变研究。

2. 逻辑架构

在逻辑结构上，本书将按照从转变必要性到转变途径再到转变任务的顺序展开分析，正文部分主要分为四个部分：

第一部分包括第一章和第二章，可称为理论篇。其内容是回答淮河流域为什么要实现经济发展方式转变。第二部分即第三章，可称为探寻篇。主要分析像淮河流域这样的特殊区域怎样去实现经济发展方式转变的问题。第三部分包括第四章、第五章和第六章，可称为实证篇。该部分将重点研究淮河流域具体应该怎么做才能有效推进经济发展方式转变的问题。第四部分即第七章，可称为对策篇。主要是应用前三部分的研究结论，对淮河流域实现经济发展方式转变提出对策建议，并从制度体系设计和政策组合运用方面进一步给出淮河流域实现经济发展方式转变的制度创新。其逻辑架构（技术路线）如图 0－1 所示。

为此，本书的研究内容共设计为八部分，具体研究内容为：

（1）导论。主要是提出本书所要研究的问题，综述该问题的国内外研究现状，阐释课题研究涉及的几个概念，介绍本书的研究目的、方法、逻辑架构和内容安排。

（2）第一章资源环境约束对淮河流域经济发展的影响研究。从本章开始涉及本书的第一个研究问题，即回答淮河流域为什么要实现经济发展方式转变。但本章仅仅从约束层面进行探析。

（3）第二章淮河流域经济发展方式转变的评价研究。继续本书的第一个研究问题的研究，仍然是回答淮河流域为什么要实现经济发展方式转变。但本章主要是从评价层面进行研究。

（4）第三章淮河流域经济发展方式转变的路径研究。从本章起开始转入本书的第二个研究问题，即淮河流域怎样去实现经济发展方式转变的问题。

（5）第四章基于科技优势的淮河流域承接产业转移研究。本章及以下两章进入本书的第三个研究问题，即对于淮河流域来说，具体应该怎么做才能有效推进经济发展方式转变。但是，本章主要针对淮河流域实现经济发展方式转变任务一：淮河流域承接产业转移问题开展研究。

（6）第五章淮河流域矿产资源开发利用与资源型产业转型研究。本章是第三个研究问题的继续，即主要针对淮河流域实现经济发展方式转变任务二：淮河流域资源型产业转型问题开展研究。

（7）第六章淮河流域农业发展方式转变与可持续发展研究。这章是第三个研究问题的又一继续，即主要针对淮河流域实现经济发展方式转变任

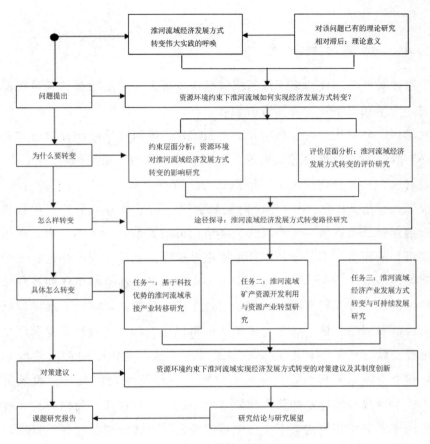

图 0-1　本书的逻辑结构

务三：淮河流域农业发展方式转变问题开展研究。

　　（8）第七章资源环境约束下淮河流域转变经济发展方式的对策建议及其制度创新。本章是本书研究的落脚篇，主要是应用前三部分的研究结论，对淮河流域实现经济发展方式转变提出对策建议，并从制度体系和制度组合方面进一步给出淮河流域实现经济发展方式转变的制度创新，进而为淮河流域在资源和环境双重约束下，切实转变经济发展方式，实现又好又快发展提供决策参考。

五、研究的创新点

通过对资源环境约束下淮河流域经济发展方式转变问题的较系统深入研究，力争在以下几个方面有所创新。

第一，分别从约束层面和评价层面探讨了淮河流域经济发展方式转变的必要性。一是对资源环境承载力水平进行评价时，采用熵权 TOPSIS 法客观有效，且又分别评价了经济承载力、资源承载力和环境承载力水平，进而深入分析 2003—2014 年淮河流域资源环境承载力水平的变化趋势和影响因素；二是在研究经济增长与环境污染的关系时，考虑了相关随机趋势模型，从而得出了基于传统环境库兹涅茨模型估计不同的结论；三是以全要素能源效率为工具，评价了资源环境约束下淮河流域整体和各地市具体的经济发展方式转变成效；四是通过主成分分析法，研究了淮河流域各地市经济发展综合情况，并与资源环境指标建立联系，考察资源和环境对地区经济状况的影响；五是在考察了淮河流域各地市空间关联性的基础上，建立空间面板模型，具体考察淮河流域经济增长以及要素投入的情况，以及资源和环境是如何影响要素变动的。通过这几方面的研究，我们充分论证了资源环境约束下淮河流域经济发展方式转变已经刻不容缓。

第二，通过构造环境质量、产业结构、资源利用效率、产业环境协调度、经济发展方式转变效率等评价指标，分别研究了产业结构优化对环境质量、资源利用效率、经济发展方式转变的影响。一是淮河流域环境质量与产业结构之间存在着"N"形曲线特征，即随着产业结构的优化升级，环境质量先上升后下降再上升的"N"形曲线形状。二是产业结构的优化对淮河流域资源利用效率的提升具有积极的正向影响，当产业结构的综合评价指数提高 0.1 时，资源的利用效率提升 0.01568。所以，实现产业结构的优化是提高淮河流域资源利用效率的主要途径。三是产业结构的优化对淮河流域经济发展方式转变效率的提升具有积极的正向影响，当产业结构的综合评价指数提高 0.1 时，经济发展方式转变效率也就是 TFP 值提升 2.0908。所以，由此得出产业优化与转型是在资源环境约束下淮河流域实现经济发展方式转变的根本途径。

第三，探讨和论证基于科技优势承接产业转移、实现资源型产业转型和切实转变农业发展方式是在资源环境约束下淮河流域转变经济发展方式的当务之急和迫切任务。一是淮河流域除了漯河、亳州、宿迁、南通、日照五市科技资源配置达到有效的状态，其余城市均为非 DEA 有效，科技资源配置效率相对较低；二是矿产资源开发利用效率高效区分别分布在河南省周口市、江苏省南通市以及山东省济宁市，DEA 有效值均为 1.0；矿产资源开发利用效率较高效区包括河南省的漯河市、南阳市、商丘市和洛阳市；江苏省的南京市；山东省的菏泽市和泰安市以及安徽省的宿州市、亳州市和合肥市等，DEA 有效值均处于 0.9～1.0；矿产资源开发利用效率中效区分布在河南省的信阳市和郑州市，江苏省的宿迁市，山东省的日照市、淄博市和枣庄市以及安徽省的六安市等，DEA 有效值均处于 0.75～0.9；剩下的其余各市便是矿产资源开发利用效率低效区，DEA 有效值均低于 0.75；三是淮河流域农业全要素生产率在这 15 年间不断提高，平均增长率为 5.8%，农业年均增长率的 61.31% 是由农业全要素生产率的提高带来的，农业生产效率在不断改善，农业资源配置效率也在不断得到优化，但是农业生产效率的区域差异较大，各个城市之间和省际差异比较明显。同时，通过对淮河流域 2000—2014 年农业发展方式转变绩效的计算，我们发现淮河流域农业全要素生产率在这 15 年间呈现出阶段性特征，农业生产的发展更多的还是依靠农业生产要素投入的增加，农业发展方式仍然保持着粗放型的增长模式。

第一章 资源环境约束对淮河流域经济发展的影响研究

资源环境约束是经济发展方式转变的先决条件，而淮河流域发展越来越受到资源环境的约束，因此较为系统地研究资源环境约束对淮河流域经济发展的影响是本书必须回答的首要问题。本章共分为三个部分，第一部分基于熵权 TOPSIS 模型对淮河流域资源环境承载力进行研究，并进一步分析其变化趋势和影响因素；第二部分探讨淮河流域经济增长与环境污染之间的关系，并在传统的环境库兹涅茨模型的基础上估计相关随机趋势模型的结果；第三部分研究淮河流域资源丰裕度与经济增长的关系，验证"资源诅咒"命题在淮河流域市级层面上是否成立。

一、基于熵权 TOPSIS 模型的淮河流域资源环境承载力评价实证研究

（一）引言

随着我国城镇化和工业化的不断发展，区域资源环境承载力也随之变化。因此在人口、资源和环境等问题日益加剧的背景下，评价区域资源环境承载力就越加显得必要。评价区域资源环境承载力是识别影响承载力的关键步骤，也为其承载力水平提升提供了一种途径。许联芳、谭勇（2009）阐述了基于"环境友好型、资源节约型"的区域土地承载力的概念，并通过构建城市群土地承载力综合评价指标体系，运用状态空间法对长株潭城市群土地承载力进行初步评价，提出了提高长株潭城市群土地承载力的对策与建议。秦成等（2011）依据集对分析理论中的对立度识别影

响资源环境承载力的瓶颈因子，并结合瓶颈因子出现频次构建包含人均GDP、城市化水平、人口密度、人均耕地面积、人均水资源量、水环境纳污能力、水土协调度、环境用水率的泉州市资源环境承载力评价的指标体系。王振波等（2013）以行政区划调整后将巢湖纳入内湖的新合肥市为例，借助 GIS 平台，运用单因子评价法和综合敏感性评价法构成城市生态适宜性评价的方法体系，以水域因子、湿地因子、坡度因子、覆被因子、灾害风险因子组建资源环境约束指标体系，将合肥市域划分为极非敏感区、低敏感区、中敏感区、高敏感区、极高敏感区 5 种资源环境承载类型区。

综上所述，不难看出现有的研究丰富了区域资源环境承载力评价理论，完善了承载力评价指标体系，较好地指导了现实中提升承载力水平的实践活动，但却存在着一定的不足。比如，既有在研究方法上存在一定的主观性，忽视了不同指标的属性和地位，且计算方法和过程较为复杂。而 TOPSIS 模型恰好能够弥补这一不足。TOPSIS 模型具有既能横向对比，又能纵向对比分析且计算简单的优点，同时熵权是根据指标原始数据获取权重，客观真实。鉴于此，本部分将通过构建基于熵权的 TOPSIS 模型，对淮河流域 2003—2014 年的资源环境承载力开展实证研究，并据此分析评价结果，提出提升淮河流域资源环境承载力水平的对策建议。

（二）淮河流域资源环境承载力评价指标体系构建

一般而言，资源环境承载力的研究必须在环境承载力的约束条件内进行。因此，资源环境承载力的考察需从两个方面出发：资源系统与环境系统的支撑能力与压力部分，即资源环境所负担的社会经济总量与社会经济活动对资源环境的影响。另外，随着经济社会的发展将提供一定的经济用于提高承载力水平。据此，本章认为资源环境承载力包括资源环境的承载限度以及经济发展在资源环境治理水平方面的能力。

根据本章定义的资源环境承载力的内涵，在现有研究的基础上并结合淮河流域实际，从经济发展水平、资源承载力、环境承载力三个方面构建指标体系。体系内的指标既相互区别又相互联系。其中，经济发展力主要考察淮河流域的经济基础，包括经济实力、社会发展水平和产业结构；资源承载力主要考察区域资源禀赋以及资源利用效率情况；环境承载力主要考察淮河流域经济社会发展过程中的环境污染和环境保护情况，具体指标体系见表1－1。

表1－1　淮河流域资源环境承载力评价指标体系

子系统	指标层 CI	指标说明
经济发展力子系统	人均实际 GDP（元）C_1	区域内实际国内生产总值与常住人口之比
	城镇居民家庭人均可支配收入（元）C_2	城镇家庭全年实际现金总收入扣除所得税等支出后的收入
	第三产业产值比重 C_3	第三产业产值与总产值之比
	城镇化水平 C_4	城镇人口与总人口数的比例
	失业率 C_5	城镇登记失业人口与总劳动力的比值
资源承载子系统	人口密度（人/km²）C_6	区域总人口数与土地总面积之比
	人均耕地面积（公顷/人）C_7	区域内人均拥有的耕地面积
	人均水资源量（m³/人）C_8	区域内人均占有的水资源量
	人均用水量（m³/人）C_9	区域内人均使用的水资源量
	GDP 用电量（108 千瓦时/元）C_{10}	每创造 1 元人均实际 GDP 用电量
环境承载子系统	废水排放量（万吨）C_{11}	区域内废水排放总量
	SO_2 排放量（万吨）C_{12}	区域内 SO_2 排放总量
	工业污染治理完成投资额（万元）C_{13}	投资用于工业污染治理的资金额
	建成区绿化覆盖率 C_{14}	城市建成区绿化覆盖面积与城市建成区面积之比
	森林覆盖率 C_{15}	森林面积/土地面积

（三）区域资源环境承载力评价模型构建

（1）设 V 为评价指标的原始数据矩阵，在 V 中，v_{ij} 为第 i 个指标第 j 年的初始值，$i=1，2，\cdots，m$，m 为评价指标个数；$j=1，2，\cdots，n$，n 为评价年分数。

$$Y = \begin{bmatrix} v_{11} & v_{12} & \cdots & v_{1n} \\ v_{21} & v_{22} & \cdots & v_{2n} \\ \vdots & \vdots & \vdots & \vdots \\ v_{m1} & v_{m2} & \cdots & v_{mn} \end{bmatrix} \qquad (1.1)$$

采用极值标准化法对 V 进行标准化处理，正向指标处理方法见公式（1.2），逆向指标处理方法见公式（1.3），处理后得到无量纲化矩阵 R。在 R 中，r_{ij} 为第 i 个指标第 j 年标准化后的值，i，j 的含义同 V 中 i，j 含义。

$$r_{ij} = \frac{v_{ij} - \min\,(v_{ij})}{\max\,(v_{ij}) \, - \min\,(V_{ij})} \qquad (1.2)$$

$$r_{ij} = \frac{\max\,(v_{ij}) \, - v_{ij}}{\max\,(v_{ij}) \, - \min\,(V_{ij})} \qquad (1.3)$$

$$R = \begin{bmatrix} r_{11} & r_{12} & \cdots & r_{1n} \\ r_{21} & r_{22} & \cdots & r_{2n} \\ \vdots & \vdots & \vdots & \vdots \\ r_{m1} & r_{m2} & \cdots & r_{mn} \end{bmatrix} \qquad (1.4)$$

（2）用 z_{ij} 表示第 i 个地区的指标值 j 在该指标总和中的比重。

$$z_{ij} = \frac{r_{ij}}{\sum_{j=1}^{n} r_{ij}}$$

$e_i = \frac{1}{\ln n} \sum_{j=1}^{n} z_{ij} \ln z_{ij}$ 表示信息熵。设 w_i 为评价指标的信息熵权重，信息熵值越小，信息熵权越大，说明该项指标越重要，w_i 的计算方法如公式（1.5）所示。

$$w_i = \frac{1 - e_i}{m - \sum_{i=1}^{m} e_i} \qquad (1.5)$$

（3）为进一步提高淮河流域资源环境承载力评价矩阵的客观性，借助加权思想，运用熵权 W_i 构建加权规范化评价矩阵 Y，具体计算方法见公式（1.6）。

$$Y=\begin{bmatrix} y_{11} & y_{12} & \cdots & y_{1n} \\ y_{21} & y_{22} & \cdots & y_{2n} \\ \vdots & \vdots & \vdots & \vdots \\ y_{m1} & y_{m2} & \cdots & y_{mn} \end{bmatrix} = \begin{bmatrix} r_{11}w_1 & r_{12}w_1 & \cdots & r_{1n}w_1 \\ r_{21}w_2 & r_{22}w_2 & \cdots & r_{2n}w_2 \\ \vdots & \vdots & \vdots & \vdots \\ r_{m1}w_m & r_{m2}w_m & \cdots & r_{mn}w_m \end{bmatrix} \qquad (1.6)$$

（4）设 Y^+ 表示理想解，即最偏好的方案；Y^- 表示负理想解，即最不偏好的方案。计算方法见公式（1.7）、公式（1.8）。

$$Y^+=\{\max_{1\leqslant i\leqslant m} y_{ij} \mid i=1,2,\cdots,m\}=\{y_1^+,y_2^+,\cdots y_m^+\} \qquad (1.7)$$

$$Y^-=\{\min_{1\leqslant i\leqslant m} y_{ij} \mid i=1,2,\cdots,m\}=\{y_1^-,y_2^-,\cdots y_m^-\} \qquad (1.8)$$

（5）采用欧几里得距离公式计算评价指标值向量到理想解和负理想解的距离，计算方法见公式（1.9）、公式（1.10）。

$$D_j^+=\sqrt{\sum_{i=1}^{m}(y_{ij}-y_i^+)^2} \qquad (1.9)$$

$$D_j^-=\sqrt{\sum_{i=1}^{m}(y_{ij}-y_i^-)^2} \qquad (1.10)$$

式中，y_{ij} 为第 i 个指标第 j 年加权后的规范化值，y_i^+ 为第 i 个指标在 n 年中的理想解，y_i^- 为负理想解。

（6）用 T_j 表示研究样本指标评价值向量与理想解的相对贴近度，如果 T_j 越大，说明资源环境承载力水平越高。相反，得分越低，说明资源环境承载力水平越低。T_j 计算公式如（1.11）：

$$T_j=\frac{D_j^-}{D_j^++D_j^-} \qquad (1.11)$$

（四）淮河流域资源环境承载力实证研究

为保持样本数据的真实性、完整性及一致性，指标层 Ci 选自 2003—2014 年淮河流域（江苏省、安徽省、山东省、河南省）的统计年鉴、国民经济和社会发展公报。

1. 实证计算过程

（1）为得到各指标的权重，先运用公式（1.2）、公式（1.3）对样本数据标准化处理后，再运用公式（1.5）计算出信息熵权重。计算结果见表 1—2。

表 1-2 淮河流域资源环境承载力评价指标权重

指标	C_1	C_2	C_3	C_4	C_5	C_6	C_7	C_8
权重	0.0457	0.0629	0.1229	0.0607	0.0911	0.1074	0.0906	0.0825
指标	C_9	C_{10}	C_{11}	C_{12}	C_{13}	C_{14}	C_{15}	
权重	0.0612	0.1129	0.0680	0.0464	0.0477	0.0485	0.0563	

（2）利用表 1-2 的结果和标准化矩阵 R 可计算得到加权规范化评价矩阵 Y。

$$
Y = \begin{bmatrix}
0.000 & 0.012 & 0.041 & 0.000 & 0.000 & 0.006 & 0.091 & 0.082 & 0.058 & 0.113 & 0.068 & 0.033 & 0.024 & 0.000 & 0.000 \\
0.007 & 0.000 & 0.006 & 0.005 & 0.000 & 0.000 & 0.000 & 0.075 & 0.061 & 0.065 & 0.061 & 0.025 & 0.029 & 0.006 & 0.016 \\
0.015 & 0.007 & 0.003 & 0.011 & 0.004 & 0.006 & 0.044 & 0.068 & 0.049 & 0.063 & 0.053 & 0.026 & 0.048 & 0.009 & 0.016 \\
0.018 & 0.009 & 0.006 & 0.016 & 0.015 & 0.003 & 0.009 & 0.060 & 0.041 & 0.026 & 0.051 & 0.003 & 0.035 & 0.020 & 0.016 \\
0.023 & 0.028 & 0.010 & 0.021 & 0.038 & 0.002 & 0.039 & 0.048 & 0.034 & 0.036 & 0.045 & 0.013 & 0.027 & 0.030 & 0.016 \\
0.031 & 0.045 & 0.000 & 0.026 & 0.025 & 0.080 & 0.024 & 0.043 & 0.034 & 0.017 & 0.041 & 0.025 & 0.039 & 0.033 & 0.016 \\
0.029 & 0.027 & 0.018 & 0.031 & 0.034 & 0.104 & 0.023 & 0.037 & 0.027 & 0.009 & 0.035 & 0.034 & 0.012 & 0.037 & 0.053 \\
0.036 & 0.015 & 0.023 & 0.039 & 0.046 & 0.107 & 0.047 & 0.017 & 0.021 & 0.011 & 0.025 & 0.037 & 0.000 & 0.041 & 0.050 \\
0.045 & 0.043 & 0.037 & 0.045 & 0.046 & 0.105 & 0.022 & 0.012 & 0.016 & 0.007 & 0.014 & 0.026 & 0.009 & 0.041 & 0.053 \\
0.045 & 0.063 & 0.061 & 0.051 & 0.065 & 0.102 & 0.016 & 0.000 & 0.011 & 0.008 & 0.007 & 0.034 & 0.008 & 0.042 & 0.053 \\
0.045 & 0.040 & 0.066 & 0.056 & 0.084 & 0.099 & 0.000 & 0.003 & 0.004 & 0.000 & 0.004 & 0.041 & 0.029 & 0.045 & 0.053 \\
0.046 & 0.043 & 0.123 & 0.061 & 0.091 & 0.095 & 0.017 & 0.000 & 0.000 & 0.018 & 0.000 & 0.046 & 0.032 & 0.049 & 0.056 \\
\end{bmatrix}
$$

（3）利用公式（1.7）、公式（1.8）、公式（1.9）、公式（1.10）和矩阵 Y，计算出淮河流域 2003—2014 年资源环境承载力与理想解、负理想解的距离，结果如表 1-3 所示。

表 1-3 淮河流域资源环境承载力靠近/偏离正、负理想解的距离

年份	D_j^+	D_j^-	年份	D_j^+	D_j^-
2003	0.1996	0.1982	2009	0.1950	0.1558
2004	0.2384	0.1382	2010	0.1935	0.1626
2005	0.2228	0.1368	2011	0.1949	0.1637
2006	0.2365	0.1071	2012	0.1866	0.1824
2007	0.2109	0.1168	2013	0.1974	0.1878
2008	0.2029	0.1403	2014	0.1740	0.2224

（4）再利用表 1－3 的结果并结合公式（1.11），可计算出 2003—2014 年淮河流域资源环境承载力贴近度，结果见表 1－4。

表 1－4　淮河流域资源环境承载力贴近度

年份	2003	2004	2005	2006	2007	2008	2009	2010	2011	2012	2013	2014
贴近度	0.4982	0.367	0.3804	0.3116	0.3564	0.4088	0.4441	0.4566	0.4564	0.4943	0.4876	0.5611

2. 结果分析

在表 1－4 中已计算出 2003—2014 年淮河流域资源环境承载力水平，为深入分析其变化情况和影响因素，利用同样的方法分别计算出 2003—2014 年淮河流域经济、资源和环境承载力，计算结果如图 1－1 所示。

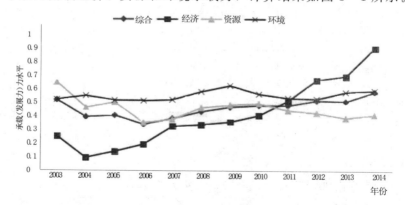

图 1－1　淮河流域资源环境承载力

从图 1－1 可以看出，淮河流域资源环境承载力在 2003—2006 年间呈下降趋势，2006 年以后基本呈上升趋势。进一步分析可知在 2003—2006 年下降区间内淮河流域资源环境有以下现实状况：一是人口密度越来越大，从 2003 年的 586.5 人/平方千米上升为 2006 年的 599 人/平方千米，这也在一定程度上造成了人均资源占有量的下降，如人均耕地面积和人均水资源量，特别是人均水资源量从 2003 年的 974.75 立方米/人大幅下降至 2006 年的 511.31 立方米/人；二是资源供需矛盾凸显，在资源供给下

降的基础上，资源需求却日益上升，如经济用电量从 2003 年的 0.102×
108 千瓦时/元上升到 2006 年的 0.135×108 千瓦时/元，人均用水量从
2003 年的 325.5 立方米/人上升到 2006 年的 420.013 立方米/人。以上两
个原因导致 2003—2006 年淮河流域资源环境承载力水平不断下降。但自
"十一五"以来，在国家提出"落实节约资源和保护环境基本国策，建设
低投入、高产出，低消耗、少排放，能循环、可持续的国民经济体系和资
源节约型、环境友好型社会"的背景下，淮河流域资源环境承载力逐步增
强，并达到了较高水平，2014 年承载力指数为 0.561，相比于 2006 年提
高了 80.05%。这主要得益于三个方面，一是环境保护措施和技术进步减
少了环境污染，如 SO_2 排放量从 2006 年的 547.2 万吨下降到 2014 年的
417.794 万吨，森林覆盖率从 2006 年的 15.28% 提高到 2014 年的
20.87%。二是利用经济快速发展的成果来促进淮河流域资源环境承载力
的提升。淮河流域经济发展力从 2006 年的 0.16 上升到 2014 年的 0.9，
经济发展水平显著提高，其间淮河流域赶上了一些重大机遇，如中部崛
起、承接产业转移计划以及苏南自主创新示范区、河南自贸区的建立等，
使得淮河流域工业化和城镇化快速推进，产业结构日益优化，如城镇化率
从 2006 年的 41.89% 上升到 2014 年的 53.64%，第三产业产值比重从
2006 年的 34.83% 提高到 2014 年的 40.48%。三是得益于淮河流域一系
列有关节能减排措施的出台，如《安徽省节约能源条例》《江苏省企业环
保信用评价标准及评价办法》《山东省大气污染防治条例》等，在政策的
调控下淮河流域资源、环境情况得到进一步改善。

（五）政策建议

综上所述，为了提高淮河流域资源环境承载力须从经济、资源、环境
三大方面着手。具体来说，应做好以下工作：第一，在扩大经济活动总
量、提高人民收入的同时优化产业结构，大力发展第三产业，第三产业相
对于第一、第二产业来说具有更强的劳动力吸纳能力，且加快产业结构向
"三二一转变"更有利于实现低碳经济；要创新政府服务职能，推进新型
城镇化进程，新型城镇化是促进中国经济社会健康、稳定、可持续发展的

有效途径。经济发展虽然是一把"双刃剑",一方面随着经济社会发展必将消耗更多资源,对环境也会造成一定的污染,另一方面经济发展可以提供更多的资源用于开发资源、环境治理,从而提高区域资源环境承载力。第二,创新技术发展,提高资源利用效率,发展循环经济,倡导节约型社会。能源利用的技术水平提高可以带来经济成本的下降,新能源技术可以为经济社会发展提供更多的资源。要完善并推广循环经济,实现工业、农业废物的减量化、无害化和资源化处理。同时,从图1-1可以看出资源承载力呈"W"形趋势,这一方面说明了淮河流域内实施的一系列政策对资源承载力的提升起到了一定的促进作用,另一方面警示我们要保持政策的连贯性和一致性,防止资源承载力出现下降的趋势。第三,贯彻执行保护环境的基本国策,控制污染排放,加大环境治理力度。事实证明,以牺牲环境为代价换取的经济增长是不可取的,"先发展,后治理"的思路不符合科学发展观。污染排放是可控的,例如国家严厉的二氧化硫排放政策出台后,淮河流域二氧化硫排放量从最高的556.85万吨降到2014年的417.69万吨。因此一定要厘清发展与污染之间的关系,加大力度保障环境制度的实施。

二、淮河流域经济增长与环境污染的关系研究

(一)引言

在1978—2014年改革开放三十多年间,淮河流域内城市的经济社会得到了飞速发展。但是,传统的粗放式经济增长方式给生态环境带来了巨大压力,环境污染不仅对居民产生了严重的健康危害,也成为约束地区经济可持续发展的重要因素之一。在这样一个经济高速增长但环境日趋恶化的背景下,通过实证分析探究淮河流域经济增长和环境污染之间的关系,对提高地区经济效益、改善生态环境以及促进协调发展与保护之间的关系具有重要的现实意义。我国现阶段关于经济社会发展对环境的影响研究当中,主要包括经济增长、人口数量和分布、产业结构等方面的状况和变化

对环境系统的影响。李茜等（2015）采用 PVAR 模型，使用 31 个省份 1985—2011 年的面板数据，研究表明不仅经济增长是污染物排放的重要原因，污染物排放对经济发展也有非常明显的反向作用，并且这种反向作用关系具有显著的区域差异性。许正送、孔凡斌（2014）运用主成分分析法构造了环境污染综合指数，并通过进一步研究表明江西省环境污染与人均 GDP 之间呈"N"形曲线关系，且产业结构对环境污染具有显著的影响作用。晋盛武、吴娟（2014）在传统的 EKC 模型中考虑腐败因素，使用 1995—2011 年的中国省级面板数据研究腐败、经济增长与环境污染之间的关系，结论表明：环境污染与经济增长呈倒"U"形曲线关系，我国目前仍处于曲线上升的经济增长阶段，并且腐败阻碍了经济发展。Brock 和 Taylor（2005）由生产模型推导出环境污染由技术进步、产业结构和经济总量三个因素决定。设 Y、s_i 和 ρ_i 分别代表某个地区的 GDP 产出、该地区内产业 i 的 GDP 占比和产业 i 的单位 GDP 污染排放量，那么该地区的污染排放总量 E 就等于

$$E = \sum_{i=1}^{n} E_i = \sum_{i=1}^{n} \rho_i s_i Y \tag{1.12}$$

式中，E_i 是产业 i 所产生的污染，$\sum_{i=1}^{n} s_i = 1$。如果对公式（1.12）两边分别对时间 t 进行求导，那么环境污染的变化就可以分解为

$$\hat{E} = \sum_{i=1}^{n} \pi_i (\hat{\rho}_i + \hat{s}_i) + \hat{Y}, \tag{1.13}$$

公式（1.13）中，$\hat{x} = \frac{dx}{dt}\frac{1}{x}$，$X = \{E, Y, s_i, \rho_i\}$ 是各个变量在相邻时间上的变化，$\pi_i = \frac{E_i}{E}$ 是产业 i 所产生的污染占总污染的比重。从式（1.13）中可以看出环境污染的变化由 $\hat{\rho}$、$\hat{s}$ 和 $\hat{Y}$ 决定，它们分别代表了环境污染的技术进步、产业结构和经济发展效应。经济发展会增加污染，技术进步会减少污染，但技术进步不是自发产生的，政府环境政策的诱导在一定程度上会促进这种技术进步。Grossman 和 Krueger（1995）在环境库兹涅茨曲线的研究中就说明倒"U"形向下阶段是由于经济增长带来的技术进步、产业结构升级和环境政策的管制等，而不是经济增长本身引致

的。因此，如果在模型中控制其他变量，纯粹研究经济增长本身对环境污染的影响，那么就有可能导致遗漏变量的问题，倒"U"形曲线也就不存在了。综上所述，本章基于淮河流域 38 个地级市面板数据研究经济增长和环境污染之间的关系，不仅考虑到技术进步、产业结构等因素的影响，而且不同的样本代表了不同的经济发展阶段，所得研究结论更具有一般性。

(二) 数据来源及处理

本章主要用到淮河流域 38 个地级市 2003—2014 年每万人工业废水、工业 SO_2 和工业烟尘排放数据，数据源自《中国城市统计年鉴》，包括 38 个截面单元 12 年的时间序列数据，最终得到 456 个样本观测值。

图 1－2 至图 1－4 分别描述了人均 GDP 与三种工业环境污染物之间的关系。从图上的趋势可以初步判断经济增长会带来环境污染的加深，但这种关系需用实证进一步检验。

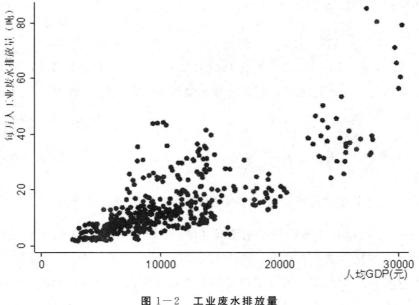

图 1－2　工业废水排放量

除了产业结构和人均 GDP 外，本章在模型中添加了人口密度和绿化

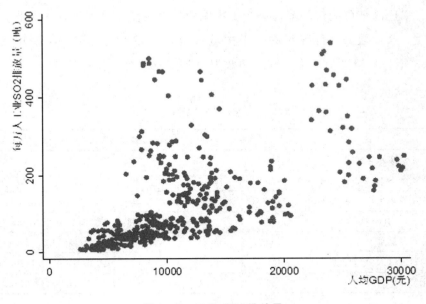

图 1-3 工业 SO₂ 排放量

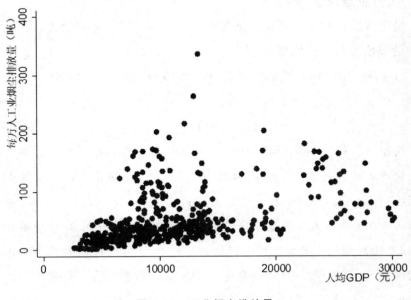

图 1-4 工业烟尘排放量

覆盖率这两个可能对环境污染产生影响的控制变量。为保证样本数据的一致性，这些数据选自各年的《中国城市统计年鉴》。人均实际 GDP 是以 2003 年为基期进行价格平减后的数据。各变量的统计特征见表 1—5。

表 1—5　各个变量的统计特征

变量	样本数	均值	标准差	最小值	最大值
万人工业废水排放量（吨）	456	15.03	12.57	1.74	85.34
万人工业 SO_2 排放量（吨）	456	116.5	110.72	6.49	539.91
万人工业烟尘排放量（吨）	456	50.44	44.99	1.77	336.38
人均实际 GDP（元）	456	10937	5893.83	2611	30283.91
第三产业比重（%）	456	33.99	6.2	17.24	56.49
人口密度（人/平方公里）	456	708.86	201.65	320.15	1440.37
绿化覆盖率（%）	456	37.2	6.44	13.49	65.39

（三）模型构建

模型（1.14）研究环境污染与经济增长的二次项之间的关系，也称作传统的环境库兹涅茨模型：

$$\ln(Pollu_{it}) = \alpha_i + \gamma_t + \beta_1 \ln(GDP_{it}) + \beta_2 [\ln(GDP_{it})]^2 + \beta_3 \ln(Servi_{it}) + \beta_4 \ln(Densi_{it}) + \beta_5(Green_{it}) + \varepsilon_{it}, \ i = 1, \cdots, 112; \ t = 1, \cdots, 8 \qquad (1.14)$$

模型（1.14）中 $Pollu_{it}$ 是城市 i 在 t 年的工业污染数据，是城市 i 的固定资产，代表各城市一致的时间效应；GDP_{it} 是城市 i 在 t 年的人均实际 GDP，$Servi_{it}$ 是城市 i 在 t 年的第三产业比重；$Densi_{it}$ 和 $Green_{it}$ 分别表示城市 i 在 t 年的人口密度和建成区绿化覆盖率。Hausman 检验可知模型（1.14）应采用固定效应方法进行估计。ε_t 代表的时间固定效应在各年的影响可能不同，但每一年内对各个城市的影响是相同的。基于前面的理论模型可以将 ε_t 理解为技术进步效应，并假定各个城市间的技术进步是一致的。

现有研究也大多用模型（1.14）中的 ε_t 来度量技术进步，但城市间的技术进步差异巨大，因此可以在模型（1.14）的基础上加入各个城市的随机趋势来表示这种不同质的技术进步，并称之为相关随机趋势模型，如模型（1.15）所示。

$$\ln(Pollu_{it}) = \alpha_i + \gamma_t + \lambda_i t + \beta_1 \ln(GDP_{it}) + \beta_2 [\ln(GDP_{it})]^2 +$$
$$\beta_3 \ln(Servi_{it}) + \beta_4 \ln(Densi_{it}) + \beta_5(Green_{it}) + \varepsilon_{it}$$

$$(1.15)$$

模型（1.15）中，$\lambda_i t$ 是城市 i 特有的包括技术进步在内的随时间变化的变量，它在一定程度上可以表示为技术进步。但是，模型（1.15）中的 λ_i 无法直接估计，为了估计（1.15），首先对数据进行一阶差分得到：

$$\Delta \ln(Pollu_{it}) = \Delta\gamma_t + \lambda_i + \beta_1 \Delta\ln(GDP_{it}) + \beta_2\Delta[\ln(GDP_{it})]^2 +$$
$$\beta_3 \Delta\ln(Servi_{it}) + \beta_4 \Delta\ln(Densi_{it}) + \beta_5\Delta(Green_{it})$$
$$+ \Delta\varepsilon_{it}$$

$$(1.16)$$

模型（1.16）中，Δ 即代表一阶差分：变量的本期值减去上一期值。通过模型（1.15）可估计出各个值。

根据二次函数的性质，当 $\beta_1 > 0$、$\beta_2 > 0$ 时，环境污染随经济增长而加剧；当 $\beta_1 < 0$、$\beta_2 < 0$ 时，环境污染随着经济增长而下降；当 $\beta_1 < 0$、$\beta_2 > 0$ 时，则为"U"形曲线关系；当 $\beta_1 > 0$、$\beta_2 < 0$ 时，经济增长与环境污染之间存在以 $\exp(-0.5\bar{\beta}_1/\bar{\beta}_2)$ 为拐点收入值的倒"U"形曲线关系。

（四）估计结果和分析

在进行实证分析时，本章主要利用公式（1.14）和公式（1.15）中的两个计量模型对城市不同工业污染物排放量进行回归分析，并进一步研究经济增长和产业结构对环境污染的影响。

1. 环境库兹涅茨曲线模型估计结果

环境库兹涅茨曲线模型对城市工业废水、工业 SO_2 和工业烟尘排放量影响因素的估计结果如表 1—6 所示。表 1—6 中的 GDP 二次项系数的估计值表明，淮河流域城市工业废水、工业 SO_2 和工业烟尘排放量与经济增长之间呈现出倒"U"形曲线的关系：随着经济的不断发展环境污染将会出现下降的趋势。这与国内不少学者的研究结论相一致。由于这里控制

了淮河流域城市的产业结构，由表 1－6 变量 Servi 的回归系数可知，倒
"U" 形向下的线段可能是受到产业内结构升级的影响。当经济社会发展
到一定水平时，经济结构也随之改变，产业结构将从高污染、高能耗的工
业经济向技术密集型和清洁服务型的第三产业转变，生产对环境的压力减
小，单位 GDP 的污染排放量会随着经济的不断增长而下降。淮河流域城
市 2003 年第三产业 GDP 占比为 33.74%，2014 年这一比例则上升到
38.25%，并呈现出加快上升的趋势，在产业结构升级过程中不仅释放了
地区经济增长潜力，而且改善了生态环境。

表 1－6　环境库兹涅茨曲线模型估计结果

被解释变量	工业废水排放量	工业废水排放量	工业 SO_2 排放量	工业 SO_2 排放量	工业烟尘排放量	工业烟尘排放量
ln（GDP）	7.347***	7.144***	10.055***	10.637***	6.388**	9.341***
	(2.0676)	(2.2137)	(1.7304)	(1.8479)	(3.1021)	(3.291)
$[$ln（GDP）$]^2$	−0.371***	−0.36***	−0.54***	−0.564***	−0.335*	−0.483***
	(0.1157)	(0.1223)	(0.0968)	(0.1021)	(0.1736)	(0.1818)
ln（Servi）		−0.068*		−0.326**		−0.32*
		(0.1598)		(0.1334)		(0.2376)
ln（Densi）		−0.688**		−0.259		−1.81***
		(0.3413)		(0.2849)		(0.5074)
ln（Green）		0.187*		−0.116		−0.038
		(0.1114)		(0.093)		(0.1656)
常数项	−33.680***	−29.152***	−42.281***	−42.38***	−26.784*	−30.525**
	(9.2242)	(9.752)	(7.7198)	(8.1408)	(13.8394)	(14.4981)
样本数	456	456	456	456	456	456
R^2	0.129	0.142	0.115	0.133	0.026	0.058
城市数	38	38	38	38	38	38

注：年份哑变量没有列出来；括号内是每个解释变量估计系数的标准差；*、** 和 *** 分别表
示 10%、5% 和 1% 的显著性水平。

　　根据表 1－6 的回归结果，本章在图 1－5 中展示了各个污染物排放量
和经济增长之间的关系。图 1－5 中的纵坐标是根据回归结果所预测的城

市污染物排放量，计算方法如公式（1.17）所示。

$$\hat{y} = 常数项 + \hat{\beta}_1 \ln (GDP) + \hat{\beta}_2 [\ln (GDP)]^2 + \hat{\beta}_3 \overline{\ln (Servi_{it})} + \hat{\beta}_4$$
$$\overline{\ln (Densi_{it})} + \hat{\beta}_5 \overline{\ln (Green_{it})} \tag{1.17}$$

其中，$\hat{y}$ 是模型所估计的各个污染物每万人排放量的对数值，$\hat{\beta}_j$ 是表 1-6 中各个系数值，第三产业比重、人口密度和绿化覆盖率数据取的是样本平均值。由图 1-5 可知，三条曲线均呈倒 "U" 形，且工业 SO_2、工业烟尘和工业废水的排放量开始下降时的拐点人均实际 GDP 分别为 12456.03 元、15831.71 元和 20378.18 元。另外，在本章的样本观测期间，南京、扬州、镇江和淄博 4 个城市的实际人均 GDP 超过工业废水的拐点水平，跨过工业烟尘和工业 SO_2 拐点收入值的城市分别为 7 个和 16 个。

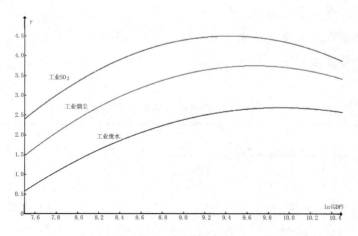

图 1-5　淮河流域城市工业污染物和经济增长之间的关系

2. 相关随机趋势模型估计结果

为了进一步研究在考虑了地区间技术进步的异质性时淮河流域环境污染与经济增长之间的关系，本章基于相关随机趋势模型进行回归分析。表 1-7 显示了该模型对各市工业废水、工业 SO_2 和工业烟尘排放量影响因素的估计结果。与表 1-6 中环境库兹涅茨曲线模型的回归结果不同的是，

表 1—7 的回归结果表明在考虑了每个城市包括技术进步在内的特定时间趋势变量后，经济增长对淮河流域城市工业废水、工业 SO_2 和工业烟尘排放量没有任何显著的影响。这两种模型估计结果的差异跟 Stern 和 Commom（2001）研究所得到的结论一致：环境库兹涅茨曲线的估计结果会受到样本时间趋势变量的影响。

表 1—7 的估计结果表明，在考虑了样本城市特定的时间趋势变量后，环境污染并不会随着经济社会的发展而改善，即在现阶段，淮河流域不存在实现环境库兹涅茨曲线的证据。因此，依靠技术进步和产业结构调整，维持当前环境污染和经济增长之间的倒"U"形曲线关系，实现绿色发展是很有必要的。在过去 30 多年，地区经济走的都是"先发展后治理"的道路，高能耗、低效率的粗放型经济增长方式使环境遭到严重破坏。日益加剧的环境污染不仅严重危害了居民的健康，而且成为限制地区经济社会长期健康发展的重要因素。在这样一个背景下，如果淮河流域城市能依托供给侧结构性改革使经济成功地实现产业转型和升级，并通过环境政策效应鼓励企业技术创新，高增长、低污染的发展模式是可预期的。

表 1—7   相关随机趋势模型估计结果

被解释变量	工业废水排放量	工业废水排放量	工业 SO_2 排放量	工业 SO_2 排放量	工业烟尘排放量	工业烟尘排放量
ln（GDP）	3.114	3.284	−0.952	−1.32	−3.654	−3.436
	(3.5228)	(3.5534)	(3.4481)	(3.4533)	(5.7509)	(5.7818)
[ln（GDP）]²	−0.153	−0.162	0.079	0.095	0.199	0.19
	(0.1929)	(0.1945)	(0.1888)	(0.189)	(0.315)	(0.3164)
ln（Servi）		0.024		−0.428 **		0.097
		(0.2073)		(0.2014)		(0.3372)
ln（Densi）		−0.04		−0.234		−0.835
		(0.3454)		(0.3357)		(0.5621)
ln（Green）		−0.0653		−0.0917		−0.1161
		(0.1005)		(0.0977)		(0.1636)
常数项	0.003	0.005	−0.001	0.01	0.049 **	0.054 **

续表

被解释变量	工业废水排放量	工业废水排放量	工业 SO₂ 排放量	工业 SO₂ 排放量	工业烟尘排放量	工业烟尘排放量
	(0.0124)	(0.0133)	(0.0122)	(0.013)	(0.0203)	(0.0217)
样本数	456	456	456	456	456	456
R²	0.008	0.01	0.016	0.031	0.001	0.008
城市数	38	38	38	38	38	38

注：年份哑变量没有列出来；括号内是每个解释变量估计系数的标准差；*、** 和 *** 分别表示 10%、5% 和 1% 的显著性水平。

三、淮河流域资源禀赋与经济增长之间的关系研究

(一) 引言

"资源诅咒"是经济学中的一个著名命题，其含义是指自然资源丰裕的国家经济增长反而落后于自然资源贫乏的国家。典型的例证就是拉丁美洲国家（资源丰裕的国家居多数）与资源相对匮乏的东亚新兴经济体（中国香港、中国台湾、新加坡、韩国）经济发展之间的差距。那些资源缺乏的国家依靠制度创新、技术进步等实现了较快的经济增长，而资源丰富的国家却陷入了依赖开发资源的传统经济模式，经济增长停滞不前或受外部因素影响而呈现较大波动。尽管学术界对于"资源诅咒"命题存在较多争议，但现有研究大多支持该命题，其传导机制主要有制度弱化、"荷兰病"、挤出效应等。Althammer 和 Schneider 基于 122 个国家 1995—2005 年面板数据，用实际财富增长（存量）作为解释变量研究天然气和石油资源丰富的国家资源禀赋与经济增长的关系并提供了正面证据。国内学者徐康宁和王剑以中国的省级面板数据为样本，证明了"资源诅咒"命题在我国内部的省级层面同样成立，多数省份丰裕的自然资源反而成为经济增长的不利因素，对自然资源的依赖通过资本投入的转移机制制约了经济的增长。而与此相反的是，不少学者的研究结果并不支持"资源诅咒"命题。李天籽利用 1989—2003 年中国省级面板数据研究表明，自然资源丰富度并不直接影响经济，而是通过其他传导因素阻碍了经济发展，其中外商直

接投资水平是最主要的因素。方颖、纪衎和赵扬证明了"资源诅咒"命题在中国市级层面上不成立，并通过对传导途径的进一步分析发现资源丰裕城市可以显著促进省内其他城市的工业化进程。淮河流域包括江苏省、安徽省、山东省和河南省，属于自然资源相对匮乏的区域，随着经济社会的发展资源需求与供给的矛盾日益突出，在当前自然资源已成为影响地区经济发展关键要素的背景下，验证"资源诅咒"命题在淮河流域内是否成立显得尤为必要。

（二）"资源诅咒"的检验

1. 模型设定

为实证检验资源禀赋对淮河流域经济增长的影响，即"资源诅咒"命题在淮河流域市级层面是否成立，本章将资源禀赋引入经济增长模型之中，回归模型如下：

$$Y_{it} = \beta_0 + \beta_1 NR_{it} + \beta_2 Z_{it} + u_i + \varepsilon_{it} \tag{1.18}$$

式中，Y 代表经济增长，NR 表示资源禀赋，Z 为其他控制变量，u_i 为模型的固定效应，β_0、β_1、β_2 为待估计参数，ε 为随机扰动项，i 代表市级截面单元，t 表示年份。

2. 变量定义

为保证各个市级数据具有可比性，本章选取的变量均为相对指标。

（1）对于被解释变量 Y，本章以 2003 年为基期进行平减后的人均实际 GDP 代表经济增长，单位为元。

（2）解释变量 NR 为资源禀赋，对其进行度量一直是个难点，原因在于其内涵丰富，很难用一个指标来综合反映地区的自然资源丰裕度。一种方法用从业人数中采掘业的比例代表资源禀赋，如徐康宁和王剑。还有用采掘业产值占第二产业总产值的比例等其他方法。其指标选取都有一定的合理性，考虑到淮河流域实际经济发展情况以及数据的可获取性，本章参考邵帅和杨莉莉、徐康宁和王剑的方法，即 NR＝采掘业从业人员数/从业人员总数来衡量一个地区的资源禀赋。另外，本章选取劳动（L）、资本（K）、人力资本（HR）、产业结构（IND）和对外开放度（OP）作为模型

（1.18）中的其他控制变量 Z。

各变量的统计描述见表 1—8。

表 1—8　变量的基本统计量和计算方法（2003—2014 年）

变量	含义	观测值	均值	标准差	最小值	最大值	计算方法
Y	人均 GDP	456	10937	5892.828	2611	30283.91	人均实际 GDP
L	劳动	456	0.5705	0.0594	0.3963	0.7444	从业人员/人口总数
K	资本	456	61545.72	49581.35	8258.002	325083.6	资本存量/人口总数
NR	自然资源	456	0.0121	0.0238	0	0.1418	采掘业从业人员数/从业人员总数
HR	人力资本	456	141.7079	211.2144	3.7415	1270.424	每万人高等学校在校生数
IND	产业结构	456	33.9948	6.2036	17.24	56.49	第三产业产值占 GDP 比重
OP	对外开放	456	0.022	0.0315	0.0007	0.3023	进出口贸易总额/GDP

3. 数据来源及说明

本章的样本为 2003—2014 年淮河流域市级层面数据，包括 38 个截面单元 12 年的时间序列数据，共计 456 个样本观测值。为保持样本数据的一致性，数据均来源于各年的《中国城市统计年鉴》。对于各市资本存量的估算，参照张军的永续盘存法：$K_{it} = K_{it} - 1(1 - \delta_{it}) + I_{it}$，其中经济折旧率 $\delta = 9.6\%$，且用各市 2003 年的固定资本形成除以 10% 作为该市的初始资本存量。本章使用 STATA12 对数据进行处理。

4. 估计结果

资源禀赋对经济增长影响的估计结果见表 1—9 中的模型（1）～（4）。本章选取的是淮河流域市级面板数据，对模型进行 Hausman 检验后表明应使用固定效应模型进行估计，估计结果见表 1—9。表 1—9 的估计结果表明，在 10% 的显著性水平上经济增长与资源禀赋的关系为负，"资源诅咒"命题在淮河流域市级层面显著成立。可见，在当前自然资源供需矛盾日益突出和资源高价的背景下，丰裕的自然资源并未成为地区经济发展的动力，反而使淮河流域内资源丰裕地区掉入"资源陷阱"，摆脱"资源诅咒"成为相关地区经济社会发展中亟须解决的问题。此外，从表1—9的回归结果可以看出，劳动力的数量系数显著为负，人力资本变量显著为正，表明淮河流域目前并不处于"人多力量大"的发展阶段，劳动者素质的提高更有利于促进经济增长，因此政府应加大教育投资力度以促进经济的可持续发展。

表 1—9　实证检验结果

模型估计方法	(1) FE	(2) FE	(3) FE	(4) FE
L	−6048.504 ***	−6150.653 ***	−6282.541 ***	−6581.462 ***
	(−3.54)	(−3.58)	(−3.65)	(−3.79)
K	0.029 ***	0.028 ***	0.028 ***	0.028 ***
	(11.31)	(10.48)	(10.16)	(10.20)
HR	2.035	2.111 *	2.346 *	2.386 *
	(1.64)	(1.69)	(1.86)	(1.89)
IND		10.872	10.057	9.442
		(0.57)	(0.53)	(0.49)
OP			4088.751	4055.841
			(1.38)	(1.37)
NR				−21438.19 *
				(−1.19)
常数项	12323.39 ***	12032.57 ***	12047.35 ***	12484.12 ***
	(14.20)	(11.94)	(11.96)	(11.65)
样本数	456	456	456	456
R^2	0.321	0.321	0.325	0.327

注：括号里数字为每个解释变量估计系数的 t（z）值，* 、** 和 *** 分别表示 10%、5% 和 1% 的显著性水平。

（三）研究结论及政策建议

本部分以 2003—2014 年淮河流域市级面板数据为样本，使用采掘业从业人员数占从业人员总数的比例来衡量一个地区的资源禀赋，在加入了劳动、资本、人力资本、产业结构、对外开放等控制变量后，实证检验了

"资源诅咒"命题在淮河流域市级层面上显著成立，资源开发不但未成为地区经济增长的有利条件，相反，却由于制度弱化、"荷兰病"、挤出效应等对各地市的经济发展带来不良影响，解决这种"资源陷阱"问题是更好更快地促进资源丰富地区经济发展的必要途径。另外，近年来我国经济发展迅速，对于资源的需求量也越发增大，与资源陷阱相反的资源不足现象也是制约淮河流域各地市经济发展的重要问题。基于以上分析，本章提出以下政策建议。

（1）优化产权制度安排，使资源经济走上可持续发展之路。为了有效地利用和管理高资源禀赋地区的自然资源，把资源生产控制在一个合理水平上，应建立一个统一的权威资源管理机构，加强对地方政府的监督和控制，防止地方政府在资源管理过程中只注重提高财政收入和创造就业，而忽略了保存地区资源和保护环境，造成区域资源环境承载力的下降，给经济社会发展带来不利影响。

（2）推进产业结构调整，加快资源型城市的转型与升级。资源丰裕城市应摆脱依靠资源生产的传统经济模式，要适当延长产业链并发展替代产业，形成"主副结合"的多元经济结构，确保城市经济的可持续发展。同时，积极推进"以人为本"的新型城镇化进程，促进居民消费的提高，大力发展第三产业，加快产业结构向"三二一"转变。

（3）创新技术发展，提高资源利用效率，加大页岩气等新资源的开发力度。一方面，坚持低碳技术创新，发展循环经济，将资源消费和能源生产有机结合起来，改变目前在生产过程中资源利用率普遍低下的现象。另一方面，优化能源消费结构，通过政策扶植太阳能、风能、潮汐能等可再生能源的产业发展。同时，积极关注新能源技术的开发，例如页岩气的开采等，增加能源（资源）的自给率，为经济发展提供保障。

四、结论及研究展望

本章分为三个部分，第一部分通过构建模型评价淮河流域资源环境承载力，第二部分研究经济增长与环境污染之间的关系，第三部分研究资源禀赋与经济增长之间的关系，各部分具体研究结论如下：

第一部分根据资源环境承载力的含义，立足已有研究成果并结合淮河流域实际情况，从经济发展水平、资源承载力、环境承载力三个方面构建指标体系（包括 15 个指标层），并基于熵权的 TOPSIS 模型对淮河流域（江苏省、安徽省、山东省、河南省）2003—2014 年的资源环境承载力展开实证研究，结果表明：淮河流域资源环境承载力在 2003—2006 年呈下降趋势，2006 年以后基本呈上升趋势。第二部分基于 Brock 和 Taylor（2005）的环境污染变化模型，并在模型中添加了人口密度和建成区绿化覆盖率两个变量，利用淮河流域 38 个地级市 2003—2014 年的面板数据对主要环境污染物（工业废水、工业 SO_2 和工业烟尘排放量）的影响因素进行回归分析，结果表明，淮河流域城市工业废水、工业 SO_2 和工业烟尘排放量跟经济增长之间呈现出倒 "U" 形曲线的关系，即经济增长与污染物的排放，并非简单的正相关或负相关关系，而是二者先呈现正相关关系，在达到某一临界点之后，二者呈现负相关关系。在部分高收入地区，随着地区生产总值进一步上升，城市的生态环境有着不断改善的良好趋势。这与国内不少学者的研究结论相一致。另外，由回归结果可知，倒 "U" 形向下的线段可能是受到产业内结构升级的影响。对该问题进行更深层次的研究后我们可以发现，如果将淮河流域各市的所有特点时间趋势变量全部纳入考察的范围，则最后的结果表明，地区生产总值的增长与工业废水、工业 SO_2 和工业烟尘排放量之间没有显著的相关关系。因此，依靠技术进步和产业结构调整，维持当前环境污染和经济增长之间的倒 "U" 形曲线关系，实现绿色发展是很有必要的。第三部分以 2003—2014 年淮河流域市级面板数据为样本，使用地区采掘业从业人员数与该地区总从业人数的比值作为地区的资源禀赋，在加入了劳动、资本、人力资本、产业结构、对外开放等控制变量后，实证检验了 "资源诅咒" 命题在淮河流域市级层面上显著成立，资源开发并未成为地区经济增长的有利条件，反而由于存在的诸多弊病，如制度弱化、"荷兰病"、对资本积累和人力资本的挤出效应等，使得地区的经济发展受到严重阻碍，寻找到一条可以摆脱"资源陷阱"的发展路径已经成为资源丰裕地区的重要课题。除此之外，由于淮河流域的资源需求正随着经济发展水平的提高而不断上升，资源匮乏已成为地区经济发展的"拦路虎"。基于以上分析，最后在优化产权制度安排、推进产业结构调整、创新技术发展三个方面提出政策建议。

通过本章第一部分的研究可知，虽然淮河流域 2006 年以后资源环境承载力基本呈上升趋势，不过这种上升趋势主要源于经济发展，但经济发展是一把"双刃剑"，而且资源承载与环境承载力水平呈震荡趋势。第二部分中在相关随机趋势模型估计下，经济增长与环境污染之间没有显著的相关关系，环境污染并没有处于倒"U"形向下阶段。第三部分的研究表明，在资源匮乏的地区资源供给与资源需求矛盾日益突出的背景下，资源丰裕度高的地区却受到"资源诅咒"的影响。综上所述，目前在资源环境约束下淮河流域必须加快经济发展方式转变。

本章的研究也有一些不足之处：在第一部分研究淮河流域资源环境承载力水平时，由于资源环境承载力的内涵较为丰富，很难较为科学地用一个指标体系反映地区的资源环境承载力。第二部分研究经济增长与环境污染之间的关系时，选取了工业废水、工业 SO_2 和工业烟尘排放量这三类主要环境污染物作为环境污染的指标，但这三类污染物并不能全面地反映地区污染情况，在数据条件允许的情况下可以建立一个环境污染指标体系，更加全面客观地反映地区污染情况。第三部分论证"资源诅咒"命题在淮河流域市级层面是否成立时，由于使用的宏观数据指标较多，内生性的问题可能会对估计结果产生影响。

第二章 淮河流域经济发展
方式转变的评价研究

本章仍然研究本书的第一个重要问题，即回答为什么淮河流域要转变经济发展方式。但是，本章与第一章不同，主要是从评价层面来探讨这一问题，也就是说本章主要开展淮河流域经济发展方式转变的评价研究，以期探寻目前淮河流域经济发展方式存在的问题，进而说明淮河流域经济发展方式转变的必要性。全章共分为三个部分，在资源环境约束的条件下，分别利用单一指标、综合指标以及空间面板模型，对淮河流域的经济发展方式转变效果及其影响因素进行分析评价，从中找出其经济发展方式转变的具体症结所在。

一、基于单一指标的淮河流域经济发展方式转变效率评价

全要素能源效率是评价经济发展方式转变的一个重要指标，其水平高低决定了在同等劳动力、资本和能源投入的情况下可以获得的最大产出量。因此本章首先选择这个关键指标，运用数据包络分析方法，对淮河流域全要素能源效率进行测算，从而判断其现有经济发展方式对经济增长是否是有效率的。

（一）研究方法与指标选取

数据包络分析（Data Envelopment Analysis，以下简称 DEA）是 1978年由 A. Charnes 和 W. Cooper 创建的，最早的模型被称作 CCR 模型或 C2R 模型，由于这种模型仅能衡量规模报酬不变条件下的技术效率，可以适用

的情况较少，因此 Banker 等人在 1984 年提出了第二个 DEA 模型，被称作 BCC 模型。BCC 模型在 CCR 模型的基础上，将结果中的技术效率进一步分解成规模效率和纯技术效率两部分，二者相乘得到最终的技术效率值。而 BCC 模型又包含投入导向型和产出导向型，前者是假设产出既定，验证该如何对各投入要素进行调整使之最小化；后者是假设投入既定，测量其潜在的最大产出。由于经济发展最直观的一个效果就是地区生产总值的上升，所以我们利用 BCC 模型，希望通过观察在既定要素的条件下，地区可能达到的最大产出水平，来考察淮河流域各市的发展方式转变效率。

DEA 是一种运用数学规划模型评价多输入、多输出单元间相对效率的决策方法，如评价地区、公司或部门等相近的个体，多见于数理经济学、运筹学和管理学的研究当中。其模型原理为：设要评价的地区数为 K，有 L 种投入指标，M 种产出指标。令 x_{jl} 代表第 j 个地区的第 l 个投入指标的值，y_{jm} 代表第 j 个地区的第 m 个产出指标的值，DEA 模型如公式（2.1）所示：

$$\min \left[\theta_v - \varepsilon \left(\hat{e}_1^T IS - \hat{e}_2^T OS\right)\right]$$

$$S.t. \begin{cases} \sum_{j=1}^{K} \lambda_j x_j + IS = \theta_v X_0 \\ \sum_{j=1}^{K} \lambda_j x_j - OS = Y_0 \\ \sum_{j=1}^{K} \lambda_j = 1 \\ \lambda_j \geqslant 0 \ (j=1,\ 2\cdots,\ K) \\ IS \geqslant 0,\ OS \geqslant 0 \end{cases} \quad (2.1)$$

模型（2.1）中，θ_v 就是该地区的综合效率值，取值区间为 $[0,\ 1]$。θ_v 越大，表示该地区的综合效率越高，经济发展方式越有效率。当 θ_v 等于 1 时，说明该地区经济发展处于其效率前沿面上，换言之，就是经济发展有效率。而当 θ_v 小于 1 时，说明该地区经济发展缺乏效率，此时 θ_v 代表的就是在不增加投入的基础上，实际的产出量相对于其潜在的最大产出的比率。

模型中加入了 $\sum\limits_{j=1}^{k}\lambda_j=1$ 的限制条件，即该模型衡量的是含有可变规模报酬的 DEA 模型，我们可以通过其规模报酬的状态来判断其要素投入需要如何变化：若该地区规模报酬递增，说明在按一定比例增加投入要素的时候，产出会以更大的比例增长，可以继续扩大生产规模；若该地区处在规模报酬递减的状态中，则应当考虑采用缩小规模，优化管理模式，或转换发展方式等手段来解决。

将第 t 期的投入产出关系表示成向量 (x^t, y^t)，当时间从第 t 期变为第 $t+1$ 期的时候，投入产出关系就变成 (x^{t+1}, y^{t+1})，对比二者之间的关系即可反映生产率的变化。生产技术的利用效率，又称技术效率，是生产前沿面和实际产出量之间的距离。利用距离函数可以计算技术效率和技术进步，从而可以衡量技术水平的变化。

Malmquist 指数的计算如式（2.2）所示：

$$M^{t,t+1}=\left[\frac{D^t(x^{t+1}, y^{t+1})}{D^t(x^t, y^t)}\times\frac{D^{t+1}(x^{t+1}, y^{t+1})}{D^{t+1}(x^t, y^t)}\right]^{1/2} \tag{2.2}$$

式中，$D^t(x^t, y^t)$ 和 $D^{t+1}(x^{t+1}, y^{t+1})$ 分别表示在第 t 期和第 $t+1$ 期时，生产点与其生产前沿面相比较得到的投入距离函数；$D^t(x^{t+1}, y^{t+1})$ 和 $D^{t+1}(x^t, y^t)$ 分别是根据生产点在混合期同前沿面技术相比较得到的投入距离函数。该式所表达的 Malmquist 指数是假定规模报酬不变的距离函数，即全要素生产率。将计算得出的指数与 1 进行比较，若大于 1，说明出现了技术进步；小于 1，说明技术退步；等于 1，说明技术不变。但是这种形式的 Malmquist 指数对技术本身和技术效率的贡献并不能完全区分，而且暗含的规模报酬不变在现实世界中也不是普遍现象，所以后来对其进行改进，得到了如式（2.3）中所示的 Malmquist 指数计算式：

$$M_c^{t,t+1}=\frac{D_c^{t+1}(x^{t+1}, y^{t+1})}{D_c^t(x^t, y^t)}\times\left[\frac{D_v^t(x^t, y^t)}{D_c^t(x^t, y^t)}\div\frac{D_v^{t+1}(x^{t+1}, y^{t+1})}{D_c^{t+1}(x^{t+1}, y^{t+1})}\right]\times$$
$$\left[\frac{D_v^t(x^t, y^t)}{D_c^{t+1}(x^t, y^t)}\times\frac{D_c^t(x^{t+1}, y^{t+1})}{D_c^{t+1}(x^{t+1}, y^{t+1})}\right]^{1/2} \tag{2.3}$$

本式的第一项为纯效率变化，第二项为规模效率变化，第三项为技术变化。这种形式的 Malmquist 指数将全要素生产率分成了三个来源，结果更加准确。

一般情况下，使用 DEA 方法的投入变量是资本与劳动力，而产出变量是地区 GDP，但是这样的方法并不能完全体现出环境与资源方面的消耗对于 GDP 的影响。所以，本章在投入变量中加入了能源投入，用这样的方法测得的全要素生产率，被称作全要素能源效率。本章选用工业用电量来作为反映地区能源投入的指标。另外，由于亳州市 2007 年的工业用电量没有被收录，本章用亳州市 2006 年与 2008 年的工业用电量的几何平均值作为对其 2007 年水平的估算。

（二）Malmquist 指数结果分析

利用数据包络分析方法，我们计算得出了淮河流域整体以及各地区的 Malmquist 指数，下面我们将以表格内结果为基础，对淮河流域的全要素能源效率进行具体分析，分析结果见表 2—1。

表 2—1　淮河流域整体年度 Malmquist 指数

时间	effch	techch	pech	sech	tfpch
2003—2004	1.042	0.938	1.013	1.029	0.977
2004—2005	1.004	0.904	0.983	1.021	0.908
2005—2006	1.014	0.924	1.005	1.009	0.937
2006—2007	0.986	0.947	0.999	0.987	0.934
2007—2008	1.019	0.976	1.018	1.001	0.994
2008—2009	0.973	0.867	0.979	0.994	0.844
2009—2010	1.044	0.889	1.039	1.005	0.928
2010—2011	0.955	1.057	0.956	0.999	1.009
2011—2012	0.973	0.9	0.985	0.988	0.875
2012—2013	1.007	0.795	1.002	1.005	0.801
均值	1.001	0.917	0.998	1.004	0.918

资料来源：《中国城市统计年鉴》。

从表 2—1 中的结果可以看出，淮河流域整体的全要素能源效率在

2003—2013 年的平均值为 0.918，呈现出较为明显的下降态势，说明淮河流域全要素能源效率经济增长的推动作用并不理想。除了 2010—2011 年度，全要素能源效率均小于 1，这反映了在绝大部分时间里，全要素能源效率对经济的推动作用一直在降低，经济增长对要素投入的依赖程度依然很高。这样的结果意味着，2003—2013 年，科学技术、管理水平和产业结构等要素对经济发展的贡献较小，经济增长的推动力主要来源于资本、劳动力以及资源环境等要素的投入。而将全要素能源效率分解，可以看出，技术效率年均增长率为 0.1%，但技术进步指数仅为 0.917，说明正是由于技术进步缓慢，淮河流域整体的全要素能源效率才会持续降低。

一直以来，科技水平的进步并不是淮河流域经济发展的主要推动因素。淮河流域是我国主要的粮食生产基地，在我国的农业发展中一直占据着较为重要的地位。加上丰富的水资源和矿产资源，以及便利的交通，淮河流域的工业发展主要聚焦在煤炭、电力和轻纺工业等重点领域，而生产性服务业整体发展欠缺。所以淮河流域对科技的利用程度一直不高，这就造成了整体经济效率的降低，阻碍了淮河流域的经济发展。

同时，淮河流域的纯技术效率为 0.998，这说明纯技术效率的下降也是阻碍全要素能源效率提升的一个重要原因。纯技术效率一般指的是企业的管理和技术对生产效率的影响，地区纯技术效率最主要的是指产业结构、经济体制和要素配置等内容对地区 GDP 增长的影响情况。这说明，由于淮河流域的发展更多依赖于老式路径，对资源消耗较大，且生产效率偏低。而且淮河流域整体的技术进步水平都不理想，很难形成有效的知识共享，促进区域的全要素能源效率共同上升。这样一来，随着投入的增加和地区生产规模的扩大，产业结构和要素配置在短期内又难以实现有效调整，故而使得纯技术效率出现下降的局面。

而且，在考察期间，淮河流域整体全要素能源效率的波动程度较大。这是因为淮河流域在十年左右的时间一直经历着比较快速的发展，这必然要求科学技术快速进步、管理水平不断创新和产业结构及时调整。一旦某个方面出现了滞后，就会对整体的全要素能源效率产生负面影响。2008

年之前，全要素能源效率虽然持续走低，但是幅度并不算大。2008—2009年，淮河流域的全要素能源效率出现了一次比较明显的下降，仅有0.844，说明这期间淮河流域的科学技术、管理水平和产业结构等方面都出现了较为严重的问题，导致全要素能源效率对经济增长的推动作用出现了短暂的停滞。即使淮河流域的经济在2009—2010年及时进行了部分调整，也未能完全消除上一年度的负面影响，全要素能源效率也只有0.928，仍然是一个较低的水平。

二、基于综合指标的淮河流域经济发展方式转变效率评价

地区经济发展方式，是一个有着丰富内涵的概念，其中不仅包括经济增长，还有诸如环境保护、能源消耗、收入分配、基础设施建设等。若要对经济发展方式的转变效果进行更加全面的评价，最为科学的方法是选取综合指标体系。本部分在突出资源环境约束这一条件的基础上，利用主客观相结合的指标筛选方法，通过数据检验和处理，最终构建出淮河流域经济发展方式转变效率评价综合指标体系，并运用该指标体系较系统地对淮河流域经济发展方式转变效率进行评价。

（一）指标体系的确定与数据收集

虽然指标越多越能全面地涵盖经济发展的全貌，但是指标过多也会带来代表性不强或者指标间出现多重共线性等问题，这就需要对指标进行进一步筛选。目前较为广泛使用的指标筛选方法分为主观方法和客观方法两种，前者以专家打分法为代表，后者以聚类分析法、熵值法和主成分分析法等为代表。但是上述两种方法都存在一定的缺陷：单纯依靠某一客观方法进行评估，可能会造成重点不突出以致缺少现实意义；而用主观评估法又可能因为专家的个人因素而对整体评价结果造成偏离。为了弥补这两种方法的缺陷，周二敏（2013）采用了主客观相结合的方法，即客观方面采用主成分分析法，同时根据研究的具体内容，有针对性地添加相关指标。

本章将借鉴这种方法，一方面用主成分分析法作为数学工具，另一方面根据淮河流域的特殊性以及资源环境约束的具体要求，构建综合指标体系。具体综合指标体系如表2－2所示。

表 2－2　淮河流域经济发展方式转变评价综合指标体系

一级指标	二级指标
经济增长	a1 地区生产总值、a2 地区生产总值增长率、a3 财政总收入、a4 人均地区生产总值
产业结构	b1 第一产业占 GDP 的比重、b2 第二产业占 GDP 的比重、b3 第三产业占 GDP 的比重、b4 第一产业从业人员数、b5 第二产业从业人员数、b6 第三产业从业人员数
需求结构	c1 固定资产投资总额、c2 社会消费品零售额、c3 房地产开发投资额、c4 限额以上批发零售贸易业商品销售总额
要素结构	d1 年末单位从业人员、d2 年末金融机构各项贷款余额、d3 地方财政科学事业费支出、d4 信息传输、计算机服务和软件业从业人员、d5 科学研究、技术服务和地质勘查业从业人员、d6 普通高等学校在校学生数
人民生活	e1 国际互联网用户数、e2 在岗职工工资总额、e3 文化、体育和娱乐业从业人员数、e4 水利、环境和公共设施管理业从业人员数、e5 医院、卫生院床位数、e6 移动电话年末用户数
资源环境	f1 城市供水总量、f2 工业用电、f3 工业废水排放量、f4 工业二氧化硫排放量

考虑到指标 f1～f4 是对不同种类资源消耗的反映，数值越大意味着对资源环境的负担就越重，就越会降低经济发展方式转变的效果。这与其他指标数值越大越好的情况是相反的，如果简单纳入主成分分析中，就会降低整体评分结果的实际意义。因此，我们这四个指标都乘以负一，这样在评价的时候，对资源消耗的量越大，则综合评价指数就会越低。

需要指出的是，菏泽市 2012 年的国际互联网用户数缺失，我们选择用菏泽市 2011 年与 2013 年国际互联网用户数的几何平方数作为替代。淮北市的第一产业年末单位从业人员在 2010 年、2011 年和 2013 年均出现缺失，同时淮北市第一产业年末单位从业人员在 2009 年为 0，在 2008 年和 2012 年均为 0.01，数值都比较小，所以我们选择将空白值直接设定为 0。

（二）评价过程与总体结果分析

首先我们对各变量之间的相关系数矩阵进行观察，发现各变量之间普遍存在比较明显的相关关系，只有少数变量的相关性不大。之后进行巴特利球形检验（Bartlett's test）和 KMO 检验，发现 KMO 检验的结果为0.896，大于0.5，适合采用因子分析；同时巴特利球形检验的观测值为18536.116，表示应该拒绝原假设，即认为相关系数矩阵与单位阵之间存在着显著的差异。而进一步证明了变量之间的相关性较强，判定适合使用因子分析。

使用 SPSS 软件，进行因子分析，挑选出总方差解释（Total Variance Explained）中初始特征值（Initial Eigenvalues）超过1的五个因子，且这五个因子的累积方差贡献率为83.173%，说明利用这五个因子可以反映原样本中包含的大部分信息，故选择这五个因子作为主成分。总方差解释结果如表2－3所示。

表 2－3　总方差解释结果

Component	Initial Eigenvalues		
	Total	% of Variance	Cumulative %
1	18.941	63.135	63.135
2	2.558	8.526	71.662
3	1.661	5.538	77.2
4	1.242	4.141	81.341
5	1.143	3.811	85.152

资料来源：国研网、中国知网、《安徽统计年鉴》。

观察成分矩阵（Component Matrix），将每个成分中各指标的系数作为权重，分别加权计算得出五个主成分得分。再将每个主成分对原变量的方差贡献率作为权重，计算每个地区的主成分得分加权和，得到最终的综合评价得分。由于计算出来的得分绝对值并不具备太大的实际意义，所以我们选择比较得分的相对次序。接下来我们需要将各地区得分进行逐年排名，借此来判断各地区的经济发展水平高低。各年度排名情况如表2－4所示。

表 2－4　各地区综合评价指数排名

	2008 年	2009 年	2010 年	2011 年	2012 年	2013 年
南　京	1	1	1	1	1	1
徐　州	7	6	5	5	5	5
南　通	4	4	4	4	4	4
连云港	17	17	17	18	18	18
淮　安	16	16	16	17	16	16
盐　城	11	11	10	10	10	10
扬　州	10	9	11	11	11	11
镇　江	14	13	14	14	14	14
泰　州	12	12	12	13	13	12
宿　迁	27	26	23	23	21	20
合　肥	3	3	3	3	3	3
蚌　埠	33	34	34	34	33	32
淮　南	34	33	33	33	34	35
淮　北	38	38	38	38	38	37
安　庆	28	28	27	27	27	28
滁　州	32	31	31	32	31	31
阜　阳	30	29	30	30	30	29
宿　州	36	36	36	35	35	34
六　安	31	32	32	31	32	33
亳　州	37	37	37	37	36	36
淄　博	5	5	6	6	7	7
枣　庄	20	20	21	20	19	21
济　宁	8	8	8	8	8	8
泰　安	15	14	13	12	12	13
日　照	25	23	25	22	22	19
临　沂	6	7	7	7	6	6
菏　泽	19	18	18	16	17	17
郑　州	2	2	2	2	2	2
开　封	29	30	29	29	29	30
洛　阳	9	10	9	9	9	9

	2008 年	2009 年	2010 年	2011 年	2012 年	2013 年
平顶山	18	19	19	19	20	22
许　昌	24	25	26	26	25	24
漯　河	35	35	35	36	37	38
南　阳	13	15	15	15	15	15
商　丘	23	24	20	21	23	23
信　阳	22	22	24	24	24	26
周　口	21	21	22	25	26	25
驻马店	26	27	28	28	28	27

资料来源：国研网、中国知网、《安徽统计年鉴》。

从表 2－4 可以看出，淮河流域各地区的综合排名基本稳定。南京、郑州、合肥和南通一直分列各年度的前四位。淄博、徐州、济宁、临沂和洛阳也是每年都保持在前十名以内。而对各省情况进行分析，我们可以得出以下几个结论：

首先，江苏段有南京、徐州和南通三个市区的排名一直处于前十。除宿迁外，其余各市也都处于排名的中上游。宿迁市的排名逐年上升，从2008 年的第 27 位最终达到 2013 年的第 20 位。说明江苏段的经济发展情况在四个省区当中应该是质量最高的。

其次，山东段经济发展也取得了比较令人满意的成绩。淄博、济宁和临沂也是每年都占据一个前十的位置，泰安、日照和菏泽的排名稳中有升，只有枣庄的排名出现了一定程度的波动。但总体来看，山东段的经济发展方式转变效果还略逊江苏段一筹。

再次，河南省经济发展方式的转变效果出现比较严重的两极分化。郑州一直排在第 2 位，洛阳也在第 9～10 位徘徊，之后的南阳和平顶山位于中游。而余下地区的排名比较靠后，而且很多地区的排名都出现了比较频繁的波动或者下降。说明河南段的经济发展方式转变有其成功的地方，尤其是大城市的发展具有明显的优势，但同时还存在很多问题亟待改善。

最后，安徽段的整体经济发展方式转变是四个省区中最为落后的。除了合肥以外，安徽省排名最高的安庆，也只是在第27～28位摆动。其余的城市基本都是在30名之后，淮北市更是直到2013年才摘掉倒数第一的帽子。这说明安徽段在转变经济发展方式的过程中，还有很多可以改进的地方，总体水平在整个淮河流域当中处在垫底的位置。

（三）资源环境类指标综合评价

除了总体经济发展方式转变效果之外，我们还有另一个比较关心的主题，就是考察环境保护和能源利用方式转变的效率评价。这部分所用到的数据是上文构建的综合指标体系当中资源环境组里面包含的四个指标，即城市供水总量、工业用电量（市辖区）、工业废水排放量以及工业二氧化硫排放量。由于这里的四个指标同属于一个范畴，无须对其做更多处理。而且，所用方法与前文基本一致，故不再赘述，仅观察结果。

由于只涉及了四个指标，所以这次的KMO值只有0.644，但是仍然大于0.5，同时巴特利球形检验的值为562.942，说明这次的数据依然可以使用因子分析的方法。

由于这次的总方差解释结果中，初始特征值大于1的因子仅有一个，对整体方差的贡献率为72.013%，略显不足。所以我们稍微放宽一些对初始特征值的限制，将第二个因子（初始特征值为0.648）也作为主成分。这样，对总体方差的累计贡献率能够达到88.271%，效果较之前就有了较大幅度的改善。资源消耗指数的排名如表2—5所示。

表2—5　各地区资源消耗指数排名

	2008年	2009年	2010年	2011年	2012年	2013年
南　京	1	1	2	1	3	1
徐　州	6	6	5	5	5	5
南　通	10	8	7	7	14	8
连云港	26	27	27	27	28	25
淮　安	15	13	13	13	16	14
盐　城	24	23	26	25	29	26

续表

	2008 年	2009 年	2010 年	2011 年	2012 年	2013 年
扬 州	14	34	16	17	15	13
镇 江	8	10	11	9	9	9
泰 州	20	18	19	21	25	15
宿 迁	30	28	25	19	21	18
合 肥	18	17	18	16	18	19
蚌 埠	25	26	29	30	32	29
淮 南	17	15	17	18	22	21
淮 北	21	19	20	26	31	27
安 庆	22	21	23	24	30	24
滁 州	31	35	35	36	36	37
阜 阳	34	31	32	33	33	32
宿 州	35	33	34	34	34	34
六 安	36	37	37	35	37	35
亳 州	38	38	38	38	38	38
淄 博	2	2	3	2	2	3
枣 庄	16	16	15	15	12	17
济 宁	7	7	10	12	11	10
泰 安	19	24	22	22	19	28
日 照	9	9	8	8	7	7
临 沂	5	5	6	6	6	6
菏 泽	23	20	21	23	17	20
郑 州	3	3	4	3	1	2
开 封	27	22	24	20	20	22
洛 阳	4	4	1	4	4	4
平顶山	13	11	12	11	10	12
许 昌	33	32	33	32	27	31
漯 河	28	25	31	31	26	33
南 阳	12	14	14	14	13	16
商 丘	11	12	9	10	8	11
信 阳	32	30	28	28	23	30
周 口	37	36	36	37	35	36
驻马店	29	29	30	29	24	23

资料来源：国研网、中国知网、《安徽统计年鉴》。

观察表 2—5 的结果，结合上一部分中经济发展的综合评分情况，我们不难看出，综合指数排名和资源消耗指数排名情况基本一致。这主要是因为淮河流域各地市的经济发展主要以工业为支柱，而工业发达就必然意味着能源的大量消耗，比如南京、郑州、徐州和临沂等经济发展综合水平较高的地区，资源消耗的水平也比较高。而安徽段和河南段的大部分地区的资源消耗就相对较少。当然，这并不能说明经济发展水平较高的地区就不重视对环境和资源的保护。对比表 2—6 和表 2—7，我们发现，其中有一些城市的经济发展方式属于低能耗、高产出的类型，比如合肥、盐城和连云港。这其中又以合肥最为突出，合肥市对资源的消耗仅仅在第 16～19 位徘徊，但是其经济发展综合评价一直处于第 3 位。这与合肥市一直致力打造"生态城市"所做出的努力不无关系：合肥市的污水集中处理率在大城市中第一个达到了 95%；2013 年，合肥的总绿地面积达到了 15830 公顷，仅次于南京和淄博，位列淮河流域中的第 3 名；建成区绿化覆盖率达到了 45.31%，为淮河流域中的最高水平。

但是，也有一些地区的发展与上面的三个城市正好相反，日照、淮南和淮北便是高能耗、低产出的代表。以日照为例，其经济发展综合指数仅处于淮河流域中下游水平，但是其资源消耗却一直位居前十，而且资源消耗的排名不断缓慢上升。其中的主要问题在于日照市的能源结构相对简单，能源品种较为单一，而且清洁能源比重低，没有核电、风电和生物发电，水利发电量很小，所占比重微乎其微。而且到了 2013 年，日照的工业用电量在淮河流域中仅次于南京、徐州和临沂，这种过于依赖火力发电的能源供给模式，势必对日照当地的环境带来很大的负担。针对这种情况，日照市就必须进一步降低第二产业在日照经济中所占的比重，同时开发新型清洁能源，降低火力发电量以减少碳排放。

在上文论述中我们提到，一般来说，地区经济发展水平越高，相对应资源的消耗也会上升，但是这二者之间并不一定是同比例增长的关系。为了考察资源消耗量的变化速度和经济发展水平提升率的关系，我们将用到式（2.4）：

$$\widetilde{E}_{t+1} = \frac{E_1 \times P_{t+1}}{P_t} \tag{2.4}$$

式中，$\widetilde{E}_{t+1}$ 代表的是 $t+1$ 时期的资源环境评价得分的估计值，E_t 代表的是 t 时期的资源环境评价得分，P_{t+1} 代表的是 $t+1$ 时期的经济发展综合评价得分，P_t 代表的是 t 时期的经济发展综合评价得分。再将 $t+1$ 时期的资源环境评价得分的真实值 E_{t+1} 与 $\widetilde{E}_{t+1}$ 相比较：若前者较大，则说明该年度经济发展方式转变的效果并不理想，资源消耗的增长速度大于经济发展综合水平的提升率；反之，若 E_{t+1} 小于 $\widetilde{E}_{t+1}$，则说明经济发展综合水平的提升速度比资源消耗的增长速度更快，亦即该年度经济发展方式转变的效果较为理想。表 2—6 就是资源消耗真实值与估计值的比较结果，0 代表资源消耗的真实值小于估计值，1 代表资源消耗的真实值大于估计值。

表 2—6　资源消耗真实值与估计值的比较结果

	2008—2009 年	2009—2010 年	2010—2011 年	2011—2012 年	2012—2013 年
南　京	0	0	0	0	1
徐　州	0	1	0	0	0
南　通	1	0	0	0	1
连云港	0	0	1	0	0
淮　安	0	0	1	0	0
盐　城	0	0	0	0	0
扬　州	0	1	0	1	0
镇　江	0	0	1	0	0
泰　州	0	0	0	0	1
宿　迁	0	1	1	1	0
合　肥	0	0	1	0	0
蚌　埠	0	0	0	0	0
淮　南	0	0	0	0	0
淮　北	0	0	0	0	0
安　庆	0	0	1	0	1

续表

	2008—2009 年	2009—2010 年	2010—2011 年	2011—2012 年	2012—2013 年
滁　州	0	0	0	1	0
阜　阳	1	0	1	0	0
宿　州	0	0	1	0	0
六　安	0	1	1	0	1
亳　州	0	1	1	0	0
淄　博	0	0	0	0	0
枣　庄	0	0	1	1	0
济　宁	1	0	0	0	0
泰　安	0	1	0	0	0
日　照	1	0	0	0	0
临　沂	1	0	1	0	0
菏　泽	0	0	0	1	0
郑　州	0	0	0	0	0
开　封	1	0	1	0	0
洛　阳	0	1	0	0	0
平顶山	1	0	0	1	0
许　昌	1	0	0	1	0
漯　河	1	0	1	0	0
南　阳	0	0	0	1	0
商　丘	0	0	1	0	0
信　阳	1	0	1	1	0
周　口	1	0	0	1	0
驻马店	0	0	1	1	0

资料来源：国研网、中国知网、《安徽统计年鉴》。

通过观察表 2—6 的结果，我们从时间和地区两个角度对上述结果加以分析：

从时间上看，五个时间段中，符合 E_{t+1} 大于 $\tilde{E}_{t+1}$ 条件的地区数分别为：11，7，17，18，5。也就是说，从 2010 年到 2012 年，淮河流域资源消耗的增长速率普遍较快，淮河流域整体经济发展方式转变的效果并不理想。为了进一步了解淮河流域资源消耗的情况，我们考察了四种资源环境要素在五个年度中的具体消耗量，发现在 2010—2011 年和 2011—2012 年中，引起资源消耗速度加快的原因并不相同：2010—2011 年，工业二氧化硫排放量上升速度最快，达到了 18.20%；2011—2012 年，工业用电的增长率最高，为 20.69%，但是该年度中工业二氧化硫排放量减少了 7.22%。这说明在转变经济发展方式的过程中，各地区可能在特定的时间中对某种要素需求较大。而当这种要素的过度消耗引起了人们的重视，人们就会及时地进行各种调整，以避免负面影响继续扩大。在过度消耗资源后会及时调整生产和生活方式以减少其消费量，固然可以在短时间内收到比较明显的效果，但是由于其他各种经济要素的状况也在变化，调整的效果必然会下降，对资源和环境的破坏会随着时间的推移再度变得严重。

从地区上看，宿迁、六安、临沂、开封、漯河和信阳都曾经在三个年度中出现 E_{t+1} 大于 $\hat{E}_{t+1}$ 的情况。而且，宿迁、六安、开封、漯河和信阳的 GDP 和经济发展综合水平都处在淮河流域相对较低的位置。出现这个问题的原因，是当地政府为了带动地区经济的增长，可能更多地选择了一种对资源消耗较大，但是最有可能在短期内增长的方式，也就是增加要素投入，用资源和生态环境换取地区收入。但是从效果来看，只有宿迁市在 GDP 和经济发展综合水平这两项的排名上有了明显的提升，而其余三个地区的排名却都出现了不同程度的下降。这更加说明，对于经济水平落后的地区来说，仅仅依靠老旧的、通过消耗资源来发展经济的方式已经无法再适应新时代下的要求。必须进一步转变经济发展方式，促进生态文明的不断发展。

三、淮河流域经济发展方式转变效率的影响因素的时空研究

以上部分虽然我们分别通过单一指标和综合指标评价了淮河流域的经济发展方式的转变效果以及其资源环境消耗状况，发现了淮河流域经济发

展方式存在的一些问题，但是为了更深层次探寻淮河流域经济发展方式的缺陷，我们将在接下来的篇幅中，着重利用空间计量经济学的方法，找出最能影响淮河流域经济发展水平的因素，并分析这些因素是如何对经济发展方式产生作用，尤其是其中存在着何种弊端。

（一）空间计量经济学简介

地理学第一定律指出任何地理上相互关联的事物都有一定程度的相互影响。而一般来说，普通的时间序列、截面或面板数据并没有考虑变量之间的空间相互影响，所得出来的信息在一定程度上会出现偏误，甚至不能准确地估计变量之间的关系。空间计量经济学正是为了解决这个问题，基于地理学第一定律的理论而发展起来，用以分析经济事物时间和空间上的相互关系。

1974 年 5 月，Paelinck 在一次年会的致辞中，首次提出了"空间计量经济学"这一概念。空间计量经济学是计量经济学的一个分支，多用来处理涉及空间相互作用的横截面或面板数据回归模型。空间计量经济学中的一个重要概念，被称作空间效应。空间效应是指空间依赖性和空间异质性，前者被认为是区域科学和地理学的核心，指的是样本在空间上缺乏相互独立性。空间依赖性的来源之一是测量问题，在应用区域科学的绝大多数实证分析中，数据来源于空间单元基于坐标或距离的观测值。比如，某些实证案例需要收集按照某一行政层级的数据，如各市区人口数据，或者各省区的资源环境情况等。空间依赖性的来源之二是解释人类行为的空间因素。区域科学和人文地理学的本质就是与位置相关的问题，这些问题导致各种空间上的相互依赖性，也就是空间上点与点之间发生的事情相互关联。

过去，空间计量经济学的应用主要集中在以下领域：区域科学，城市和房地产经济学，经济地理学。近年来，空间计量经济学大量应用于传统经济学领域，例如需求分析研究、国际经济学、劳动经济学、公共经济学、农业和环境经济学。Lesage（2011）运用非参数估计的方法分析中国各省市地区的经济增长，得出了下面的结论：我国各省市地区的经济增长存在着明显的空间相关性。其经济意义为：某一地区的经济特征会在其相邻地区的经济中体现出来。何兴强（2008）、项云帆和王少平（2007）、何江（2006）、王锐淇（2012）以及骆永民（2008）等用空间面板数据的方法对我国各省市地区的经济进行了空间相关性研究分析，其结果同Lesage 的结果类似，也具有较强的说服力。

文利霞（2014）研究了 2001—2010 年中国各省市地区人均 GDP 增量变化的空间相关性，其结果也表明各地区之间经济存在显著的空间正相关。王火根（2007）等人使用空间面板数据模型研究了中国经济增长与能源消费之间的关系，同时将结果与相应的普通面板数据模型结果进行了比较，得出结论为：空间面板数据模型优于普通面板数据模型。季民河（2011）等人研究了中国 31 个省市地区的社会经济数据并使用空间面板数据模型研究分析了社会经济制度对经济增长的影响。而在经济影响变量分析中，赵霄伟（2014）探索了环境规制、环境规制竞争与地区工业经济增长的关联性关系。

（二）研究方法与模型设定

1. 空间自相关性的测度——莫兰指数

空间相关性可以分为正相关、负相关、不相关。当属性值与位置无关时，为空间不相关。当空间相邻观测区域的属性倾向于相似时，存在正的空间相关性。当空间上紧密相连的观测区域的属性倾向于不相似时，存在负的空间相关性。现在，空间统计最流行的方法是用 Moran 于 1950 年所提出的莫兰指数（Moran's I）来考察空间自相关性。首先介绍全局莫兰指数（global Moran's I），其计算式如式（2.5）所示：

$$I = \frac{n \sum \sum w_{ij} (x_j - x)(x_j - x)}{W \sum (x_i - x)^2} \tag{2.5}$$

全局莫兰指数的取值范围一般在 -1 到 1 之间，越接近 1 就表示越强烈的正自相关，即高值与高值相邻，低值与低值相邻；越接近 -1，则说明负自相关越强烈，即高值与低值相邻，低值与高值相邻；若全局莫兰指数的值接近 0，则说明不存在空间自相关，即空间分布是随机的。

全局莫兰指数考察的是整个样本所处空间的聚集情况，若想知道具体是哪一个位置存在明显的空间聚集，则需要用到局部莫兰指数（local Moran's I），其表达式如式（2.6）所示：

$$I_i = \frac{(x_i - x)}{S^2} \sum w_{ij} \ (x_j - x) \tag{2.6}$$

局部莫兰指数的意义与全局莫兰指数很相似：若为正值，则绝对值越大，表示该地区与周边的空间正自相关性越强；若为负值，则绝对值越大，表示该地区与周边的空间负自相关性越强。

2. 空间权重的确定

空间相邻权重矩阵是根据研究目标在地理上的是否相邻为标准来进行赋权，用以确定研究目标的空间属性特征。一般情况下，当两个研究目标在地理上是相邻的，即拥有共同边界的时候，将其权重设置为 1。反之两个研究目标在地理上不相邻的时候，将其权重设置为 0。因此，形成了一个 n×n 阶的空间权重矩阵。

3. 空间面板模型

假设区域 i 的被解释变量 y_i 依赖于其"邻居"的自变量，模型的表达如式（2.7）所示：

$$y = X\beta + WX\delta + \varepsilon \tag{2.7}$$

其中，$WX\delta$ 表示来自"邻居"自变量的影响，δ 为相应的系数向量。例如：六安市的地区生产总值不仅依赖于六安市自身的劳动力情况，还与相邻的合肥市的劳动力情况有关。这种模型被称为空间杜宾模型（Spatial Durbin Model，简称 SDM），由于该模型不存在内生性问题，所以可以直接进行 OLS 回归估计，只是需要注意 X 与 WX 之间可能存在的多重共线性问题。将空间杜宾模型和空间自回归模型相结合，可得如式（2.8）所示的模型：

$$y = \lambda Wy + X\beta + WX\delta + \varepsilon \tag{2.8}$$

此模型也可以被称作空间杜宾模型。

（三）经济发展得分与各相关变量的空间关联性分析

在前文的分析中，我们采用主成分分析法，利用 30 个真实指标并生成了两个虚拟指标——经济发展方式转变总得分与资源消耗总得分。为了进一步研究这些指标的空间特征，我们需要知道它们在空间上是否具有关联性，即这些指标的变化是否会对周边地区产生影响。本部分采用2013年的截面数据，用莫兰指数（Moran's I）对各项指标进行双边检验（即同时检验正负两种效应），以此来观察其空间关联性。检验结果如表2－7所示，指标名称与表2－2对应。

表 2－7　各指标全局莫兰指数

指标	莫兰指数	P值	指标	莫兰指数	P值
总得分	0.046	0.399	d1	0.105	0.134
资源消耗得分	0.127	0.097	d2	0.022	0.548
a1	0.153	0.053	d3	0.041	0.466
a2	0.123	0.099	d4	−0.007	0.574
a3	0.423	0.000	d5	0.050	0.350
a4	0.564	0.000	d6	−0.015	0.879
b1	0.365	0.000	e1	0.046	0.404
b2	0.076	0.285	e2	−0.006	0.782
b3	0.385	0.000	e3	−0.017	0.914
b4	0.009	0.708	e4	0.015	0.651
b5	0.125	0.102	e5	0.036	0.502
b6	−0.048	0.812	e6	−0.037	0.915
c1	0.065	0.323	f1	0.021	0.410
c2	0.101	0.157	f2	0.121	0.111
c3	−0.045	0.835	f3	0.159	0.048
c4	0.013	0.575	f4	0.307	0.000

资料来源：国研网、中国知网、《安徽统计年鉴》。

从表2－7中可以看出，并不是所有指标的空间关联性都显著，全局莫兰指数强烈拒绝"无空间自相关"假设的指标有：资源消耗得分、地区生产总值、地区生产总值增长率、地方财政一般预算内收入、人均地区生产总值、第一产业占GDP的比重、第三产业占GDP的比重、工业废水排放量和工业二氧化硫排放量等。上述几个具有较强空间相关性的指标，主要集中在三类中：经济增长类（地区生产总值、地区生产总值增长率、地方财政一般预算内收入、人均地区生产总值）；产业结构类（第一产业占GDP的比重、第三产业占GDP的比重）；资源环境类（资源消耗得分、工业废水排放量、工业二氧化硫排放量）。

为了知道上述指标究竟是在什么地区出现的集聚，我们同样对上述指标的局部莫兰指数进行了测算，但是由于样本和结果所占篇幅过大，不方便以图表形式完全展示，所以仅作为文字分析的一部分，不列出其最终数据结果。

正的局部莫兰指数，代表该地区的GDP与其周边地区GDP有着正相关关系。即若该地区GDP较高，则周边地区GDP也相应较高；若该地区GDP较低，则周边地区GDP也较低。而负的局部莫兰指数则相反，代表该地区的GDP与其周边地区GDP有着负相关关系。接下来我们将对局部莫兰指数的结果进行分析。

由于人均地区生产总值呈现正的空间相关性，并且地区生产总值的增长是经济发展的主要力量，这就说明，如果某个地区对周边的影响力足够大（如合肥和洛阳），而上级政府又适时地对当地合理地制定了大力发展的规划。那么不仅可以提高当地人民的收入，也可以有效带动周边地区的生产总值的显著上升。反之，如果这些地区的经济增长速度放缓，也势必会降低周边地区的发展速度。但是，我们也需要注意出现在低GDP地区的集聚。例如：蚌埠、淮南和亳州的GDP均具有明显的空间自相关性，局部莫兰指数分别达到4.707、3.476和4.483。而这三个城市同属淮河流域安徽段，地理位置十分相近，经济增长和综合发展水平在淮河流域中都处在较为靠后的位置。结合前文的分析，这几个地区的全要素能源效率和地区经济发展水平也都不甚理想。而这三个城市的空间相关性相当明显，对于周边城市的经济发展具有较好的示范和带动作用。在这种条件下，发展皖北地区经济，应当以这几个地市为突破口，加快经济发展方式的转变，淘汰落后企业，调整产业结构，加快技术更新，在提高要素利用效率的基础上，加大要素投入。

通过观察三个省会城市（南京、郑州、合肥）及其周边地区的情况，再结合本章之前的分析得出如下结论：淮河流域中经济增长的主要动力来源于资源的大量投入，劳动投入和资本投入的空间相关性不强。由此我们可以推断：省会城市的经济中心作用并未被完全发挥出来，对周边城市的经济发展没有足够的正面影响。从局部莫兰指数的结果来看，南京为 -0.010（伴随概率 P 值为 0.964），说明南京市的 GDP 基本不存在空间相关性；但是相对来说，合肥为 -2.730（伴随概率 P 值为 0.141）；郑州为 -2.141，（伴随概率 P 值为 0.254），虽然不能在 10% 的水平下拒绝无空间自相关的原假设，即空间自相关性并不强，但也能部分反映其周边地区经济增长状况较为落后的事实，也就是出现了中心城市"吸血"的现象。一般来说，省会城市集中了该省最优的生产和人力资源，然而由于政策保护和城市发展水平不均等客观条件，一些短期内未能找到工作的人才和未投入生产的资本更愿意留在省会城市寻找接下来可能出现的机会，而不是及时投入周边城市加入工作或开展生产。这就造成了省会在自身发展的同时，不但未能带动周边地区共同发展，而且还在一定程度上限制了要素的自由流动，阻碍了周边地区的经济增长。

在三次产业所占地区生产总值的比例中，第一产业和第三产业占 GDP 的比重都呈现出明显的空间相关性。这是因为，农业经济的脆弱性和服务业的多样性决定了这两个行业的发展不可能"自力更生"。各市场主体必须要根据整体市场（尤其是邻近地区的市场）变化的情况，来调整自己的产出，以期获得自身利益的最大化。同时我们发现，第二产业在空间上的相关性并不明显，但是第二产业却在地区生产总值中所占比例最大。这就说明，各地区工业发展并不对周边地区有空间依赖性，各市政府和生产商往往是根据各市自身的禀赋和需求，对工业的发展进行有特色、有针对性的规划，并且取得了一定的成效。但是这样必然会带来各市工业生产的不协调甚至是混乱。各地市之间"各自为战"，难以在区域内形成结合紧密的产业链，就会造成资源浪费，也会在一定程度上降低生产效率。

在资源环境类的指标中，工业废水和工业二氧化硫都是生产带来的环境污染物，而且都具有比较明显的空间关联性。在工业废水排放方面，蚌埠、阜阳和六安，其自身的工业废水排放量并不高，信阳市与阜阳市相邻，说明皖北和豫南地区总体废水污染情况并不严重。但是，同时与蚌埠、阜阳、六安相邻的淮南市却与周边工业废水排放量低的情况截然相反，工业废水排放量较大（淮南市工业污水排放量局部莫兰指数为－2.278，p 值为 0.332）。这主要是因为淮南市有许多煤矿，在煤矿开采的过程中有大量的废水产生，一旦处理不达标，就会对环境造成很大的伤害。而且，淮南市也有不少从事食品加工的工厂，这也是污水的一个重要来源。说明这些地区的发展方式比较粗犷，技术含量较低。而其周边地区，如蚌埠、阜阳等城市没有受到淮南市产业转移的影响，避免了这种发展方式所带来的污染。而淮南可以通过与蚌埠、阜阳进行产业承接，逐步淘汰本市污染高、能耗高的产业，并且大力治理已经造成的环境污染，为经济发展方式的有效转变打好基础。

在工业二氧化硫排放量方面，蚌埠、阜阳、亳州和周口这四个地区的工业二氧化硫排放量，与其周边的城市都存在着正向集聚现象。从地缘关系上看，蚌埠、亳州、阜阳与周口四个地区，由东向西紧密相连，而它们所处的皖北以及豫西地区，工业二氧化硫排放量水平普遍不高。而工业二氧化硫排放的主要原因仍然是火力发电，这说明这些地区的工业生产并不繁荣。在前文的分析中我们也可以看出，这些地方的全要素能源效率不高，说明这些地区既没有足够的要素投入，也没有领先的技术水平，经济增长陷入泥潭，亟须改变。而淄博、济宁、临沂及其周边地区的工业用电普遍较高，说明以淄、济、临三地为代表的淮河流域山东段采用的是以工业生产为主导的地区经济发展方式，用大量的资源投入带动当地经济增长。值得注意的是，二氧化硫不同于二氧化碳，在理论上是有可能实现零排放的。纵然淮河流域山东段的七个地市的全要素能源效率都大于1，对能源的利用效率可谓良好。然而其工业二氧化硫的绝对排放量毕竟太大，不容忽视。对于这些城市来说，在进一步提高能源利用效率的同时，还需要继续改良对工业生产废物的处理工艺，降低对环境的负面影响。

综合上述分析，我们可以看出，淮河流域各地市之间确实存在空间关联性，而且，这种空间关联性阻碍了各地市的经济发展方式转变，主要表现在：中心城市"吸血"，工业生产分散，环境负荷较大。所以，淮河流域应当以区域为单位，协调好地区内部的要素资源流动，同时防止在生产过程中产生的负外部性给周边地区带来过重的治理成本，降低区域整体效益。

（四）淮河流域经济发展方式的空间面板模型实证研究

1. 数据选取与模型设定

上述内容是对淮河流域经济发展方式转变的空间特征进行的分析，接下来，我们将着重考察各地经济发展方式转变的空间影响因素。

在前文的分析中，我们通过计算，得出了各地区的经济发展方式转变的年度总得分，我们就将这个数值视作各地区在每一年度经济发展方式的水平，并且在模型中将其设置为被解释变量，然后观察各个解释变量在空间中对这个数值的影响。

而对于解释变量，由于前文中的 30 个指标存在多重共线性，所以我们只选取比较有代表性的，对于经济发展贡献较大的几个因素。我们结合在前文得出的主成分分析法的结果，初步选取了权重最大的五个成分：地区生产总值增长率、社会消费品零售额、年末金融机构各项贷款余额、限额以上批发零售贸易业商品销售总额和国际互联网用户数。另外，我们还添加了一个可能的影响因素。这样做的原因在于，由于地区生产总值的权重仅次于上述五个指标，在所有的可选项中排名第六，同时也是经济发展中极为重要的一个评判标准，涉及人民生活、政府工作评估、市场活力等各种经济因素，所以我们把地区生产总值也纳入模型当中。

本部分考虑一个线性回归模型。同时，由于我们考虑了地区数据来源于淮河流域 2008—2013 年 38 个地市的面板数据。在最终选择变量的过程中，我们发现：地区生产总值增长率和国际互联网用户数对经济发展方式转变总得分的解释力度并不强，不能通过相关的检验，所以剔除了这两项，仅在模型中保留了其余四个变量对总得分的影响。另外，由于我们希望在最终的结果中看到淮河流域经济发展方式转变的动态形式，故将剩下四个解释变量以及被解释变量的一阶滞后项加入进来，作为模型的一部分。

需要注意的是，在面板数据中，虽然我们在某些时候可以假设个体之间的扰动项是相互独立的，但是这样的假设会导致一个问题，即同一个体在不同时期的扰动项往往存在自相关。由于这种个体效应有固定效应和随机效应之分，故而在这种情况下，我们需要利用豪斯曼检验（Hausman Test）来观察哪一种效应更适合当前的情况。结果显示，该模型的豪斯曼检验值为－5.30，说明应当接受随机效应的原假设。所以，我们将采用随机效应的空间面板来进行实证分析。空间面板的回归结果如表 2－8 所示，表中 con 代表社会消费品零售额，loan 代表年末金融机构各项贷款余额，ret 代表限额以上批发零售贸易业商品销售总额，gdp 代表地区生产总值，加上缩略符，代表一阶滞后变量，score'即代表经济发展总得分的一阶滞后变量。

表 2－8　空间面板回归结果

变量	系数	P 检验值
C	33.80	0.541
gdp	1.11 ***	0.000
con	0.90 ***	0.000
ret	0.53 ***	0.000
loan	0.78 ***	0.000
gdp'	－0.30 ***	0.000
con'	－0.32 ***	0.000
ret'	－0.14 ***	0.000
loan'	－0.23 ***	0.000
score'	0.28 ***	0.000
R^2	（拟合优度）	0.99

注：*** 、** 、* 分别表示在 1%、5%、10% 水平上显著。

资料来源：国研网、中国知网、《安徽统计年鉴》。

2. 结果分析

从表 2-8 中可以看出，所有的解释变量都可以在 1% 的水平下通过显著性检验，而且这个模型的拟合优度达到了 99%，这说明我们建立的空间面板的可靠程度非常高。下面我们将根据这一回归结果，来对淮河流域经济发展方式转变的影响因素进行空间分析。

首先，我们可以很清楚地观察到地区生产总值的系数为正，且数值最大，说明淮河流域的经济发展中，经济增长依然占据了非常重要的地位。这种片面追求增长速度的发展方式明显不符合我们追求发展质量的内在要求。而且结合前文的分析我们可以看出，淮河流域的地区生产总值在总量上虽然逐年上升，但是其中出现了很多问题，也就是说现在的增长模式是效率低下且不可持续的，地方经济存在着衰退的危险。由于该项系数为正，说明地区间存在正向的相互影响。一旦某地区收入开始下滑，也会同时降低周边地区的收入。

其次，社会消费品零售额、限额以上批发零售贸易业商品销售总额和年末金融机构各项贷款余额也对地区经济发展方式的转变产生了正向的关联效应。上述三个要素我们在表 2-2 中分别划入需求结构类和要素结构类。而且，需求结构类因素对经济发展水平的影响更大。然而，在过去几年里淮河流域对需求的刺激并不成功，很多地区和产业都出现了生产过剩的问题。生产方式落后和产品没有市场这两个问题同时存在，对淮河流域经济发展造成了非常大的阻碍。

再次，我们可以看到，产业结构类、人民生活类和资源环境类指标并没有对经济发展产生显著的影响，但是这三类指标恰恰是目前转变经济发展方式工作中最重要的几个组成部分。地方政府应积极发挥引导作用，加快优化产业结构，提高人民生活水平，大力保护资源环境，并不断提高这三类指标在经济发展中的地位和作用。

最后，四个解释指标的一期滞后项对当期总得分都会产生负影响。造成这种现象的主要原因，可能在于往期指标的上升会对市场主体产生一种负向的阻滞效应。因为一旦该领域在短期内过热，就会吸引新的要素涌入。随着时间的积累，新要素的进入会越来越困难，而且回报率也会降低，使得该领域的投资者和从业者的收益下降。这就使得市场主体会重新权衡自己的行为，部分市场主体会在这样的情况下选择不进入或者退出，这就会对经济发展产生负面影响。

以零售业为例，如果一个地区的零售业在某个时间段内经历了持续的快速发展，那么必然吸引新的资本流入和人才进入。但是，如果该地区前期对零售业的资本投入过高，新资本就很难进入该领域；同时，人才在短时间内大量涌入零售业，新创造出来的岗位无法同时满足所有人的就业需求。就业前景的恶化会在一定程度上影响零售业人员的工作积极性，并最终会降低零售业增长的速度，对经济发展方式的转变产生负面影响。这就说明了，片面地发展某一单个行业，可能会在一段时间令其经济高速增长，并且缓解该地区经济低迷的现象，但长期来看，这种行为无疑是对地区经济有害的，可能导致包括产能过剩在内的一系列问题。同时，某一领域如果吸引了过多的要素，不仅意味着要素利用效率下降，同时也必然引起其他领域发展速度放缓。因此，淮河流域的经济发展方式必须进一步转变，使得资源投入对经济产生促进作用，不仅能在当期存在，还要能在未来充分挖掘资源的每一份潜力，这样才能做到物尽其用，实现区域的和谐发展。

四、结论与研究展望

（一）研究结论

本章运用了数据包络分析、主成分分析以及空间计量等方法，评价在资源环境约束下，淮河流域经济发展方式的成效以及现状。首先，我们以全要素能源效率为工具，讨论了资源环境约束下（主要是工业用电量的约束）淮河流域整体和各地市具体的经济发展方式转变成效；其次，通过主成分分析法，研究了淮河流域各地市经济发展综合情况，并与资源环境指标建立联系，考察资源和环境对地区经济状况的影响；最后，在考察了淮河流域各地市空间关联性的基础上，建立空间面板模型，具体考察淮河流域经济增长以及要素投入的情况，以及资源和环境是如何影响要素的变动。综合上述实证分析结果，我们认为：

1. 整体上看，淮河流域经济发展方式转变并不理想

这是因为全要素能源效率在 2003—2013 年的绝大部分时间里持续走低，说明各地区并没有重视资源利用效率在经济增长中的重要作用，尤其是技术进步的速度一直处于较低水平，说明科学技术的发展与生产活动的结合并不紧密。此外，江苏段和山东段的全要素能源效率明显优于河南段和安徽段，全要素能源效率在空间上呈现出一定的空间聚集，说明各省区间的技术交流并不密切。而在分析中我们发现，淮河流域全要素能源效率低下的主要原因是技术进步较为缓慢。针对这一现象，淮河流域一方面应该加大对教育以及研究开发的投资，进一步推动科学技术的进步以及在生产实践中的应用，提高科技在产品价值中的比重。另一方面还应该在区域内建立合适的技术共享机制，使得知识技术要素可以在区域内实现自由流动，提高区域整体科技水平。

2. 落后的经济发展方式给淮河流域的资源环境带来极大负担

淮河流域中各市的经济发展综合水平与资源消耗情况基本一致，即综合发展水平越高，消耗的资源就越多。但是有些地区的发展也存在着严重的资源消耗问题，比如日照、淮南和淮北，这些地区的经济发展，比同等水平的其他地区消耗了更多的资源，造成了更大的环境污染。鉴于这种情况，各地区应该在充分了解本地区自然条件和资源的基础上，选择最能达到生态和经济共同发展的一条协调路径，在发展地方经济的过程中，更加注重对资源和环境的保护，避免地区生态进一步被破坏。并且找出治理地区环境污染的办法，消除影响人民健康的危险因素。

3. 淮河流域的经济发展仍然采取依赖经济增长的老旧路径

地区生产总值是能够直接影响淮河流域经济发展方式转变的因素，其次是需求结构类因素社会消费品零售额和限额以上批发零售贸易业商品销售总额，最后是要素结构类因素年末金融机构各项贷款余额。这种影响不

仅在当期存在，也会影响地区以后的经济发展效果。但是由于在很长一段时间内，淮河流域的经济增长方式并不健康，为今后的发展埋下了比较深的隐患。而且，由于地区间的收入是会相互影响的，一旦某地经济下滑，会对其他区域都产生明显影响，同时，淮河流域的经济发展相对忽略了产业结构、人民生活和资源环境的作用。所以，淮河流域不仅要继续调整需求结构和要素结构，还要推动产业、民生和生态在转变经济发展方式的进程中发挥更重要的作用。更要转变经济发展观念，不能盲目追求经济的增长。否则不仅会造成综合水平的下降，而且可能会令由往期经济增长带来的负效应进一步增加，令经济发展陷入泥潭。

（二）研究展望

在本部分对淮河流域经济发展方式转变的各项考察中，由于时间仓促以及作者的水平有限，所以最终结果的测量与分析仍然有可以提高的地方。具体来说，在测量淮河流域全要素能源效率的时候，关于资本投入，我们选择的是每年的固定资产投资，但是这个指标中不含有之前的投资对当期的影响，这与现实生活是有一定差距的。最优的指标应该是用永续盘存法计算出来的资本存量。这就需要较为准确地对各地的资产折旧率进行估算。但是在现有的相关研究中，折旧率一般都是用省级数据来估算，很少精确到各个地市，而且对折旧率数值的估算也过于保守，不太符合现实中资本折旧的情况，用这些折旧率估算的资本存量并不准确，进而导致最终的结果并不理想。所以，如何对淮河流域各地市的折旧率进行估算，将会成为接下来的一个很有价值的研究方向。

第三章 淮河流域经济发展方式转变的路径研究

在研究了资源环境约束下淮河流域经济发展方式转变必要性的基础上，本章作为本书研究的第二重要内容，主要探讨和回答淮河流域怎样转变经济发展方式的问题，本章将运用多种面板模型实证检验产业优化和转型是资源环境约束下淮河流域转变经济发展方式的根本路径。

一、产业结构优化对淮河流域环境质量的影响研究

（一）引言

党的十八大报告对推进生态文明建设作出了全面战略部署，确立了生态文明建设的突出地位，把生态文明建设纳入"五位一体"的总体布局。环境质量的改善是生态文明建设的目标，环境质量关乎着人民的福祉和民族的未来。虽然中国经济社会在快速发展，但环境质量却急剧下降。特别是近年来，全国大范围地区出现的雾霾污染严重影响着人民的身心健康，使得人们对于环境质量的关注越发强烈。

产业结构是指国民经济的各个部门及部门内部各要素之间的联系和构成。现代经济理论一般把产业分为三大产业部门。其中，第一产业包括农、林、牧、渔业；第二产业包括加工工业和建筑业；第三产业包括公用事业、交通运输业、商业、金融保险业和餐饮服务业等。产业结构一般通过各产业部门的经济效益指标来反映，比如各产业的产值比例。产业结构是一个国家社会经济发展的结果，它受该国经济、文化、政治、社会等多种因素的影响。其中，影响产业结构变化的经济因素主要有：自然资源的禀赋条件；生产技术水平；投资的方向和规模；对外贸易的结构和数量；

消费水平及其结构；政府的经济政策和经济管理机制；等等。据统计，2014 年中国三产增加值比重为 9.2：42.7：48.1，与国际上发达地区相比，我们国家的三产结构存在着第一、第二产业占比过重，第三产业占比过少的现象。

实际上，各种各样的环境污染问题，归根结底是国家在推进工业化的过程中所产生的副产品造成的，如工业三废（废水、废气和固体废弃物）。长期以来，中国经济增长主要依靠第二产业带动，而第二产业集中了大量的高耗能产业，比如钢铁、建材、煤炭等。所以我们这里假设不合理的产业结构是产生中国现今各种环境质量问题的主要原因。因此，为建设两型社会，实现包括生态文明在内的"五位一体"小康社会目标，就必须加快产业转型，实现产业结构的优化。

产业结构优化与环境质量改善是当前中国全面建成小康社会目标必须解决的重要问题。环境质量下降与产业结构不合理已经严重影响了淮河流域人民的生产生活，在这种背景下，研究产业结构优化对淮河流域环境质量的影响具有重大的现实意义。

（二）影响机理分析与文献回顾

产业结构优化升级会引起社会资源以及自然资源利用形态、方式的改变，主要包括资源内部不同种类的配置比例、在各产业的比例和各地区比例，即产业结构的改变决定了各种资源在不同产业、不同地区的配置比例。资源的消耗水平与种类取决于产业结构，而资源的消耗水平与种类又决定着环境质量的优劣，因此，产业结构与环境质量存在着密切的联系。

克鲁格（Alan Krueger）和格鲁斯曼（Gene Grossman）在对多个国家内不同地区的多种污染物 12 年变动情况研究发现，多数污染物质的变动趋势与人均收入水平的变动呈倒"U"形，即一个地区的环境质量随着该地区人均收入水平的增长先下降，后上升。据此，经济学家提出了环境库兹涅茨曲线（EKC）的假说。此后，国内外学者就运用不同地区的数据来检验这一假说。

随着研究的深入，对于经济发展水平与环境质量之间关系的研究，学者们已经不仅仅满足于这种简单的数据分析，一些学者开始转向研究产业结构与环境质量的关系。赵雪雁、周健等（2005）以黑河流域为研究区，通过建立生态环境质量及产业结构效益指标体系，对黑河流域上、中、下游的生态环境质量和产业结构效益作了综合评价，并对二者的耦合关系进行了定量辨识。王翌秋、张兵（2007）以江苏省为例，分别从消费结构与环境质量的关系、产业结构与环境质量的关系、重点污染物排放的行业特征三个方面研究了江苏省产业结构调整对环境质量的影响，并提出了相关建议。韩峰、王琢卓（2010）运用湖南省1988—2007年的数据，采用主成分分析方法，通过构建生态环境和产业结构综合评价体系，分析了湖南省产业结构变迁对环境质量的影响，得出产业结构变迁对生态环境质量表现为负面影响，而且从长期来看，负向冲击效果增加的幅度和速度存在不断扩大趋势。万永坤、董锁成（2012）分析了产业结构变化与环境质量交互耦合的机理，在此基础上，以甘肃省为例进行实证分析，得出了产业结构调整在促进经济发展的同时，也使得环境质量下降。刘宇、黄继忠（2013）分析了辽宁省产业结构演变的环境效应并对产业结构和环境质量之间进行协整检验，得出辽宁省产业结构演变的环境效益显著和产业结构与环境质量之间关系长期稳定的结论。何慧爽（2015）实证考察了环境污染、环境规制和产业结构优化的关系，以二氧化硫排放量和产业结构优化关系为模型的研究验证了环境库兹涅茨曲线的存在。

虽然国内外有关环境质量与产业结构优化的研究较多，但是以淮河流域为研究区域的则较少。因此，本章在已有研究的基础上，利用面板数据实证分析产业结构优化对淮河流域环境质量的影响。

（三）产业结构与环境质量综合评价指标的构建、测算与评析

1. 产业结构综合评价指标的构建、测算与评析

（1）产业结构综合评价指标的构建

对于产业结构的综合评价指标的选取，本章借鉴徐德云（2008）的研究成果，用 $X = \sum (L_j \times j) = L_1 \times 1 + L_2 \times 2 + L_3 \times 3$ 来表示产业结构的综合评价指标。其中：X 表示产业结构的综合评价指数，L_j 表示第 j 产

业的增加值与整个地区 GDP 的比值。由上式可知 X 的取值范围为 [1，3]，指标越接近于底线 1，则意味着第一产业产值占 GDP 的比重越大，即产业结构层次越低，指标越接近于 3，则第三产业产值占 GDP 的比重越大，也即产业结构层次越高。

由于产业结构的优化变迁比较缓慢，产业结构综合评价指标的波动幅度较小，为了增大数据的波动幅度，本章采取离差标准化方法对产业结构评价指数进行处理。

离差标准化的处理公式如下：

$$X'_{ij} = \frac{X_{ij} - \min\{X_{i1}, X_{i2}, \cdots, X_{it}\}}{\max\{X_{i1}, X_{i2}, \cdots, X_{it}\} - \min\{X_{i1}, X_{i2}, \cdots, X_{it}\}} \qquad (3.1)$$

式（3.1）中：X'_{ij} 为淮河流域 i 市 j 年产业结构综合评价指数的标准化值；X_{ij} 为 i 市 j 年产业结构综合评价指数的原始数据；$\min\{X_{i1}, X_{i2}, \cdots, X_{it}\}$ 为 i 市在 t 年的时间段内的产业结构综合评价指数的最小值；$\max\{X_{i1}, X_{i2}, \cdots, X_{it}\}$ 为 i 市在 t 年的时间段内的产业结构综合评价指数的最大值。经过离差标准化后，该评价指数的取值范围将为 [0，1]。

（2）产业结构综合评价指标的测算与评析

根据前文对产业结构评价指标的构建，本章对淮河流域 38 个城市的产业结构综合指标进行了测算。用于分析的数据主要从历年《中国城市统计年鉴》直接获取或者经过加工计算而成，鉴于数据的可获得性，本章选取的时间段为 2004—2014 年。为便于以后的分析，我们用 X_{it} 表示淮河流域 i 市在第 t 年的产业结构综合评价指数。

在从《中国城市统计年鉴》获取原始数据之后，我们在 Excel 中对数据进行处理以得到产业结构综合指数，部分城市数据如表 3－1 和图 3－1 所示。

表 3—1 淮河流域 38 地市 2004—2014 年产业结构综合指数

年份 地区	2004	2005	2006	2007	2008	2009	2010	2011	2012	2013	2014
洛 阳	0.085	0.099	0.000	0.048	0.072	0.271	0.225	0.223	0.318	0.417	1.000
南 阳	0.000	0.101	0.205	0.386	0.447	0.471	0.502	0.604	0.707	0.781	1.000
平顶山	0.025	0.018	0.074	0.186	0.000	0.033	0.036	0.035	0.377	0.504	1.000
漯 河	0.137	0.000	0.076	0.349	0.086	0.236	0.261	0.332	0.452	0.478	1.000
许 昌	0.020	0.000	0.092	0.255	0.205	0.163	0.369	0.292	0.404	0.482	1.000
郑 州	0.039	0.239	0.303	0.518	0.199	0.388	0.089	0.000	0.196	0.319	1.000
开 封	0.359	0.000	0.175	0.473	0.609	0.748	0.569	0.719	0.798	0.864	1.000
信 阳	0.000	0.426	0.639	0.950	0.891	0.855	0.654	0.739	0.755	0.804	1.000
商 丘	0.000	0.095	0.210	0.377	0.435	0.409	0.456	0.591	0.736	0.811	1.000
驻马店	0.000	0.140	0.257	0.503	0.545	0.681	0.588	0.580	0.632	0.691	1.000
周 口	0.000	0.240	0.324	0.651	0.605	0.529	0.496	0.710	0.794	0.859	1.000
安 庆	0.000	0.747	0.930	1.000	0.926	0.646	0.599	0.552	0.582	0.834	0.947
合 肥	0.000	1.000	0.835	0.705	0.512	0.500	0.430	0.192	0.204	0.246	0.322
滁 州	0.380	0.000	0.397	0.896	0.645	0.186	0.266	0.114	0.223	0.397	1.000
淮 南	0.604	0.803	0.745	1.000	0.355	0.243	0.124	0.000	0.184	0.398	0.886
蚌 埠	0.000	0.782	0.836	1.000	0.879	0.632	0.525	0.406	0.462	0.488	0.697
淮 北	0.000	0.775	1.000	0.992	0.513	0.402	0.186	0.032	0.106	0.106	0.666
阜 阳	0.000	0.725	0.698	0.773	0.685	0.746	0.726	0.683	0.768	0.808	1.000
亳 州	0.000	0.424	0.605	0.767	0.742	0.669	0.670	0.618	0.664	0.718	1.000
宿 州	0.000	0.340	0.415	0.713	0.788	0.785	0.767	0.724	0.781	0.847	1.000
六 安	0.000	0.830	0.876	1.000	0.810	0.728	0.634	0.611	0.632	0.744	0.830
徐 州	0.079	0.000	0.105	0.226	0.338	0.386	0.611	0.684	0.741	0.797	1.000
连云港	0.000	0.167	0.345	0.440	0.487	0.546	0.724	0.784	0.811	0.851	1.000
淮 安	0.000	0.146	0.283	0.392	0.465	0.538	0.699	0.757	0.813	0.863	1.000
宿 迁	0.000	0.121	0.294	0.371	0.472	0.569	0.754	0.828	0.882	0.942	1.000
盐 城	0.000	0.059	0.166	0.307	0.414	0.427	0.618	0.718	0.760	0.826	1.000
扬 州	0.172	0.000	0.168	0.261	0.296	0.315	0.488	0.594	0.702	0.790	1.000
泰 州	0.143	0.000	0.143	0.261	0.361	0.407	0.588	0.666	0.734	0.807	1.000
南 通	0.000	0.037	0.198	0.318	0.335	0.362	0.481	0.597	0.689	0.760	1.000
南 京	0.000	0.251	0.356	0.408	0.534	0.586	0.643	0.689	0.769	0.841	1.000

续表

年份 地区	2004	2005	2006	2007	2008	2009	2010	2011	2012	2013	2014
镇　江	0.149	0.000	0.065	0.174	0.196	0.196	0.412	0.481	0.565	0.651	1.000
菏　泽	0.000	0.097	0.202	0.362	0.450	0.561	0.694	0.822	0.884	0.943	1.000
济　宁	0.291	0.000	0.147	0.236	0.230	0.319	0.363	0.482	0.623	0.691	1.000
枣　庄	0.000	0.000	1.000	0.016	0.023	0.030	0.050	0.069	0.081	0.088	0.121
临　沂	0.000	0.105	0.251	0.346	0.387	0.419	0.571	0.708	0.839	0.932	1.000
日　照	0.000	0.079	0.189	0.238	0.421	0.487	0.518	0.623	0.764	0.843	1.000
淄　博	0.135	0.000	0.160	0.237	0.268	0.418	0.498	0.630	0.735	0.867	1.000
泰　安	0.171	0.000	0.130	0.206	0.271	0.421	0.502	0.636	0.753	0.834	1.000

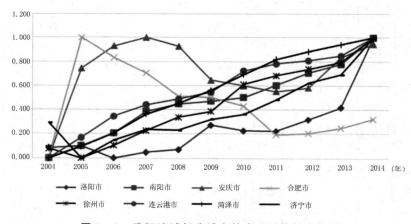

图 3—1　淮河流域部分城市的产业结构综合指数

　　表 3—1 列出了 2004—2014 年 11 年淮河流域 38 地市的全部产业结构综合评价指数。为了更加直观地反映数据呈现的趋势，我们选取部分城市的数据以图形的形式给出，见图 3—1。由图 3—1 可以直观地看到，选取的这些城市的产业结构综合评价指数在这 11 年间，大部分城市均呈现不断增长的趋势，如洛阳、南阳、徐州、连云港、菏泽、济宁，这些城市在 2004 年的综合指数均处在较低的水平，其中南阳、连云港、菏泽三个城

市在最低点 0，之后该综合指数不断增长，并在 2014 年均达到该指数的最高点 1。另外有少部分城市，如安庆、合肥，这两个城市的评价指数呈现出从期初的低点先上升之后下降然后再上升的趋势。根据分析可知，这类城市处在工业化的快速增长期，产业结构在该时期表现出第二产业占比迅速提升，从而导致第三产业占比有所下降，进而使得产业结构指数在该期间出现了一个下降的阶段。

2. 环境质量综合评价指标的构建、测算与评析

（1）环境质量综合评价指标体系的构建

关于环境质量综合评价指标体系的研究有很多，本章在现有的研究基础上，依据科学性、系统性、全面性、可行性等原则，并结合淮河流域的特征，选取了人均工业废水排放量、人均工业二氧化硫排放量、人均工业粉尘排放量、工业固体废物综合利用率、城市污水处理厂集中处理率以及建成区绿化覆盖率六个指标来综合反映环境质量的优劣。

（2）环境质量综合评价指标的测算

由于不同的变量常常具有不同的单位和不同的变异程度，为了尽可能科学地反映现实情况，这里必须排除各指标的单位不同以及其数值量级间的悬殊差异所带来的影响，这就需要无量纲化处理，本章运用离差标准化处理法对指标进行处理。

在上述构建的指标体系中，对于环境质量反映，有些是正向指标，即该指标数值越大，则环境质量越优，如工业固体废物综合利用率、城市污水处理厂集中处理率以及建成区绿化覆盖率这三个指标；而有些是负向指标，如人均工业废水排放量、人均工业二氧化硫排放量、人均工业粉尘排放量，这些指标数据越大，意味着环境质量越差。对于正向与负向指标的离差标准化方法有所不同。

对于正向指标，其离差标准化公式为：

$$Q_i = \frac{Y_i - Y_{\min}}{Y_{\max} - Y_{\min}} \tag{3.2}$$

对于负向指标，其离差标准化公式为：

$$Q_i = 1 - \frac{Y_i - Y_{\min}}{Y_{\max} - Y_{\min}} \tag{3.3}$$

式（3.3）中：Q_i 为 i 指标的标准化值，Y_i 为 i 指标的原始数据，$Y_{\min}$、$Y_{\max}$ 分别为 i 指标在评价区内的最小值、最大值。

各指标权重的确定一般有主观和客观两种方法，主观赋权法主要是指聘请若干专家对各指标进行评分，在评分的基础上得到各指标的权重。客观赋权法有：利用环境质量分数确定因子权数、变异系数法、特征向量法、熵值法。

本章的权重确定运用熵值法，具体步骤为：

a. 将各指标同度量化，计算第 j 项指标第 i 个方案指标值的比重 P_{ij}。

$$P_{ij} = \frac{y_{ij}}{\sum\limits_{i=1}^{n} y_{ij}} \tag{3.4}$$

b. 计算第 j 项指标的熵值 e_j。

$$e_j = -k \sum_{i=1}^{n} p_{ij} \ln p_{ij} \tag{3.5}$$

其中，$k > 0$，$\ln$ 为自然对数，$e_j \geqslant 0$。

c. 计算第 j 项指标的差异性系数 g_j。

对于给定的 j，若 y_{ij} 的差异性越小，则 e_j 越大；若 y_{ij} 的差异性越大，则 e_j 越小。取差异性系数 $g_j = 1 - e_j$。

d. 对差异性系数进行归一化，可计算出权重。

$$w_j = \frac{g_j}{\sum\limits_{k=1}^{m} g_k} \quad (j = 1, 2, \cdots, m) \tag{3.6}$$

（3）环境质量综合评价指标的评析

对人均工业废水排放量、人均工业二氧化硫排放量、人均工业粉尘排放量、工业固体废物综合利用率、城市污水处理厂集中处理率以及建成区绿化覆盖率六个指标运用熵值法进行综合评析后得出环境质量综合评价指标，部分城市数据如表 3-2 和图 3-2 所示。

表 3-2　淮河流域 38 地市 2004—2014 年环境质量综合评价指标

年份 地区	2004	2005	2006	2007	2008	2009	2010	2011	2012	2013	2014
洛　阳	0.049	0.047	0.055	0.094	0.100	0.088	0.084	0.089	0.117	0.126	0.151
南　阳	0.050	0.046	0.077	0.108	0.097	0.103	0.124	0.101	0.094	0.097	0.103
平顶山	0.073	0.049	0.047	0.067	0.071	0.097	0.109	0.114	0.127	0.117	0.131
漯　河	0.110	0.063	0.063	0.075	0.038	0.057	0.085	0.098	0.119	0.150	0.142
许　昌	0.078	0.055	0.081	0.072	0.103	0.142	0.147	0.071	0.093	0.078	0.082
郑　州	0.063	0.035	0.052	0.060	0.079	0.094	0.121	0.104	0.131	0.109	0.154
开　封	0.106	0.076	0.092	0.094	0.130	0.099	0.103	0.072	0.078	0.081	0.074
信　阳	0.083	0.081	0.056	0.058	0.101	0.069	0.080	0.109	0.123	0.128	0.113
商　丘	0.075	0.048	0.052	0.073	0.103	0.110	0.102	0.109	0.088	0.088	0.114
驻马店	0.085	0.067	0.077	0.091	0.131	0.131	0.124	0.075	0.069	0.074	0.079
周　口	0.076	0.039	0.059	0.098	0.125	0.125	0.129	0.079	0.090	0.087	0.094
安　庆	0.066	0.040	0.090	0.086	0.093	0.101	0.103	0.099	0.114	0.115	0.094
合　肥	0.093	0.057	0.060	0.089	0.106	0.098	0.102	0.092	0.096	0.107	0.100
滁　州	0.098	0.063	0.062	0.061	0.073	0.109	0.127	0.101	0.104	0.105	0.094
淮　南	0.070	0.059	0.068	0.082	0.081	0.078	0.097	0.107	0.115	0.121	0.123
蚌　埠	0.060	0.050	0.042	0.056	0.072	0.101	0.118	0.123	0.130	0.126	0.124
淮　北	0.055	0.040	0.058	0.099	0.106	0.097	0.138	0.084	0.104	0.107	0.114
阜　阳	0.120	0.127	0.072	0.067	0.049	0.081	0.106	0.082	0.096	0.100	0.100
亳　州	0.085	0.069	0.069	0.086	0.119	0.119	0.098	0.080	0.098	0.100	0.078
宿　州	0.091	0.097	0.086	0.111	0.111	0.109	0.106	0.056	0.065	0.078	0.090
六　安	0.063	0.041	0.045	0.080	0.064	0.083	0.104	0.112	0.135	0.140	0.132
徐　州	0.037	0.059	0.092	0.116	0.104	0.125	0.120	0.107	0.059	0.082	0.098
连云港	0.039	0.067	0.088	0.111	0.119	0.138	0.114	0.068	0.088	0.096	0.074
淮　安	0.072	0.066	0.091	0.103	0.090	0.096	0.102	0.080	0.083	0.109	0.116
宿　迁	0.105	0.075	0.083	0.088	0.119	0.124	0.108	0.071	0.056	0.074	0.097
盐　城	0.076	0.099	0.104	0.116	0.120	0.125	0.106	0.078	0.061	0.053	0.063
扬　州	0.083	0.041	0.036	0.062	0.084	0.097	0.123	0.119	0.126	0.114	0.115
泰　州	0.104	0.099	0.101	0.100	0.063	0.067	0.074	0.068	0.105	0.116	0.105
南　通	0.094	0.082	0.073	0.088	0.088	0.105	0.101	0.066	0.086	0.111	0.106
南　京	0.045	0.077	0.076	0.106	0.120	0.086	0.088	0.095	0.094	0.108	0.104

续表

地区＼年份	2004	2005	2006	2007	2008	2009	2010	2011	2012	2013	2014
镇　江	0.056	0.051	0.039	0.086	0.107	0.121	0.128	0.066	0.111	0.115	0.119
菏　泽	0.088	0.083	0.102	0.109	0.109	0.107	0.087	0.066	0.082	0.086	0.082
济　宁	0.100	0.143	0.111	0.115	0.097	0.120	0.103	0.057	0.041	0.057	0.057
枣　庄	0.058	0.047	0.051	0.075	0.087	0.105	0.105	0.109	0.115	0.129	0.125
临　沂	0.095	0.084	0.082	0.092	0.089	0.125	0.114	0.080	0.079	0.072	0.089
日　照	0.063	0.047	0.076	0.093	0.111	0.101	0.104	0.079	0.092	0.099	0.135
淄　博	0.066	0.062	0.056	0.073	0.095	0.115	0.117	0.085	0.102	0.123	0.106
泰　安	0.047	0.065	0.076	0.095	0.107	0.101	0.114	0.079	0.091	0.112	0.114

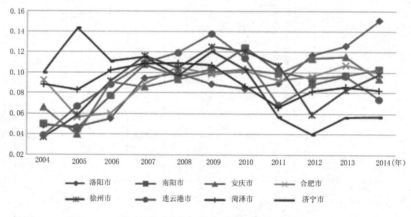

图 3—2　淮河流域部分城市环境质量综合评价指标

　　表 3—2 列出了 2004—2014 年 11 年淮河流域 38 地市的环境质量综合评价指数，为了更加直观地反映数据呈现的趋势，我们选取部分城市的数据以图形的形式给出（见图 3—2），由此可以观察到，这些城市的环境质量综合评价指标有升有降，不过总的趋势呈现出随时间的向前推移先上升后下降再上升的"N"形特征。本节的下一部分将根据这一分析，构建计量分析模型。

（四）计量分析

1. 模型的设定

根据图 3-2 可以直观地看出淮河流域地区环境质量随时间推移明显地呈现出"N"形，而产业结构综合评价指标随时间的推进呈现出提升的趋势，所以我们有理由假设淮河流域地区的环境质量随着产业结构的优化也呈现出"N"形曲线。为此，我们构建一个能够反映此特征形状的模型去验证这一假设。

构建一个如下的面板模型：

$$CY_{it} = \alpha_0 + \alpha_1 CX_{it} + \alpha_2 (CX_{it})^2 + \alpha_3 (CX_{it})^3 + \varepsilon_{it} \tag{3.7}$$

其中：i 表示淮河流域 38 地市；t 表示时间；CX_{it} 与 CY_{it} 分别表示淮河流域 i 市在第 t 年的产业结构与环境质量综合评价指数。鉴于很多学者已经通过实证分析验证了环境库兹涅茨曲线的普遍存在以及上面对数据进行分析所呈现出的特征，所以在本模型中加入了产业结构综合评价指标的二次项和三次项。

模型（3.7）的实证结果可以分为以下几类：$\alpha_1 > 0$ 且 $\alpha_2 = 0$，$\alpha_3 = 0$ 或 $\alpha_1 < 0$ 且 $\alpha_2 = 0$，$\alpha_3 = 0$，则表明环境质量随着产业结构的优化上升或下降；$\alpha_1 > 0$ 且 $\alpha_2 < 0$，$\alpha_3 = 0$，则意味着环境质量与产业结构优化存在着倒"U"形曲线关系，拐点为 $SY = -\alpha_1/\alpha_2$；$\alpha_1 < 0$ 且 $\alpha_2 > 0$，$\alpha_3 = 0$ 时，则环境质量与产业结构优化存在着"U"形曲线关系；$\alpha_1 > 0$ 且 $\alpha_2 < 0$，$\alpha_3 > 0$ 时，则环境质量与产业结构优化之间存在着"N"形曲线关系；$\alpha_1 < 0$ 且 $\alpha_2 > 0$，$\alpha_3 < 0$，则环境质量与产业结构优化存在着"N"形曲线关系。

2. 实证分析

常用的面板模型有混合回归模型、固定效应模型以及随机效应模型。下面将根据 F 检验和 LM 检验来选择模型的种类。由于在 STATA 软件中，F 检验和 LM 检验分别是在固定效应模型和随机效应模型估计出来之后给出的，所以接下来先估计模型再给出检验结果。

（1）面板模型种类的选择

下面运用 STATA 软件进行数据处理。

首先进行 F 检验，运用 STATA 命令 "xtreg cy cx cx^2 cx^3，fe" 进行固定效应模型的估计，结果见表 3－3。

表 3－3　固定效应模型的估计结果

cy	Coef.	Std. Err.	t	$p>\mid t\mid$
cx	0.1619	0.0329	4.91	0.000
cx^2	－0.2772	0.0811	－3.42	0.000
cx^3	0.1362	0.0533	2.55	0.011
c	0.07	0.0034	20.57	0.000
F test that all $u_i=0$：F (37，377) ＝0.13				$Prob>F=1.000$

在输出结果的最后一栏列出了一个 F 检验结果，其原假设为 H_0：$u_i=0, i=1$、2、3、4，若 $F \leqslant F_\alpha$ 或者 $p \geqslant \alpha$，则接受 H_0，选择混合回归模型。由于结果中 F 检验的 p 值为 1.000，故强烈接受原假设，即认为混合回归优于固定效应，每个个体都拥有相同的截距项。

再进行 LM 检验，运用 STATA 命令 "xtreg cy cx cx^2 cx^3，re" 进行随机效应模型的估计，估计结果见表 3－4。

表 3－4　随机效应模型的估计结果

cy	Coef.	Std. Err.	z	$p>\mid z\mid$
cx	0.1518	0.0298	5.09	0.000
cx^2	－0.2691	0.0720	－3.73	0.000
cx^3	0.1361	0.0473	2.87	0.004
c	0.0722	0.0031	23.14	0.000

在进行随机效应模型的估计之后，我们可以进行一个检验个体效应的 LM 检验（LM test for individual-specific effects），其原假设为 "H_0：$\sigma_u^2=0$"，而备择假设为 "H_1：$\sigma_u^2 \neq 0$"。如果接受原假设，则说明模型中不存在反映个体特征性的随机扰动项 u_i，从而应该使用混合回归。该 LM 检

验的 STATA 命令为"xttest0"。检验结果见表 3—5。

表 3—5 LM 检验结果

$sy\ [state,\ t] =xb+u\ [state] +e\ [state,\ t]$		
Estimated resultes	Var	Sd＝sqrt（Var）
cy	0.000617	0.0248
e	0.0006098	0.0246
u	0	0

Test：Var（u）＝0

Chibar2（01）＝0.00

Prob＞chibar2＝1.0000

表 3—5 显示，LM 检验的 p 值等于 1，故接受原假设"不存在个体随机效应"，即认为在两种模型种类（混合回归、随机效应）之间，选择"混合回归"。

（2）模型估计

上述进行的 F 检验与 LM 检验，结果均接受原假设，故选择混合模型进行估计，其 STATA 命令为"$xtreg\ cy\ cx\ cx_2\ cx_3,\ vce\ (cluster\ city)$"。"$vce\ (cluster\ state)$"表示使用以"$city$"为聚类变量的聚类稳健标准误，估计结果见表 3—6。

表 3—6 混合模型的估计结果

cy	Coef.	Std. Err.	t	p＞|t|
cx	0.1518	0.0267	5.68	0.000
cx^2	−0.2691	0.0578	−4.65	0.000
cx^3	0.1361	0.0356	3.81	0.001
c	0.0722	0.0035	20.14	0.000

根据表 3—6 的结果，cx、cx^2、cx^3 和 c 的 p 值分别为 0、0、0.001 和 0，在 1% 的显著性水平下，拒绝原假设，故 cx、cx^2、cx^3 和 c 的估计

系数分别为 0.1518、－0.2691、0.1361 和 0.0722。

由此可得表达式：

$$CY_{it} = 0.0722 + 0.1518CX - 0.2691 (CX_{it})^2 + 0.1361 (CX_{it})^3$$

$$(3.8)$$

这意味着，环境质量与产业结构之间存在着"N"形曲线特征，即随着产业结构的优化升级，环境质量先上升后下降再上升的"N"形曲线形状。也验证了前面"N"形曲线形状的假设。

之所以会出现环境质量与产业结构之间的"N"形曲线形状，经过分析可能存在着以下原因。

首先，发达国家工业化进程中的环境库兹涅茨曲线呈现倒"U"形，即随着人均收入的增长，一个地区的环境污染程度呈现出先上升后下降的趋势，或者说随着人均收入的增长，一个地区的环境质量呈现先下降后上升的趋势，由于产业结构与人均收入呈现显著的正相关性，环境库兹涅茨曲线也可以表示为随着产业结构的优化，环境质量呈现出先下降后上升的趋势。鉴于数据的可获得性，我们只研究了淮河流域 2004 年之后的情况，我们研究的这一时间段很可能是处在环境库兹涅茨曲线的后半部分，即环境质量上升的阶段，因为在这个时期内，淮河流域地区人均生产总值从 10375 元增加到 40170 元，而这一时间段，淮河流域正处于工业化的中后期。

其次，环境质量在不断上升的过程中又出现了短暂的下降，出现这一现象的原因，我们认为是由于政府为应对 2008 年的金融危机而实施了大规模的刺激经济的一系列方案，也就是常说的"四万亿计划"，在这一系列刺激计划中，大量的高污染、高耗能企业再度上马，使得淮河流域的经济发展方式转变进度变缓，环境质量出现暂时的下降。

二、产业结构优化对淮河流域资源利用效率的影响研究

(一) 产业结构优化对资源利用效率的影响机理

产业结构优化升级会引起社会资源以及自然资源利用形态、方式的改变，主要包括资源内部不同种类的配置比例、在各产业的比例和各地区比例，即产业结构的改变决定了各种资源在不同产业、不同地区的配置比例。各种资源在不同产业、不同地区的配置比例对资源的利用效率又有着重要影响。因此，产业结构与资源利用效率存在着密切的联系。

本质上，资源利用效率的高低取决于技术水平的高低，而不同的产业所运用的技术具有较大的差异。当产业结构处在较合理的水平时，即资源利用效率水平较高的产业在国民经济中所处的比例较高时，整个经济社会的高新技术应用就较多，从而推动整体的资源利用效率的提升，增进社会福利。反之，当产业结构处在不合理的水平时，即资源利用效率水平较低的产业在国民经济中所处的比例较高时，高新技术应用就较少，进而整体的资源利用效率就被拉低。当产业结构从不合理向着更加合理的水平变动时 (产业结构优化)，不同产业的资源投入力度也将发生变动，进而导致资源利用效率水平的提升。

近年来，淮河流域经济快速增长，地区生产总值从 2004 年的 23619 亿元增长到 2014 年的 101144 亿元，人均地区生产总值从 10375 元增加到 40170 元。经济的快速发展必然导致产业结构的调整，产业结构由低级向高级的调整过程，实质上就是不断优化的协调发展。产业结构的变动影响着资源利用的效率，资源利用效率的变动也制约着产业结构的优化，淮河流域在资源环境约束不断加剧的条件下，研究产业结构优化对该地区的资源利用效率的影响，对于该地区优化产业结构、提高资源利用效率、转变经济发展方式以及实现新型工业化，具有重要的理论意义和现实意义。

产业结构的优化与资源利用的优化有着密切联系，两者演化的路径呈现出一定的规律。首先，当一国的经济处在较低的发展水平时，第一产业

的增加值在国民经济中所占的比例较高，导致第一产业所需的土地、劳动力、水等自然资源在资源结构中所占的比重较大；其次，随着经济的持续发展和工业化的持续推进，第一产业的比值开始下降，第二产业迅速发展成为占比最大的产业，由此带来第一产业生产必需的资源比重的下降，以及第二产业生产必需的能源、矿产等资源比重的上升；最后，当经济发展水平进一步提高时，第一产业产值占比继续减少，第二产业产值占比会有所下降，第三产业的产值占比会大幅度提升，并持续保持在一个较高的水平，使得技术、人才、知识等社会资源取代自然资源成为主要资源形式。

（二）产业结构与淮河流域资源利用效率指标的设定

1. 产业结构综合评价指标的构建、测算与评析

（1）产业结构综合评价指标的构建

产业结构一般通过各产业部门的经济效益指标来反映，比如各产业的产值比例。对于产业结构的综合评价指标的选取，本章借鉴徐德云（2008）的研究成果，用 $C = \Sigma (L_j \times j) = L_1 \times 1 + L_2 \times 2 + L_3 \times 3$ 来表示产业结构的综合评价指标。其中：C 表示产业结构的综合评价指数，L_j 表示第 j 产业的增加值与整个地区 GDP 的比值。由上式可知 C 的取值范围为 [1，3]，指标越接近于底线 1，则意味着第一产业产值占 GDP 的比重越大，即产业结构层次越低，指标越接近于 3，则第三产业产值占 GDP 的比重越大，也即产业结构层次越高。本部分对产业结构综合评价指标的测算与前面的有所差别，本部分不再用离差标准化，因为本部分的资源利用效率数据的波动性大于前部分的环境质量指数。

（2）产业结构综合评价指标的测算与评析

根据前文构建的各指标，本章对淮河流域 38 地市的产业结构综合评价指标进行科学测算。用于分析的数据主要从历年《中国城市统计年鉴》直接获取或者经过加工计算而成，鉴于数据的可获得性，本章选取的时间区间为 2004—2014 年。为便于以后的分析，我们用 CX_{it} 分别表示淮河流域 i 市在第 t 年的产业结构综合指数，经测算的部分城市的数据如表 3—7 和图 3—3 所示。

表 3－7　淮河流域 38 地市 2004—2014 年产业结构综合评价指标

年份 地区	2004	2005	2006	2007	2008	2009	2010	2011	2012	2013	2014
洛　阳	2.22	2.22	2.20	2.21	2.21	2.24	2.24	2.24	2.25	2.26	2.35
南　阳	1.95	1.98	2.00	2.04	2.06	2.06	2.07	2.09	2.12	2.13	2.18
平顶山	2.16	2.16	2.17	2.18	2.16	2.16	2.16	2.16	2.20	2.21	2.26
漯　河	2.03	2.02	2.03	2.06	2.03	2.05	2.05	2.06	2.07	2.07	2.13
许　昌	2.06	2.06	2.07	2.10	2.09	2.09	2.11	2.11	2.13	2.13	2.22
郑　州	2.37	2.39	2.39	2.41	2.38	2.40	2.38	2.37	2.38	2.39	2.44
开　封	2.06	2.00	2.03	2.08	2.10	2.12	2.12	2.13	2.14	2.16
信　阳	1.99	2.03	2.05	2.08	2.07	2.07	2.05	2.06	2.06	2.06	2.08
商　丘	1.92	1.94	1.96	1.99	2.01	2.00	2.01	2.04	2.07	2.09	2.13
驻马店	1.90	1.93	1.96	2.01	2.02	2.05	2.03	2.03	2.04	2.05	2.12
周　口	1.88	1.91	1.93	1.97	1.97	1.96	1.95	1.98	1.99	2.00	2.02
安　庆	2.08	2.17	2.20	2.20	2.19	2.16	2.15	2.17	2.18	2.20
合　肥	2.31	2.43	2.41	2.39	2.37	2.37	2.36	2.34	2.34	2.34	2.35
滁　州	2.09	2.07	2.09	2.11	2.10	2.08	2.08	2.08	2.09	2.11
淮　南	2.23	2.24	2.24	2.26	2.22	2.21	2.20	2.19	2.20	2.22	2.25
蚌　埠	2.09	2.18	2.19	2.21	2.19	2.16	2.15	2.14	2.14	2.15	2.17
淮　北	2.17	2.22	2.24	2.24	2.20	2.19	2.18	2.17	2.17	2.17	2.21
阜　阳	1.93	2.06	2.06	2.07	2.05	2.06	2.06	2.05	2.07	2.08	2.11
亳　州	1.94	2.04	2.08	2.11	2.11	2.09	2.09	2.08	2.09	2.10	2.17
宿　州	1.86	1.95	1.97	2.05	2.07	2.07	2.06	2.05	2.07	2.08	2.13
六　安	2.02	2.13	2.14	2.16	2.13	2.12	2.11	2.10	2.11	2.12	2.13
徐　州	2.22	2.21	2.23	2.25	2.26	2.27	2.30	2.31	2.32	2.33	2.36
连云港	2.12	2.15	2.18	2.19	2.20	2.21	2.24	2.25	2.25	2.26	2.28
淮　安	2.08	2.12	2.15	2.17	2.19	2.21	2.25	2.27	2.28	2.29	2.32
宿　迁	2.00	2.04	2.08	2.10	2.13	2.15	2.20	2.22	2.23	2.25	2.26
盐　城	2.09	2.11	2.13	2.15	2.17	2.17	2.21	2.23	2.24	2.25	2.28
扬　州	2.26	2.24	2.26	2.28	2.28	2.28	2.30	2.32	2.33	2.34	2.37
泰　州	2.23	2.20	2.23	2.25	2.26	2.27	2.30	2.32	2.33	2.34	2.37
南　通	2.22	2.22	2.25	2.27	2.27	2.28	2.30	2.32	2.33	2.34	2.38
南　京	2.40	2.44	2.45	2.46	2.48	2.48	2.49	2.50	2.51	2.52	2.54

续表

地区 \ 年份	2004	2005	2006	2007	2008	2009	2010	2011	2012	2013	2014
镇　江	2.32	2.31	2.31	2.33	2.33	2.33	2.35	2.36	2.37	2.38	2.42
菏　泽	1.85	1.88	1.92	1.99	2.02	2.06	2.11	2.16	2.19	2.21	2.23
济　宁	2.21	2.18	2.19	2.20	2.20	2.21	2.21	2.23	2.24	2.25	2.28
枣　庄	2.17	2.17	3.31	2.19	2.20	2.20	2.23	2.25	2.26	2.27	2.31
临　沂	2.18	2.20	2.23	2.24	2.25	2.25	2.28	2.30	2.32	2.34	2.35
日　照	2.18	2.20	2.21	2.22	2.24	2.25	2.26	2.27	2.29	2.30	2.32
淄　博	2.26	2.25	2.27	2.28	2.28	2.30	2.31	2.33	2.34	2.36	2.37
泰　安	2.22	2.19	2.21	2.22	2.23	2.26	2.27	2.29	2.31	2.32	2.35

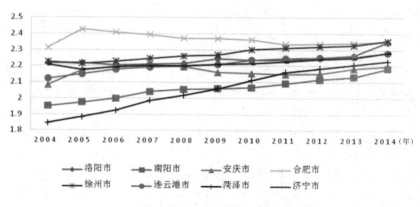

图 3－3　淮河流域部分城市产业结构综合指数

表 3－7 列出来 2004—2014 年 11 年间淮河流域 38 地市的产业结构评价指数。为了更加直观地反映数据呈现的趋势，我们选取部分城市的数据以图形的形式给出（见图 3－3）。观察可知，这些城市的产业结构综合评价指数在这 11 年间有升也有降，但总体上呈现小幅度不断提高的趋势。

2. 资源利用效率综合评价指标的构建、测算与评析

（1）资源利用效率综合评价指标体系的构建

一般可以将资源分为两大类：自然资源和社会资源，前者包括土地、生物、大气、水、矿产资源等；后者包括人力、信息以及经过劳动创造的

各种财富等。鉴于数据的可获得性与简明性，本章研究的资源主要是指资源中的水、土地、能源、人力、资本等。

根据已有研究，资源利用效率的评价方法有四种：比值分析法、指标体系评价法、数据包络分析法（DEA）、生产函数法。而数据包络分析（data envelopment analysis，DEA），是数学、运筹学、数理经济学、管理科学和计算机科学的一个新的交叉领域，由于其无须任何权重假设，而以决策单元输入输出的实际数据求得最优权重，排除了很多主观因素，具有很强的客观性，所以本章运用数据包络分析法来评价资源的利用效率。数据包络分析方法是以相对效率概念为基础，以凸分析和线形规划为工具的一种评价方法，应用数学规划模型计算比较决策单元之间的相对效率。为了使相同地市在不同年份的效率具有可比性，本章以地区生产总值、固定资产投资、全年供水总量、劳动力总数、全社会用电量、行政区域土地面积作为投入产出指标，运用数据包络分析方法对淮河流域 38 地市 2004—2014 年共 418 个决策单元的资源利用效率进行分析和评价。

（2）资源利用效率综合评价指标体系的测算与评析

根据前文构建的各指标，本部分对淮河流域 38 地市的资源利用效率综合评价指标进行科学测算。用于分析的数据主要从历年《中国城市统计年鉴》直接获取或者经过加工计算而成，鉴于数据的可获得性，本章选取的时间区间为 2004—2014 年。为便于以后的分析，我们用 CZ_{it} 表示淮河流域 i 市在第 t 年的资源利用效率综合指数，经测算的部分城市的数据如表 3－8 和图 3－4 所示。

表 3－8　淮河流域 38 地市 2004—2014 年资源利用效率综合指数

年份 地区	2004	2005	2006	2007	2008	2009	2010	2011	2012	2013	2014
洛　阳	0.81	0.73	0.72	0.67	0.71	0.63	0.64	0.71	0.69	0.68	0.67
南　阳	0.86	0.72	0.71	0.70	0.69	0.67	0.65	0.71	0.64	0.62	0.60
平顶山	1.00	0.82	0.73	0.70	0.83	0.71	0.73	0.75	0.65	0.59	0.57
漯　河	1.00	0.87	0.82	0.73	0.80	0.72	0.71	0.73	0.74	0.64	0.61
许　昌	0.95	0.90	0.91	0.90	0.94	0.85	0.86	0.97	0.96	0.88	0.91

续表

年份 地区	2004	2005	2006	2007	2008	2009	2010	2011	2012	2013	2014
郑　州	0.77	0.77	0.78	0.79	0.73	0.69	0.74	0.85	0.86	0.85	0.86
开　封	1.00	0.81	0.78	0.73	0.73	0.66	0.67	0.70	0.69	0.65	0.61
信　阳	0.60	0.65	0.61	0.62	0.64	0.55	0.58	0.68	0.72	0.81	0.81
商　丘	0.70	0.64	0.60	0.57	0.54	0.49	0.52	0.59	0.73	0.78	0.75
驻马店	1.00	0.84	0.83	0.78	0.77	0.69	0.71	0.75	0.72	0.70	0.68
周　口	1.00	1.00	1.00	1.00	1.00	0.94	1.00	1.00	1.00	1.00	1.00
安　庆	0.76	0.68	0.63	0.55	0.56	0.51	0.53	0.62	0.64	0.57	0.59
合　肥	0.53	0.64	0.58	0.51	0.51	0.60	0.69	0.72	0.78	0.84	0.88
滁　州	1.01	0.76	0.72	0.63	0.60	0.59	0.56	0.73	0.63	0.64	0.67
淮　南	0.69	0.61	0.50	0.48	0.67	0.65	0.62	0.63	0.66	0.53	0.54
蚌　埠	0.68	0.70	0.74	0.64	0.63	0.57	0.51	0.54	0.49	0.51	0.52
淮　北	0.73	0.72	0.62	0.56	0.61	0.54	0.55	0.58	0.57	0.56	0.55
阜　阳	0.69	0.63	0.81	0.69	0.71	0.64	0.61	0.64	0.62	0.60	0.64
亳　州	0.85	0.87	0.78	0.65	0.85	0.77	0.72	0.84	0.79	0.74	0.72
宿　州	1.00	0.89	0.80	0.82	0.69	0.60	0.60	0.65	0.61	0.59	0.58
六　安	0.70	0.66	0.53	0.61	0.77	0.68	0.61	0.64	0.66	0.60	0.73
徐　州	0.76	0.66	0.66	0.61	0.68	0.67	0.66	0.75	0.79	0.81	0.81
连云港	0.57	0.53	0.49	0.47	0.47	0.50	0.54	0.64	0.67	0.72	0.67
淮　安	0.55	0.53	0.51	0.49	0.47	0.46	0.47	0.71	0.75	0.76	0.76
宿　迁	0.70	0.92	0.56	0.55	0.54	0.58	0.53	0.69	0.71	0.68	0.69
盐　城	0.89	0.86	0.82	0.82	0.83	0.82	0.82	1.00	0.99	1.00	1.00
扬　州	0.82	0.83	0.83	0.81	0.76	0.80	0.84	0.90	0.92	0.93	0.97
泰　州	0.84	0.79	0.77	0.76	0.77	0.79	0.85	1.01	1.00	1.00	1.00
南　通	0.70	0.69	0.70	0.73	0.77	0.76	0.80	0.89	0.97	0.91	1.00
南　京	0.68	0.74	0.77	0.80	0.84	0.81	0.83	0.90	0.94	0.95	1.00
镇　江	0.91	0.85	0.88	0.88	0.90	0.86	0.85	1.00	1.00	1.00	1.00
菏　泽	0.50	0.43	0.48	0.51	0.70	0.71	0.77	0.99	1.00	0.99	0.92
济　宁	0.74	0.70	0.91	0.91	0.96	0.83	0.79	0.92	0.84	0.77	0.76
枣　庄	0.70	0.66	0.75	0.84	0.87	0.86	0.83	0.85	0.78	0.72	0.71
临　沂	0.60	0.54	0.79	0.74	0.74	0.67	0.68	0.85	0.66	0.64	0.60
日　照	0.77	0.60	0.70	0.68	0.64	0.61	0.64	0.71	0.75	0.73	0.73
淄　博	0.77	0.73	0.89	1.00	1.00	0.96	0.98	1.00	1.00	0.94	0.93
泰　安	0.66	0.63	0.74	0.80	0.86	0.84	0.86	0.86	0.88	0.91	0.90

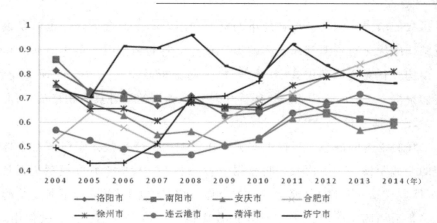

图 3—4　淮河流域部分城市资源利用效率评价指数

表 3—8 列出来 2004—2014 年 11 年间淮河流域 38 地市的全部资源利用效率评价指数。为了更加直观地反映数据呈现的趋势，我们选取部分城市的数据以图形的形式给出，见图 3—4，观察可知，这些城市的资源利用效率综合评价指数在这 11 年间有升有降，但总体上看，也存在着一定的趋势，即呈现出波动上升的趋势。而且有些城市的资源利用效率上升幅度较大，比如菏泽市在 2004 年的资源利用效率为 0.495，2008 年上升到 0.703，并在 2012 年达到 DEA 有效。

（三）计量分析

1. 模型的设定

本节的研究目的是探讨产业结构优化对淮河流域资源利用效率的影响，为了达到此研究目的，我们构建如下面板模型：

$$CZ_{it} = \alpha_0 + \alpha_1 CX_{it} + \varepsilon_{it} \qquad (3.9)$$

其中：i 表示淮河流域地市；t 表示时间；CX_{it} 与 CZ_{it} 分别表示淮河流域地市 i 市在第 t 年的产业结构综合指数与资源利用效率评价指数。当 $\alpha_1 > 0$ 时，随着淮河流域各地市产业结构综合评价指数的增大，淮河流域各地市的资源利用效率也会提高，也就是说产业结构的优化对资源利用的提升具有积极的作用；当 $\alpha_1 < 0$ 时，随着淮河流域各地市产业结构综合评

价指数的增大，淮河流域各地市的资源利用效率反而会下降，也就是说产业结构的优化对资源利用效率的提升具有反向的副作用。鉴于前面对于产业结构优化对资源利用效率的影响机理的分析以及发达国家的现实经验，我们猜测 $\alpha_1 > 0$，即产业结构的优化对资源利用的提升具有积极的作用。

2. 实证分析

我们常用的静态面板模型有无个体影响的不变系数模型以及有个体影响的变截距模型。下面我们将根据 F 检验和 LM 检验来判断模型是否具有"个体效应"，当判断出模型具有"个体效应"之后，再进行霍斯曼检验来选择是采用固定效应模型还是随机效应模型。由于在 STATA 软件中，F 检验、LM 检验以及霍斯曼检验分别是在固定效应模型和随机效应模型估计出来之后给出的，所以接下来先估计模型再给出检验结果。

下面运用 STATA 软件对数据进行分析处理。

（1）检验模型是否具有"个体效应"

首先运用 STATA 命令"*xtreg cz cx，fe*"进行固定效应模型的估计，结果见表 3—9。

表 3—9　固定效应模型的估计结果

cz	Coef.	Std. Err.	t	p> ∣ t
cx	0.1566	0.0662	2.36	0.019
c	0.39959	0.1449	2.73	0.007
F test that all $u_i = 0$：$F(37, 379) = 13.99$			Prob$>F=0.000$	

在输出结果的最后一栏列出了一个 F 检验结果，其原假设为 H_0：$u_i = 0, i = 1、2、3、4$，若 $F \geqslant F_\alpha$ 或者 $p \leqslant \alpha$，则拒绝 H_0，认为 FE 明显优于混合回归，应该允许每位个体拥有自己的截距项。由于结果中 F 检验的 p 值非常小接近于 0，故拒绝原假设，即认为固定效应模型比混合回归模型更加适合。

再运用 STATA 命令"*xtreg cz cx，re*"进行随机效应模型的估计，估计结果见表 3—10。

表 3－10　　随机效应模型的估计结果

cz	Coef.	Std. Err.	t	p> | t
cx	0.1568	0.0604	2.59	0.009
c	0.3954	0.1333	2.97	0.003

在进行随机效应模型的估计之后，我们可以进行一个检验个体效应的 LM 检验（LM test for individual-specific effects），其原假设为"$H_0: \sigma_u^2 = 0$"，而备择假设为"$H_0: \sigma_u^2 \neq 0$"。如果拒绝原假设，则说明模型中存在反映个体特征性的随机扰动项 ui，即模型具有个体效应，不使用混合模型。该 LM 检验的 STATA 命令为"xttest0"，检验结果见表 3－11。

表 3－11　　检验结果

Estimated resultes	$sy[state, t] = xb + u[state] + e[state, t]$	
	Var	Sd=sqrt（Var）
sz	0.0202	0.1423
e	0.0091	0.0958
u	0.0111	0.1057

Test：Var（u）=0

Chibar2（01）=598.15

Prob>chibar2=0.0000

表 3－11 显示，LM 检验的 p 值非常小接近于 0，检验结果强烈拒绝原假设：不存在个体随机效应，故可以认为模型不适合运用"混合回归"。

（2）霍斯曼检验

在判断出面板模型具有个体效应之后，究竟使用固定效应模型还是随机效应模型，我们用霍斯曼检验来确定。由于前面我们已经储存了相关结果，故可以直接进行霍斯曼检验，霍斯曼检验的 STATA 命令为"Hausman fe re"，检验结果见表 3－12。

表 3—12　检验结果

	coefficients			
	固定效应 b	随机效应 B	(b－B) 差异性	S. E.
x	0.1566	0.1568	－0.00019	0.0271
	Chi2 (1) ＝0.00		Prob＞chi2＝0.9942	

表 3—12 显示，霍斯曼检验的 p 值为 0.9942，故接受原假设"$H_0 : U_i$ 与 X_{it}，Z_i 不相关"，随机效应模型是最有效率的，故这里应该使用随机效应模型。

（3）模型估计结果

表 3—13　估计结果

cz	Coef.	Std. Err.	t	p＞｜t
cx	0.1568	0.0604	2.59	0.009
c	0.3954	0.1333	2.97	0.003

根据前面随机效应模型的估计结果，模型中截距项的 p 值为 0.003，在 5% 的显著性水平下显著，拒绝原假设 "$H_0 : \alpha_0 = 0$"，且 c 的估计值为 0.3954；资源利用效率的 p 值为 0.009，在 5% 的显著性水平下显著，拒绝原假设 "$H_0 : \alpha_0 = 0$"，且其系数估计值为 0.1568。

由此可得随机效应模型的表达式：

$$CZ_{it} = 0.1568 + 0.3954CX \tag{3.10}$$

由此看出，产业结构的优化对淮河流域资源利用效率的提升具有积极的正向影响，当产业结构的综合评价指数提高 0.1 时，资源的利用效率提升 0.01568。这一结果也证明了之前模型设定时的猜想：$\alpha_1 > 0$，与发达国家的经验相符。

三、淮河流域产业转型升级与生态环境优化协同发展路径研究

不同的产业结构具有不同的资源利用方式，进而对生态环境产生影响，即产业发展对生态环境的胁迫效应；环境治理通过污染避难所效应会影响产业的空间分布，即环境治理对产业发展的约束效应。首先，从胁迫效应和约束效应入手，探讨产业转型升级与生态环境优化的交互作用，建立产业结构优化与生态环境优化协同发展的理论框架，系统分析淮河流域产业转型升级与生态环境优化协同发展机理。其次，基于协同学理论以及上述的协同发展机理分析，构建并测度淮河流域产业转型升级与生态环境优化协同度。最后，基于第二部分协同度的测算结果，分析两者非协同的原因，主要归结为：一是产业转型升级滞后于生态环境优化导致的非协同（产业转型升级滞后型），二是生态环境优化滞后于产业转型升级导致的非协同（生态环境优化滞后型），在此基础上，分别提出产业转型升级滞后型和生态环境优化滞后型地区的协同发展路径。

（一）产业转型升级与生态环境优化协同发展的内在机理分析

产业结构是指国民经济的各个产业、部门及部门内部各要素之间的生产联系和构成。产业结构优化升级会引起社会资源以及自然资源利用形态、方式的改变，主要包括资源内部不同种类的配置比例、在各产业的比例和各地区比例，即产业结构的改变决定了各种资源在不同产业、不同地区的配置比例。资源的消耗水平与种类取决于产业结构，而资源的消耗水平与种类又决定着环境质量的优劣，因此，产业结构与环境质量存在着密切的联系。我们把产业结构与环境质量两个系统相互作用、彼此影响的发展机理叫作协同发展。

产业结构的直接表现是各种资源在不同部门的配置。各产业通过消耗能源资源不断地向当地的生态环境系统排放废弃物进而影响着该区域的环境质量，也就是产业结构对环境质量的胁迫效应，产业结构的差异对应着

资源利用方式的不同，资源利用方式的不同又决定着资源的生态效应，资源的过度开采会使资源生态受到削弱，进而加剧环境的压力。而环境质量的恶化又会严重影响该地区居民的生活，居民通过各种形式的反馈影响着该地区决策部门和市场主体，进而决策部门和市场主体通过政策干预手段和市场化调节手段控制着经济活动的强度及其方式以达到改善环境质量的目的，即环境质量对产业结构的约束效应。环境质量的恶化破坏着资源生态，严重的会使生态失衡，经济活动的成本也随之提高，从而导致人才、技术和资金的流失，经济增长的动力殆尽，产业结构调整的压力进一步加大，产业结构的调整要以环境容量为限。经济活动对环境产生的影响取决于经济体系中经济发展的方式——产业结构的类型，也就是说产业结构在经济活动与环境质量之间充当了纽带的作用，既是各种生产要素的"资源转换器"，又是各种污染物种类和数量的"控制体"。

（二）淮河流域产业转型升级与生态环境优化协同度评价研究

如上所述，产业结构与生态环境质量两个系统相互作用、彼此影响的发展机理叫作协同发展，为了客观地描述两者的协同度，这一部分我们将构建一个能够反映这一评价的指标——产业环境协调度。产业环境协调度是指经济发展过程中，产业结构与生态环境彼此和谐一致、相互作用、共同发展的程度。产业环境协调度可利用线性加权平均法进行计算：

$$Z = X \times W_x + Y \times W_y \tag{3.11}$$

式 3—11 中：Z 为产业环境协调度；X、Y、W_x、W_y 分别为产业结构评价指标、环境质量评价指数及其权重。

这里的产业结构评价指标、环境质量评价指标直接引用第一部分计算得出的数据，故这里只需根据上述产业环境协调度的计算公式来测算即可，测算的结果如表 3—14 所示。

表 3—14 淮河流域 38 地市 2004—2014 年产业环境协调度

年份\地区	2004	2005	2006	2007	2008	2009	2010	2011	2012	2013	2014
洛 阳	0.060	0.063	0.039	0.080	0.091	0.143	0.127	0.129	0.177	0.213	0.405
南 阳	0.035	0.062	0.116	0.191	0.202	0.214	0.237	0.252	0.278	0.302	0.372
平顶山	0.058	0.040	0.055	0.102	0.049	0.078	0.087	0.090	0.202	0.233	0.391
漯 河	0.118	0.044	0.067	0.157	0.053	0.111	0.138	0.168	0.219	0.248	0.399
许 昌	0.061	0.038	0.084	0.127	0.134	0.149	0.214	0.136	0.186	0.199	0.357
郑 州	0.056	0.096	0.127	0.197	0.115	0.182	0.111	0.073	0.151	0.172	0.408
开 封	0.182	0.053	0.117	0.208	0.274	0.294	0.242	0.265	0.294	0.315	0.351
信 阳	0.058	0.184	0.231	0.325	0.337	0.305	0.253	0.298	0.313	0.330	0.379
商 丘	0.053	0.062	0.099	0.164	0.202	0.199	0.235	0.254	0.283	0.305	0.380
驻马店	0.059	0.089	0.131	0.214	0.255	0.296	0.263	0.226	0.238	0.259	0.355
周 口	0.053	0.099	0.139	0.264	0.269	0.246	0.239	0.268	0.301	0.318	0.365
安 庆	0.046	0.252	0.342	0.360	0.343	0.264	0.252	0.235	0.254	0.331	0.349
合 肥	0.065	0.340	0.293	0.274	0.227	0.219	0.200	0.122	0.129	0.149	0.166
滁 州	0.183	0.044	0.163	0.310	0.245	0.132	0.169	0.104	0.143	0.193	0.366
淮 南	0.230	0.282	0.271	0.358	0.163	0.128	0.105	0.075	0.136	0.204	0.352
蚌 埠	0.042	0.269	0.280	0.339	0.314	0.260	0.240	0.208	0.230	0.234	0.296
淮 北	0.038	0.260	0.341	0.367	0.228	0.188	0.153	0.068	0.104	0.106	0.279
阜 阳	0.084	0.306	0.260	0.279	0.240	0.280	0.292	0.263	0.297	0.312	0.370
亳 州	0.059	0.175	0.230	0.290	0.306	0.284	0.270	0.242	0.267	0.286	0.354
宿 州	0.064	0.170	0.185	0.291	0.315	0.312	0.305	0.256	0.280	0.309	0.363
六 安	0.044	0.278	0.294	0.356	0.288	0.276	0.263	0.262	0.284	0.321	0.341
徐 州	0.049	0.041	0.096	0.149	0.174	0.203	0.267	0.280	0.264	0.297	0.369
连云港	0.027	0.097	0.165	0.209	0.229	0.260	0.297	0.283	0.305	0.323	0.352
淮 安	0.050	0.090	0.149	0.190	0.202	0.229	0.276	0.283	0.302	0.335	0.381
宿 迁	0.074	0.089	0.146	0.173	0.225	0.258	0.301	0.298	0.304	0.334	0.368
盐 城	0.053	0.087	0.123	0.173	0.208	0.216	0.259	0.270	0.271	0.284	0.344
扬 州	0.109	0.028	0.075	0.122	0.148	0.163	0.233	0.262	0.299	0.317	0.381
泰 州	0.115	0.069	0.114	0.149	0.152	0.169	0.228	0.247	0.294	0.323	0.373
南 通	0.066	0.069	0.111	0.157	0.162	0.182	0.215	0.225	0.267	0.306	0.374
南 京	0.032	0.130	0.160	0.196	0.244	0.236	0.254	0.273	0.297	0.328	0.373

续表

年份\地区	2004	2005	2006	2007	2008	2009	2010	2011	2012	2013	2014
镇　江	0.084	0.036	0.047	0.112	0.134	0.144	0.214	0.190	0.247	0.275	0.384
菏　泽	0.062	0.087	0.132	0.185	0.211	0.243	0.269	0.293	0.322	0.343	0.358
济　宁	0.157	0.100	0.122	0.151	0.137	0.180	0.181	0.184	0.215	0.247	0.340
枣　庄	0.041	0.033	0.335	0.057	0.068	0.083	0.085	0.097	0.105	0.116	0.124
临　沂	0.066	0.091	0.132	0.168	0.178	0.213	0.251	0.268	0.307	0.330	0.362
日　照	0.044	0.056	0.110	0.137	0.204	0.217	0.229	0.243	0.294	0.322	0.394
淄　博	0.087	0.043	0.087	0.122	0.147	0.206	0.231	0.248	0.292	0.346	0.374
泰　安	0.084	0.046	0.092	0.128	0.156	0.197	0.230	0.246	0.289	0.329	0.380

为了更直观地观察淮河流域 38 地市的产业环境协调度，我们将数据用折线图的形式按省份分四部分别给出。如图 3－5、图 3－6、图 3－7、图 3－8 所示。

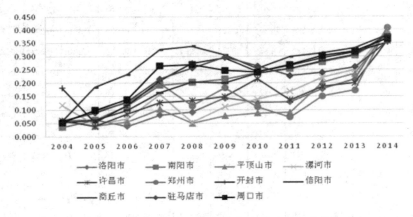

图 3－5　淮河流域河南省部分地市的产业环境协调度

从表 3－14 以及图 3－5、图 3－6、图 3－7、图 3－8 中，我们可以看出淮河流域 4 省 38 个地市的产业环境协调度在 2004—2014 年虽然从总体上来说呈现不断上升的趋势，但产业环境协调度的区域差异性也是存在的，不同的省份以及不同的城市呈现出明显的不同。下面我们从不同的省

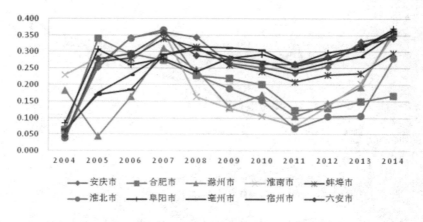

图 3-6 淮河流域安徽省部分地市的产业环境协调度

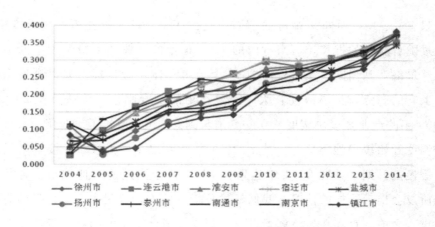

图 3-7 淮河流域江苏省部分地市的产业环境协调度

份和不同的地市这两个层面来分析产业环境协调度。

分省份来看，淮河流域江苏省区域的地市产业环境协调度比较均衡，除扬州、泰州在 2005 年以及镇江在 2005 年、2011 年略有下降之外，其他地市的产业环境协调度几乎在所有年份均呈现缓慢上升的势态，各地市的产业环境离散度较小，并在所研究的后期趋同。

淮河流域河南省和安徽省区域内地市的产业环境协调度波动幅度较大，区域内地市的差异性极大，例如河南省区域内 2008 年平顶山市的数

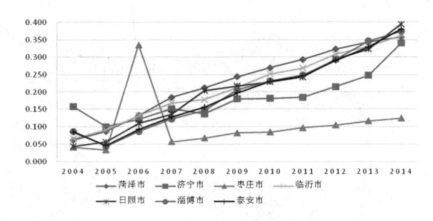

图 3-8　淮河流域山东省部分地市的产业环境协调度

据只有 0.049,而同一年份的信阳市达到了 0.337,两者相差接近 6 倍,不过随着时间的推移,河南省内的 11 个地市的产业环境协调度不断地接近并最终达到趋同。安徽省内的 10 个地市总体上看呈现出先上升后下降再上升的态势,且离散度较大。需要指出的是合肥市,该城市在 2004—2005 年的产业环境协调度从 0.065 增长到 0.340,增长了 4.2 倍,接着其协调度开始缓慢地下降,一直到 2011 年达到最低点 0.122,接下来又进入缓慢上升期,并在 2014 年达到 0.166,低于同期的其他地市。合肥市之所以会出现这样的情况,我们经过分析后发现,合肥作为安徽省的省会城市,之前一直存在经济体量过小、城市建成区不足的问题,近些年安徽省举全省之力建设合肥,为了扩大合肥的城市规模,合肥将原巢湖市市区作为一个县级市并入合肥,增大合肥的经济规模。合肥市大规模招商引资发展工业,使得环境质量有所下降,进而导致产业环境协调度较低。

淮河流域山东省份区域地市的产业环境协调度的走势如果剔除枣庄市的话就会接近于江苏省的各地市,接近于线性的小幅度上升。需要分析的是枣庄市的情况,2005—2006 年,其产业环境协调度急剧上升,并在 2006 年达到最高点 0.335,接下来进入小幅度上升的状态,但一直低于同时期的其他地市。枣庄市之所以会产生这样的情况是因为枣庄市作为一个著名的煤炭资源性城市，虽然在 2009 年成为东部地区受国务院政策支持的唯一转型试点城市，2013 年枣庄又被列为中国老工业城市重点改造城市，但是这种转型更多只是停留在政府的政策文件上，实际产业转型效果并不理想。

　　基于以上的分析可知，淮河流域江苏省与山东省区域内各地市的产业环境协调度呈现较有规律的接近线性的上升趋势，而淮河流域安徽省与河南省区域内的各地市的产业环境协调度在相同的年份差异性较大，且从长期来看不具有明显的规律性。产生这种不同的原因可能在于，江苏省和山东省内的地市发展比较均衡且发展水平较高，这些地市的经济发展水平相近、产业结构相似，导致环境质量水平也较相近，进而使得产业环境协调度的差异也较小。对于安徽省与河南省区域内的地市，我们的分析是普遍存在着经济发展水平低下的情况，为了发展经济大力提高 GDP，同时也创造了具有污染性的产业，而这种污染性产业对于当地环境的破坏性巨大，当地政府在污染产业和创造 GDP 之间面临着两难选择，进而在产业结构转型和环境质量改善的协同发展过程中呈现出协调度不断波动的状态。

（三）淮河流域产业转型升级与生态环境优化协同发展路径研究

1. 对淮河流域 38 地市进行分类

　　该部分基于第二部分协同度的测算结果，将淮河流域 38 个地市分为产业结构和环境质量两者协同和两者不协同两类。然后分析两者不协同的原因，在此基础上再将不协同的地市进行分类。最后针对产业转型升级与生态环境优化不协同的分类分别提出产业转型升级与生态环境优化协同发展路径。

　　基于上述分析，我们用簇状柱形图来描绘淮河流域 38 地市 2014 年的产业环境协调度，如图 3—9 所示。

　　图 3—9 中将淮河流域 38 个地市分为两类，其中洛阳市、郑州市、平顶山市、合肥市、徐州市、淮南市、淮安市、扬州市、泰州市、南通市、南京市、镇江市、枣庄市、日照市、临沂市、泰安市、淄博市表示产业环

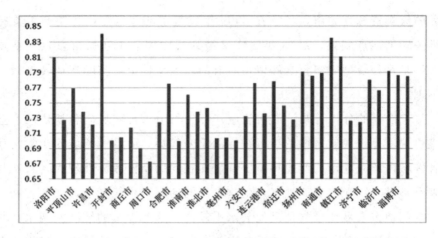

图 3—9　淮河流域 38 地市 2014 年的产业环境协调度

境协调度大于 0.75 的地市，而南阳市、许昌市、漯河市、信阳市、开封市、商丘市、周口市、驻马店市、安庆市、蚌埠市、滁州市、阜阳市、淮北市、亳州市、宿州市、六安市、宿迁市、连云港市、菏泽市、盐城市、济宁市表示产业环境协调度小于 0.75 的地市。前者我们称为产业转型升级与生态环境优化两者协同发展，而后者我们称为产业转型升级与生态环境优化两者非协同发展。协同的地市有洛阳市、平顶山市、郑州市等 17 个地市，非协同的地市有南阳市、漯河市、许昌市等 21 个地市，具体见表 3—15。

表 3—15　淮河流域 38 地市产业转型与生态环境协同发展与非协同发展分类

协同发展的城市	洛阳市、郑州市、平顶山市、合肥市、徐州市、淮南市、淮安市、扬州市、泰州市、南通市、南京市、镇江市、枣庄市、日照市、临沂市、泰安市、淄博市
非协同发展的城市	南阳市、许昌市、漯河市、信阳市、开封市、商丘市、周口市、驻马店市、安庆市、蚌埠市、滁州市、阜阳市、淮北市、亳州市、宿州市、六安市、宿迁市、连云港市、菏泽市、盐城市、济宁市

由表 3—15 可以看出，根据产业环境协调度的临界值为 0.75 的标准，协同发展的城市主要集中在江苏省和山东省区域内，而非协同发展的地市

主要集中在安徽省和河南省。

　　对于非协同发展的城市，我们在对产业结构和环境质量的原始数据分析的基础上，发现有两个原因导致了这种非协同的产生，一是产业转型升级滞后于生态环境优化导致的非协同，二是生态环境优化滞后于产业转型升级导致的非协同。第一种非协同的表现形式在于产业结构低下，这些城市普遍存在着经济发展起步晚，发展水平低，第一、第二产业依旧占据着很大的比重，当地为了发展经济大力引进一些短期内能大量增加 GDP 的工业，从而导致第二产业进一步增加，甚至挤占第三产业的份额，使得第三产业比重下降。第二种非协同的表现形式在于经济发展的过程中环境质量恶化，之后在约束效应的作用下对环境进行治理，但这类城市的环境治理的效果不佳导致生态环境质量优化的滞后。在此分析的基础上，我们将第一种非协同称为产业转型升级滞后型的非协同，第二种非协同称为生态环境优化滞后型的非协同。

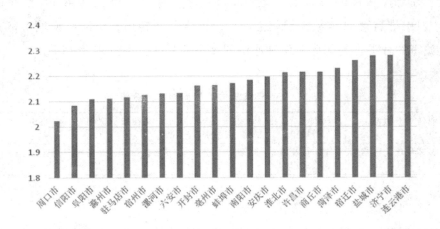

图 3—10　淮河流域非协同地市的产业结构指标

　　图 3—10 和图 3—11 是淮河流域产业转型升级与生态环境优化非协同城市的产业结构和环境质量指标按照指标从小到大进行排序得到，分类将按照以下规则进行，因为这里的产业结构和环境质量指标都是正向指标，

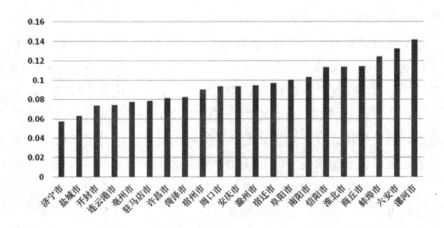

图 3—11 淮河流域非协同地市的环境质量指标

就是说指标数值越小代表着产业结构越低级或者环境质量越差，所以我们按照一个地市在两种指标的排名，在哪一个指标中的排名靠前就把此地市称为在对应指标的滞后型，比如周口市在图 3—10 中排名第 1，而在图 3—11 中排名第 10，故我们就把周口市列为产业转型升级滞后型城市，其他城市的分类也是如此。两种非协同城市的具体分类见表 3—16。

表 3—16 淮河流域非协同地市的分类

产业转型升级滞后型城市	周口市、阜阳市、信阳市、驻马店市、滁州市、漯河市、宿州市、六安市、蚌埠市、淮北市、南阳市、商丘市
生态环境优化滞后型城市	济宁市、盐城市、开封市、连云港市、亳州市、许昌市、菏泽市、安庆市、宿迁市

2. 协同发展路径研究

最后针对两种非协同的类型分别提出产业转型升级滞后型和生态环境优化滞后型地区的协同发展路径。

（1）产业转型升级滞后型城市的协同发展路径研究

对于产业转型升级滞后型的城市，在选择协同发展路径的时候主要考虑的是如何快速有效地实现产业转型和升级，弥补产业转型升级滞后这一短板。

转型与升级是两个既互相联系又相互区别的概念，为了弄清楚"转型"和"升级"的区别，这里引入"纵向产业结构"和"横向产业结构"两个概念进行分析（郑健壮、徐寅杰，2012）。产业的发展既包括纵向的提升也包括横向的提升。以纵向提升为主的结构调整为"转型"，而在纵向产业结构不变的前提下，某一产业由低级走向高级的横向移动被称为"升级"（见图3—12）。

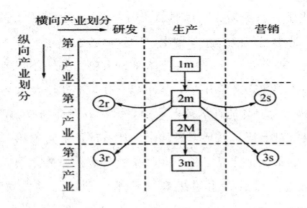

图 3—12　转型和升级示意图

我们分别用 r、m、s 表示研发、生产、营销环节，那么从图3—12可知产业转型升级的发展路径有4条：产业间转型（$1m \rightarrow 2m \rightarrow 3m$）、产业内转型（$2m \rightarrow 2M$）、产业的升级（$2m \rightarrow 2r$ 或 $2s$）、产业间转型升级（$2m \rightarrow 3r$ 或 $3s$）。

通过这4条发展路径，不仅可以使得产业结构得到转型升级，而且会使得资源消耗和环境污染物排放量减少，从而提高环境质量，以实现产业转型升级与生态环境优化的协同发展。

（2）生态环境优化滞后型地区的协同发展路径

对于生态环境优化滞后型的城市，在选择协同发展路径的时候主要考虑的是如何能够有效地减少资源的消耗和污染物的排放以达到生态环境的优化，弥补生态环境优化滞后这一短板。

生态环境的恶化主要是由于废弃污染物的排放量过多，超出了生态系统自我净化的范围。从产业结构的角度来看，废弃污染物的排放主要有以下源头：①第一产业中大量使用化肥、杀虫剂、除草剂等化学物质的农田流出的水；②第二产业中工厂排出的废水、废气和固体废弃物；③第三产业中零售、餐饮、交通服务业排出的烟、气、脏水垃圾。

针对以上列出的三种污染源分别提出不同的发展路径来优化生态环境。

a. 减少化肥、杀虫剂、除草剂的使用，走绿色生态农业的发展道路。

绿色农业是指在传统农业基础上，吸收高新农业生产技术，大力发展无公害、有机农业产品。走绿色生态农业的发展道路，不仅能减少农业污染物的排放，改善生态环境质量，还可以优化调整第一产业内部结构。

b. 淘汰高污染、高能耗的落后产业，大力发展高新技术产业。

第二产业是对淮河流域环境破坏最为严重的产业，而第二产业中的高耗能、高污染的重化工业是各种工业污染物排放的重要来源，迁出这些高污染的重化工业，然后大力引进高新技术产业，可以大大地改善环境质量。

c. 将传统服务业向着现代化、信息化转变。

在淮河流域的第三产业中，传统服务业如餐饮、批发零售、交通运输业占据着很大的比重，这些行业常常排放着烟、气、脏水垃圾等废弃物，严重污染着环境。所以将第三产业由低技术含量的、劳动密集型的服务业转变为高技术密集型的、现代的服务业并将现代信息技术、自动化技术以及现代化管理方法运用到服务业中，使传统服务业向着现代化、信息化的方向转变。

以上三条路径的选择，不仅可以改善环境质量，而且可以调整优化产业内以及产业间的结构，进而使得淮河流域产业转型升级与生态环境优化协同发展。

四、产业结构优化对淮河流域经济发展方式转变的影响研究

本节首先阐述了产业结构优化对经济发展方式转变影响的机理分析，接着测算出产业结构优化和经济发展方式转变两个指标数值（产业结构优化指标直接引用第二部分的数据，这里不再给出计算步骤），最后构建一个计量模型来研究产业结构优化对淮河流域经济发展方式转变的影响。

（一）产业结构优化对经济发展方式转变影响的机理分析

所谓产业结构优化也就是产业结构的转型与升级以及产业结构的高级化和合理化。产业结构的直接表现是各种资源在不同产业部门之间和产业部门内部的配置。那么产业结构优化就表现为各种资源在不同产业部门之间和产业部门内部的配置向着高级化和合理化发展。

经济发展方式是指推动经济发展的各种生产要素投入、组合和使用的方式，经济发展方式划分为两个类型，一个是注重依靠生产要素投入增长来推动经济发展的方式，称之为粗放型经济发展方式，也叫外延性或数量性的发展方式，另一个是基于提高生产要素的使用质量来推动经济发展的方式，称之为集约型发展方式，也叫内涵性或者质量性经济发展方式。而经济发展方式的转变就是从粗放型发展方式转变为集约型发展方式的过程（邓子基，2000）。

关于产业结构优化和经济发展方式转变的研究，现有的文献主要的观点是产业结构优化既是经济发展方式转变的主要途径又是经济发展方式转变的主要内容。通过各种投入要素在不同产业部门之间和产业部门内部进行有效的配置，从而使得整体经济的生产效率不断提高，即经济发展方式发生了从粗放型发展方式向集约型发展方式的转变。

（二）淮河流域经济发展方式转变指标的构建、测算与评析

1. 经济发展方式转变指标的构建

对于经济发展方式转变的衡量方法，从已有的文献来看，主要的衡量

方法有单指标评价方法和多指标评价方法两类。前者主要是用 TFP 来衡量，而多指标评价方法一般是通过主成分分析法、熵值法、层次分析法、专家评价等主客观方法来确定权重，并进一步运用综合加权方法对经济发展方式转变的效率进行评价。这里我们将采用单指标评价方法 TFP 来衡量经济发展方式。

而对于 TFP 的测算，我们用 Mlmquish-DEA 方法得到，用全要素生产率来表示经济发展方式转变的效率。在这里我们选取 1 个输出指标和 4 个输入指标。

关于输入指标（INPUTS），我们选取劳动力投入、资本投入、环境投入、资源投入这四个指标。鉴于数据选取的科学性、可获得性和系统性，我们以淮河流域 38 个地市 2004—2014 年的从业人员年末人数、固定资产投资额、工业废水排放量、全社会用电总量分别作为劳动力投入、资本投入、环境投入、资源投入这四个指标。以淮河流域 38 个地市 2004—2014 年的地区生产总值作为输出指标（OUTPUTS）。以上选取的数据均来自《中国城市统计年鉴》（2005—2015 年）。

接下来利用 deap2.1 软件对上述选取的投入、产出数据运用 Malmquist 指数法对淮河流域各地市全要素生产率（TFP）进行测算。

2. 经济发展方式转变指标的评析

（1）淮河流域整体经济发展方式转变测算与评析

利用软件 deap2.1 对淮河流域 38 个地市 2004—2014 年的 4 个投入、1 个产出数据运用 Malmquist 指数法测算淮河流域各地市的平均 TFP 来代表淮河流域整体的 TFP，测算的具体结果见表 3—17。

根据表 3—17 的测算结果，可以看出淮河流域在 2004—2014 年期间整体全要素生产率年均增长率为 1.9%，对经济增长的贡献度为 9.588%，说明淮河流域 TFP 对经济增长的推动作用不太明显。分具体年份来看，TFP 对经济增长贡献度为负的有三年，分别为 2004—2005 年、2008—2009 年以及 2012—2013 年，2004—2005 年 TFP 的大小为 0.5%，后呈现增加趋势达到 2007—2008 年的 42.94%，接着 2008—2009 年 TFP 对经济增长的贡献度达到了十年最低点－45.55％，说明国际金融危机带来的冲击对淮河流域的经济发展产生了巨大的影响，导致了技术性要素等对经济发展的推动作用出现了短暂的停滞，随后 TFP 对经济增长贡献率逐步增加并在 2010—2011 年达到十年间最高点 48.04％，说明政府为应对金融危机采取的一系列刺激经济的政策抵消了金融危机的短期波动影响，随着政府经济刺激计划的积极作用逐步殆尽，TFP 又呈现逐渐下降趋势，具体见图 3－13。

表 3－17　淮河流域全要素生产率分解及对经济增长贡献度（2004—2014 年）

年份	EFFCH	TECHCH	PECH	SECH	TFPCH	实际经济增长率（％）	TFP 对经济增长贡献度（％）
2004—2005	1.037	0.96	1.03	1.004	0.995	18.08	－2.77
2005—2006	0.968	1.054	0.97	0.997	1.02	17.38	11.50
2006—2007	0.983	1.028	0.98	0.996	1.011	19.11	5.76
2007—2008	1.011	1.075	1.00	1.003	1.087	20.26	42.95
2008—2009	1.01	0.936	1.01	0.995	0.945	12.07	－45.55
2009—2010	0.988	1.013	0.99	0.998	1.001	19.85	0.50
2010—2011	1.035	1.054	1.03	1.004	1.09	18.73	48.05
2011—2012	0.958	1.062	0.97	0.985	1.018	11.66	15.44
2012—2013	0.992	0.999	0.99	0.999	0.991	10.37	－8.68
2013—2014	1.024	1.004	1.02	1.003	1.028	9.76	28.68
2004—2014	1.0006	1.0185	1.002	0.998	1.019	15.728	9.588

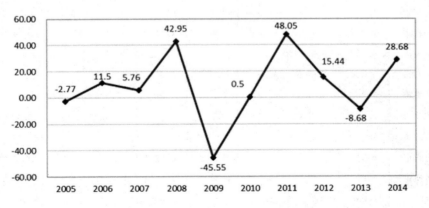

图 3－13　淮河流域全要素生产率（TFP）对经济增长的贡献度

（2）淮河流域各地市经济发展方式转变测算与评析

运用 Malmquist 指数法，并利用 deap2.1 软件进一步测算了淮河流域 38 个地市 2004—2014 年期间年均 EFFCH、TECHCH 以及 TFPCH，并整理计算得到 TFP 对经济增长的贡献度，具体情况见表 3－18 和图 3－14。

表 3－18　淮河流域 38 个地市全要素生产率分解及对经济增长贡献度（10 年平均值）

地区	EFFCH	TECHCH	PECH	SECH	TFPCH	实际经济增长率（%）	TFP 对经济增长贡献度（%）
洛阳市	0.995	1.034	0.98	1.008	1.029	13.756	21.082
南阳市	0.993	0.980	0.97	1.016	0.973	11.594	−23.288
平顶山市	0.964	0.983	0.96	0.997	0.947	13.296	−39.860
漯河市	0.981	0.993	1.00	0.981	0.974	12.906	−20.145
许昌市	1.000	1.010	1.00	1.000	1.010	15.002	6.666
郑州市	0.995	1.079	0.99	0.999	1.074	17.269	42.852
开封市	0.966	0.972	0.97	0.993	0.939	15.745	−38.742
信阳市	1.011	1.026	1.01	1.001	1.037	15.003	24.662
商丘市	0.995	1.003	0.99	1.004	0.998	14.052	−1.423
驻马店市	0.984	0.960	0.98	0.999	0.944	14.263	−39.263
周口市	1.000	0.998	1.00	1.000	0.998	14.331	−1.396
安庆市	1.003	0.975	0.99	1.009	0.977	14.695	−15.652
合肥市	1.037	1.108	1.03	1.000	1.150	24.272	61.799
滁州市	0.969	0.983	1.00	0.969	0.952	13.067	−36.734
淮南市	0.980	0.989	1.02	0.956	0.970	13.916	−21.558
蚌埠市	1.001	0.984	1.01	0.990	0.984	15.881	−10.075
淮北市	0.985	1.003	1.00	0.985	0.988	16.209	−7.403
阜阳市	1.031	0.971	1.03	1.001	1.002	16.270	1.229
亳州市	1.011	0.960	1.00	1.011	0.971	14.677	−19.758
宿州市	0.973	0.974	0.97	0.995	0.947	15.115	−35.065
六安市	1.036	0.974	1.03	1.000	1.009	15.783	5.702
徐州市	1.005	1.018	0.99	1.008	1.023	16.308	14.104
连云港市	0.998	1.077	0.99	1.002	1.075	16.791	44.667

续表

地区	EFFCH	TECHCH	PECH	SECH	TFPCH	实际经济增长率（%）	TFP对经济增长贡献度（%）
淮安市	1.025	1.024	1.02	1.002	1.050	17.228	29.023
宿迁市	1.019	1.026	1.02	0.998	1.046	19.121	24.057
盐城市	1.000	1.065	1.00	1.000	1.065	15.975	40.689
扬州市	1.000	1.064	1.00	1.000	1.064	16.717	38.283
泰州市	1.002	1.077	1.00	1.002	1.079	16.935	46.650
南通市	1.012	1.075	1.00	1.012	1.087	16.513	52.686
南京市	1.000	1.106	1.00	1.000	1.106	16.533	64.116
镇江市	1.000	1.062	1.00	1.000	1.062	15.331	40.440
菏泽市	1.076	1.005	1.05	1.016	1.080	19.791	40.423
济宁市	0.995	1.012	0.99	1.001	1.007	13.176	5.313
枣庄市	1.002	1.004	1.00	0.997	1.005	14.680	3.406
临沂市	0.993	1.022	0.97	1.014	1.014	13.435	10.421
日照市	0.985	1.012	1.00	0.982	0.997	15.312	−1.959
淄博市	0.998	1.020	1.00	0.998	1.018	12.591	14.296
泰安市	0.999	1.072	1.00	0.999	1.071	15.156	46.847

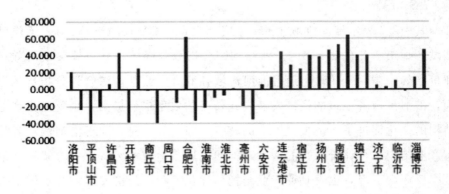

图 3—14　淮河流域 38 个地市 2004—2014 年年均 TFP 对经济增长的贡献度（%）

从表 3—18 和图 3—14，我们可以看出，淮河流域 38 个地市 2004—2014 年年均 TFP 对经济增长的贡献率差异性极大，也意味着淮河流域 38 个地市的经济发展方式转变的差异性极大。38 个地市中有 15 个城市的

TFP为负值、23个城市的TFP为正数，全要素生产率为负值或者TFP对经济增长的贡献度小于零的城市，意味着全要素生产率对这些城市的经济增长没有任何积极的推动作用。同时，我们还发现TFP为负值的城市主要集中在淮河流域的安徽和河南两个省份，而TFP为正数的城市集中在江苏与山东两个发展水平较高的省份，其中，江苏省10个城市的TFP贡献率均为正数且都保持在较高的水平，山东省7个城市只有日照市的TFP贡献率为负数。进而可以粗略地看出一个地区经济发展方式转变效率的高低与该地区的经济发展水平具有很大的相关性，而经济发展水平往往又决定着该地区的产业结构的合理性水平。根据这一判断，我们在下一部分将给出产业结构优化对淮河流域经济发展方式转变影响的模型设定与实证分析。

（三）计量分析

1. 模型的设定

本节的研究目的是探讨产业结构优化对淮河流域经济发展方式转变的影响，为了达到此研究目的，我们构建如下面板模型：

$$CS_{it} = \alpha_0 + \alpha_1 CX_{it} + \varepsilon_{it} \tag{3.12}$$

其中：i表示淮河流域地市；t表示时间；CX_{it}与CS_{it}分别表示淮河流域各地市i市在第t年的产业结构综合指数与经济发展方式转变的效率评价指标。当$\alpha_1 > 0$时，随着淮河流域各地市产业结构综合评价指数的增大，淮河流域各地市的经济发展方式转变的效率也会提高，也就是说产业结构的优化促进了经济发展方式的转变；当$\alpha_1 < 0$时，随着淮河流域各地市产业结构综合评价指数的增大，淮河流域各地市的经济发展方式转变的效率反而会下降，也就是说产业结构的优化不利于经济发展方式的转变效率的提升。鉴于前面对于产业结构优化对经济发展方式转变的影响机理的分析以及上述对数据的初步分析，我们猜测$\alpha_1 > 0$，即产业结构的优化对经济发展方式转变效率的提升具有积极的促进作用。

2. 实证分析

我们常用的静态面板模型包括固定效应模型和随机效应模型。下面我们将根据霍斯曼检验来选择是采用固定效应模型还是随机效应模型。由于在 STATA 软件中,霍斯曼检验分别是在固定效应模型和随机效应模型估计出来之后给出的,所以接下来先估计模型再给出检验结果。

下面运用 STATA 软件对数据进行分析处理。

(1)固定效应模型估计

首先运用 STATA 命令"xtreg cz cx,fe"进行固定效应模型的估计,结果见表 3-19。

表 3-19　固定效应模型的估计结果

cz	Coef.	Std. Err.	t	p> | t
cx	7.5769	8.7708	0.86	0.388
c	−14.1571	19.2449	−0.74	0.462

在输出结果的最后一栏列出了一个 F 检验结果,其原假设为 H_0: $u_i = 0, i = 1$、2、3、4,若 $F \geqslant F_a$ 或者 $p \leqslant \alpha$,则拒绝 H_0,认为固定效应模型明显优于混合回归模型。由于检验结果中 F 检验的 p 值接近于 0,故认为固定效应比混合回归模型更加适合。

(2)随机效应模型估计

再运用 STATA 命令"xtreg cz cx,re"进行随机效应模型的估计,估计结果见表 3-20。

表 3-20　随机效应模型的估计结果

cz	Coef.	Std. Err.	t	p> | t
cx	20.908	4.7965	4.36	0.000
c	−43.394	10.5409	−4.12	0.000

(3)霍斯曼检验

在判断出面板模型具有个体效应之后,究竟使用固定效应模型还是随机效应模型,我们用霍斯曼检验来确定。由于前面我们已经储存了相关结

果，故可以直接进行霍斯曼检验，霍斯曼检验的 STATA 命令为
"Hausman fe re"，检验结果见表 3—21。

表 3—21　霍斯曼检验结果

	coefficients			
	(b) fe	(B) re	(b—B) difference	Sqrt（diag［v_b-v_B］） S. E.
x	7.5769	20.9083	−13.3314	7.3431
	Chi2（1）=3.30		Prob＞chi2=0.0694	

表 3—21 显示，霍斯曼检验的 p 值为 $0.0694＞0.05$，故接受原假设
"$H_0:u_i$ 与 X_{it}，Z_i 不相关"，随机效应模型是最有效率的，故这里应该使
用随机效应模型。

（4）模型估计结果（见表 3—22）

表 3—22　模型估计结果

cz	Coef.	Std. Err.	t	p＞|t
cx	20.908	4.7965	4.36	0.000
c	−43.394	10.5409	−4.12	0.000

根据前面随机效应模型的估计结果，模型中截距项的 p 值接近于 0，
在 5% 的显著性水平下显著，拒绝原假设 "$H_0:\alpha_0=0$"，且 c 的估计值为
−43.394；资源利用效率的 p 值也接近于 0，在 5% 的显著性水平下显著，
拒绝原假设 "$H_0:\alpha_1=0$"，且其系数估计值为 20.908。

由此可得随机效应模型的表达式：

$$CS_{it}=-43.394+20.908CX \tag{3.13}$$

这意味着，产业结构的优化对淮河流域经济发展方式转变效率的提升
具有积极的正向影响，当产业结构的综合评价指数提高 0.1 时，经济发展
方式转变效率也就是 TFP 值提升 2.0908。这一结果也证明了之前模型设
定时的猜想：$\alpha_1＞0$。

五、结论与研究展望

（一）研究结论

通过构造环境质量、产业结构、资源利用效率、产业环境协调度、经济发展方式转变效率等评价指标，分别研究了产业结构优化对环境质量、资源利用效率、经济发展方式转变的影响，得出以下结论。

（1）环境质量与产业结构之间存在着"N"形曲线特征，即随着产业结构的优化升级，环境质量呈现先上升后下降再上升的"N"形曲线形状。所以，实现产业结构的优化是提升环境质量的主要途径。这种形状与发达国家工业化进程中的环境库兹涅茨曲线呈现倒"U"形有所差别，这种差别的产生是研究区域的发展水平以及政府为应对 2008 年金融危机所进行的经济刺激计划所导致的。

（2）产业结构的优化对淮河流域资源利用效率的提升具有积极的正向影响，当产业结构的综合评价指数提高 0.1 时，资源的利用效率提升 0.01568。所以，实现产业结构的优化是提高淮河流域资源利用效率的主要途径。

（3）针对产业转型升级滞后型的城市，提出四条产业转型升级与生态环境优化协同发展路径：产业间转型；产业内转型；产业的升级；产业间转型升级。针对生态环境优化滞后型的城市，并结合各产业污染物排放的特点提出三条协同发展路径：走绿色生态农业的发展道路；大力发展高新技术产业；将传统服务业向着现代化、信息化转变。

（4）产业结构的优化对淮河流域经济发展方式转变效率的提升具有积极的正向影响，当产业结构的综合评价指数提高 0.1 时，经济发展方式转变效率也就是 TFP 值提升 2.0908。所以，由此得出该章的最后结论，即在资源环境约束下淮河流域要实现经济发展方式的转变的根本途径就是产业结构的优化升级。

（二）研究展望

虽然通过本章的研究，我们论证了产业优化升级是资源环境约束下淮河流域经济发展方式转变的根本途径，但是我们认为对淮河流域经济发展方式转变的路径问题仍留有很多内容，需要做进一步的研究。

首先，本章对于淮河流域经济发展方式的研究是采用 2004—2014 年这 11 年间 4 省 38 个地市的数据进行分析的，为了深入研究这一区域的经济发展方式转变路径，可以增加截面个体的数量和时间的长度，例如将时间长度拓展到 1978—2015 年，或者以淮河流域 163 个县域作为研究对象，更加明确地从不同地理视角上研究经济发展方式转变的途径。

其次，对于淮河流域产业结构优化的研究，本章是基于三次产业产值占比的角度进行分析的，为了深入研究产业结构优化调整，我们可以将产业结构的内涵进一步拓展，比如可以将三产就业人员占比包含进来。另外对于三产结构还可以进一步划分，比如对于一产可以分为农、林、牧、渔业，二产可以划分为采矿业，制造业，电力、燃气及水的生产和建筑业。

再次，对环境质量评价指标的研究，可以寻找到更为合理的分析评价指标体系，比如在三废的基础上再增加森林覆盖面积、人均耕地面积、人均建设用地面积、人均水资源拥有量等能够对环境质量进行反映的指标，来构建更加精准的环境质量指标体系。

最后，在分析产业结构优化对环境质量、资源利用效率、经济发展方式转变的影响过程中，本章运用的是面板模型，为了更深入地研究可以将面板模型加入空间因素，拓展为空间面板模型。

第四章 基于科技优势的淮河流域
承接产业转移研究

从产业结构优化调整上看，承接好产业转移是淮河流域实现经济发展方式转变的重要任务之一。正因为如此，本章将对这一重要问题开展研究。然而，由于经济发展方式转变本身就意味着科技进步，同时淮河流域发展越发受到资源环境约束，因此，淮河流域承接产业转移必须有个正确选择，否则淮河流域发展将恶性循环，不可持续。而基于科技优势承接产业转移正是淮河流域转变经济发展方式的不二选择。为此，本章试图从理论和实证两个方面，对基于科技优势的淮河流域承接产业转移问题进行深入探讨，并提出具体做法。

一、科技进步对淮河流域经济增长的作用研究

这部分内容是本章首先需要说明的，其目的就在于支持本章研究的立论基础。首先对科技进步作用于经济增长的机理进行理论分析，然后建立数理模型，对淮河流域开展实证研究。

（一）科技进步对经济增长影响的理论分析

1. 科技进步的内涵

科技进步的内涵可以从狭义和广义两个方面来深入理解。首先，狭义的科技进步通常是指硬科技进步，也就是自然科学的技术进步，其中主要包含劳动工具的改进与提升，新型材料、能源的开发与应用，产品的改造与创新，工艺流程的进步与引进，劳动者专业水平的提高以及内部管理水平的增强等。其次，对广义科技进步的理解是建立在对狭义科技进步充分

理解的基础上进行的，主要包括硬技术进步和软技术进步，即增加了社会科学的技术进步，具体是指科学发展和技术变革之间相互渗透、相互促进的过程，其中主要包含劳动技术水平的提高、生产过程中工艺的创新、劳动者综合素质的增强、内部管理水平的提高、外部经济环境的改善等。因此，科技进步的内涵可以从两个层面来理解：一是从内部层面出发，即科技活动自身规模与水平的进步与发展；二是从外部层面出发，即科技的进步成为经济发展及社会环境改善的重要影响因素。

2. 科技进步对经济增长的作用机理

邓小平提出过："科学技术是第一生产力。"特别是在科技发展日新月异的今天，我国的经济增长方式正由粗放型增长方式向集约型增长方式转变，因此，科技进步更成为我国经济增长的主要推动力和决定性制约因素。

科技进步对经济增长的作用主要是通过以下五个途径来实现的，具体见图 4－1。

（1）新技术的应用所产生的经济效益

新技术的应用改变了生产要素的投入组合，提高了投入要素的投入—产出比，使资源的生产效率提升到一个新的水平，即使生产函数曲线抬高了，要素的边际产量也增加了，要素的边际成本相应地下降了。图4－2表示了科技进步前后要素的生产函数变化。由时期 0 到时期 1 时，在原技术的情况下，产出从 Q_0 增加到 Q'，而在新技术的情况下，产出增长到 Q_1 的水平，故新技术的使用使得产出增长了（$Q_1 - Q'$），表现在图中即由 B 移到 A。

由图 4－2 可知，在新技术使用后，同样的要素投入却得到了更多的产出，要素投入的增加，使得总产出增加了（$Q_1 - Q_0$），其中因为要素投入数量增加的产出是（$Q' - Q_0$），由于技术进步所带来的产出增加是（$Q_1 - Q'$）。

（2）资源分配效率和产品结构效率的提升

资源分配效率和产品结构效率，这是广义科技进步对经济贡献的一个

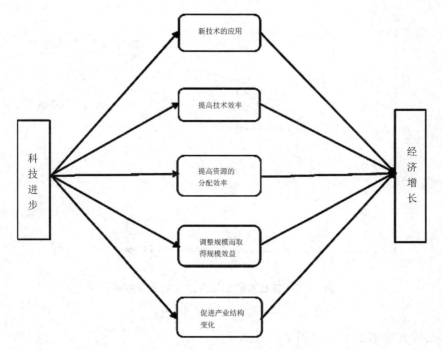

图4-1 科技进步对经济增长作用的五个途径

重要领域。相同的多种要素资源,其要素投入比例可能都是合理的,但其边际产出可能并不相同,如果能够在宏观领域上进行科学配置,同等数量的要素就可以得到更多的产品。另外,产品结构的优化,也能使得相同数量的要素资源得出更多的经济产出,其解释同上述资源分配的道理是相同的。在广义上,上述两方面效率的提升,都称得上是分配效率,该类效率的提升来源于管理、产权结构等软技术水平的上升。

(3)技术效率提升后产生的经济效益

科技进步后,当采用的技术不发生变化,也可以通过提高生产的技术效率来增加新的经济效益。

(4)通过生产规模的调整以达到最优的生产规模,进而取得规模效益

规模效益的产生来自投入要素比例的合理化、科学化,以及生产技术的改进和充分认识并利用外部市场因素。在取得规模效益后,单位产品成

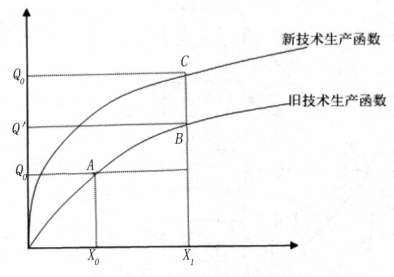

图 4－2　新技术的应用所产生的经济效益

本在现有技术水平下降到了最低水平。

（5）通过改变产业和部门间的要素需求，从而促进产业结构的优化

当科技进步发生时，不同的产业和部门对资本、劳动力、土地等资源要素的需求必定产生变化，这些经济要素就会在这些产业和部门之间进行流动，最终产业结构会达到这样一种状态，即相对于科技水平的进步产业结构达到了最优的状态。故科技进步促进产业结构优化的内在机理可以用要素在不同产业和部门间的流动来加以解释。

（二）科技进步对淮河流域经济增长作用的实证研究

1．科技进步与经济增长模型的构建

（1）柯布-道格拉斯（C-D）生产函数模型和索洛余值法

目前国内外在研究各种因素对经济增长的影响时所用的实证分析方法很多，但是使用最常见的仍然是柯布-道格拉斯（C-D）生产函数和索洛余值法。

其中柯布-道格拉斯（C-D）生产函数的一般形式为：$Y=AK^{\alpha}L^{\beta}$，式中 Y 表示产出，A 表示技术进步水平，K 表示资本投入，L 表示劳动投入，α 表示资本的产出弹性，β 表示劳动的产出弹性。其中 $\alpha+\beta=1$。

由此可以得到索洛增长速度方程为：$y=\mu+\alpha k+\beta l$，式中 y 表示产出的年平均增长速度，μ 表示科技进步速度，k 表示资本投入的年平均增长速度，l 表示劳动投入的年平均增长速度。

从而可以得到：$\mu=y-\alpha k-\beta l$，此式的经济含义表示为科技进步速度（增长率）是由产出的年平均增长速度（增长率）减去经过加权的资本投入的年平均增长速度（增长率）和劳动投入的年平均增长速度（增长率）得到的，此即为"索洛余值法"。

（2）科技进步对经济增长的贡献率

我们用 EA 来表示科技进步对经济增长的贡献率，EA 是反映科技进步对经济增长作用大小的一个综合指标，具体含义是指科技进步对经济增长（即 GDP 增长）的贡献份额，计算公式为 $E_A=\mu/y\times100\%$。

（3）弹性系数 α、β 值

在应用索洛余值法时，首先将资本产出弹性系数 α 和劳动产出弹性系数 β 确定。这两种系数的经济意义为：资本产出弹性系数 α 是指在其他条件不变的情况下，当资本投入每增加百分之 1 时，产出将会增加百分之 α；劳动产出弹性系数 β 是指在其他条件不变的情况下，当劳动投入每增加百分之 1 时，产出将会增加百分之 β。按照国家统计局和国家发改委推荐的资本的弹性系数确定资本、劳动的产出弹性系数分别为：$\alpha=0.35$，$\beta=0.65$。

（4）指标、数据的选择

本章采用的是柯布-道格拉斯（C-D）生产函数和索洛模型相结合的"索洛余值法"测算科技进步贡献率，选取了淮河流域 2003—2014 年的投入—产出数据进行实证分析，时间跨度为 12 年。在测算过程中，为了使测算结果可以正确反映出科技进步和经济增长关系的情况，必须科学地选择分别代表产出量、资金量和劳动量的指标变量。

该部分的实证研究选取淮河流域的地区生产总值为研究对象，地区生产总值是指某一地区在一定时期内运用生产要素所生产的全部最终产品的

市场价值。也是衡量经济增长规模与增长速度的基础指标。为了能够排除价格因素的影响，需要将以当年价格计算的 GDP 转化为以不变价格计算的 GDP。文中的产出指标是以 1990 年为基期折算出的不变价格 GDP 作为统计数据。

从国内外的研究情况来看，劳动量的确定有劳动工资、劳动人数和劳动时间三种方法。就业人员是一个国家或地区一定年龄（通常 16 岁）以上、有劳动能力、实际参加或尚未参加社会经济活动的人口。因此，采用淮河流域每年就业人数来衡量实际的劳动消耗。

为了准确反映资本与经济增长的关系，本部分选取淮河流域的全社会固定资产投资额来衡量资金投入量。为了能够排除价格因素的影响，在此也需要将以当年价格计算的固定资产投资额转化为以不变价格计算的固定资产投资额。文中的资本指标是以 1990 年为基期折算出的固定资产投资额作为统计数据。

2. 科技进步与淮河流域经济增长的相关度检验

由中国城市统计年鉴、各省市统计年鉴、各省市相关网站整理，可以得到淮河流域的地区生产总值（亿元）、从业人员（万人）以及固定资产投资额（亿元），并由此计算整理，得到产出的年平均增长速度（增长率）、资本投入的年平均增长速度（增长率）和劳动投入的年平均增长速度（增长率）。具体如表 4—1 和表 4—2 所示。

表 4—1　淮河流域各年地区生产总值、从业人员、固定资产投资额

年份	Y（亿元）	K（万人）	L（亿元）
2003	6403.1	520.93	12310.42
2004	7448.72	550.27	12481.08
2005	7846.03	558.95	12843.14
2006	8840.4	567.36	13125.78
2007	10092.75	589.56	13471.91
2008	11065.08	642.37	13689.72
2009	12084.73	627.06	14026.49

年份	Y（亿元）	K（万人）	L（亿元）
2010	13346.81	649.51	14326.14
2011	14588.15	692.37	14489.06
2012	15704.38	700.02	14489.67
2013	16904.02	732.675	14720.96
2014	18082.8	758.849	14876.2

表4-2　淮河流域各年地区生产总值、从业人员、固定资产投资额的年平均增长速度

单位：%

年份	y	k	l
2003	10.13	5.65	5.63
2004	10.56	5.64	5.32
2005	10.21	5.37	5.16
2006	10.36	5.12	4.97
2007	10.58	5.05	4.83
2008	10.53	5.26	4.65
2009	10.46	4.85	4.53
2010	10.46	4.78	4.41
2011	10.40	4.87	4.25
2012	10.28	4.70	4.06
2013	10.25	4.70	3.92
2014	10.19	4.66	3.76

根据表4-1和表4-2中的 y、k、l，由公式 $\mu = y - \alpha k - \beta l$，可以得到科技进步速度（增长率）。再由公式 $E_A = \mu/y \times 100\%$ 得到科技进步对产出增长速度的贡献率 E_A，由此得到淮河流域2003—2014年科技进步对经济增长的贡献率如表4-3所示。

表 4－3　淮河流域 2003—2014 年科技进步贡献率

年份	E_A	年份	E_A
2003	44.4	2009	55.6
2004	48.57	2010	56.57
2005	48.76	2011	57.04
2006	51.52	2012	58.35
2007	53.62	2013	59.07
2008	53.79	2014	59.94

由表 4－3 可知，2003—2014 年科技进步对淮河流域经济增长的贡献率呈现上升的趋势，说明淮河流域的科技进步对于其经济增长的作用越来越重要，想要发展淮河流域的经济，提升其科技水平显得尤为重要。

二、 淮河流域科技资源配置效率评价与优势分析

(一) 科技资源的内涵

科技资源 (science and technology resources)，也被称作科技创新资源。法国学者施威认为，科技资源应当包括五种要素，分别是科技财力资源、科技人力资源、科技信息资源、科技装备资源以及科技政策与管理资源。而美国学者马尔持不同观点，他认为科技资源仅仅包括四种要素，也就是除去科技政策与管理资源之外的科技人力资源、科技财力资源、科技装备资源以及科技信息资源。而目前国内的主流观点与马尔的基本相同，认为科技资源包括科技人力资源、科技财力资源、科技物力资源和科技信息资源。但是不管如何界定科技资源的要素，不可否认的是科技资源是科技活动得以开展所必需的物质基础，只有在此基础上才能够创造出科技成果，从而促进整个社会经济发展的各种科技要素的集合。

(二) 淮河流域科技资源配置效率评价

1. 淮河流域科技资源配置效率评价方法

目前关于资源配置效率的评价方法有很多，本部分采取的是数据包络

分析法。数据包络分析（Date Envelopment Analysis，DEA），是由 A. Charnes、W. W. Cooper 和 E. Rhodes 等人于 1978 年创建的。数据包络分析是以相对效率概念为基础，以数学规划为主要工具，以优化为主要方法，根据多指标投入和多指标产出数据对相同类型的单位（部门或企业）进行相对有效性或效益评价的多指标综合评价方法。此外 DEA 方法是纯技术性的，可以与市场（价格）无关。只需要区分投入与产出，不需要对指标进行无量纲化处理，可以直接进行技术效率与规模效率的分析，而无须再定义一个特殊的函数形式，而且对样本数量的要求不高，这是别的方法所无法比拟的。

在 DEA 中，研究的对象是决策单元（DMU）。DEA 将一个生产过程或经济系统看成一个单元，是在一定范围内通过投入一定数量的生产要素并产出一定数量的产品的活动。虽然这种活动的具体内容各不相同，但其目的都是尽可能地使这一活动能够取得最大的"效益"。由于产出是决策的结果，所以这样的单元就被称为决策单元。其特点就是具有一定的投入和产出，并且在将投入转化为产出的过程中，实现自身的决策目标。

DEA 方法的基本思路是通过对投入产出数据的综合分析，得出每个 DMU 综合相对效率的数量指标，确定各 DMU 是否为 DEA 有效。

2. 淮河流域科技资源配置效率评价指标体系构建原则

确定评价指标体系是分析和度量淮河流域科技资源配置效率的工具，评价指标的选取和评价指标体系的设计是否合理，会直接影响到之后综合评价的分析结果。因此评价指标的选取应该遵循以下几项基本原则：

（1）系统性原则。淮河流域的科技系统主要包括两大子系统，即科技投入系统和科技产出系统，每个子系统只有通过选取一些相应的指标才能反映出来，因此，这就要求所建立的评价指标体系必须能够覆盖足够广的范围，能够充分地反映淮河流域科技资源配置的特征。

（2）有效性原则。有效性原则是指构建的评价指标体系必须与所评估对象的内涵和结构相符合。只有坚持这样的原则才能反映出淮河流域科技资源系统配置的真实情况。所测量的结果与实际运行情况联系越密切、相关程度越高，则越能反映系统的结构特征，同时越能够说明该指标体系设计的合理。例如，在分析淮河流域科技资源系统的配置状况时，如果设计的指标不是反映资源配置状况的，而是反映淮河流域经济发展状况的，那么此种指标体系可以直接认定是无效的。

（3）可行性原则。可行性原则指的是指标的设计在满足评价目的的同时，还需要考虑到现实的可能性。为了保证评价工作的顺利实现，需要考虑诸如资料数据获取是否困难、定量指标数据是否真实可靠并有效、数据资料是否具有可量化性、评价指标不宜过多、定性指标和经验指标的选择是否慎重等问题。

3. 淮河流域科技资源配置效率评价指标体系的构建

如前文所述，科技资源是指科技活动中需要的各种投入要素。目前我国的主流观点认为，科技资源包括科技财力资源、科技人力资源、科技物力资源及科技信息资源。而这些要素中，科技财力资源和科技人力资源又处于更加重要的地位，绝大多数时候起到决定性作用。这是因为科技人力资源是科技资源中的根本所在，科技财力资源是科技活动的前提和基础，而科技物力资源和科技信息资源多以财力和物力资源的形式反映出来。由此可以看出，科技活动中的这些要素都是不可或缺的，并且各要素之间相互影响、相互作用。

因此，根据指标设计的可行性原则，本部分的科技投入指标主要从科技人力资源和科技财力资源两个方面进行选取，包括以下四项指标：X_1——普通高等学校数（所）、X_2——R&D 经费支出（万元）、X_3——科技活动经费支出（万元）、X_4——普通高等学校在校学生数（人）。

由于科技产出成果通常可以分为直接产出以及经济发展。本部分主要选取两项指标：Y_1——专利申请授权量（件）、Y_2——地区生产总值增长率（%）。

4. 淮河流域科技资源配置效率评价

本部分利用 DEAP2.1 软件，通过 VRS 模型（假设规模报酬可变），对淮河流域 38 个地（市）2014 年的科技投入、产出状况进行评价，来研究和分析淮河域科技资源配置效率的相对有效性和规模收益状况。数据来源于各省 2014 年统计年鉴、各市 2014 年国民经济和社会发展统计公报、2014 年中国城市统计年鉴以及各省市相关网站。具体数据如表 4—4 所示。

表 4—4 淮河流域 2014 年科技投入、产出状况

地 区	专利申请授权量（件）	GDP增长率（%）	普通高等学校数（所）	R&D经费支出（万元）	科技活动经费支出（万元）	普通高等学校在校学生数（人）
洛 阳	4429	10	5	493820	69057	118923
南 阳	1758	10	5	187974	51855	67206
平顶山	1135	7	4	185169	24834	61476
漯 河	359	12	3	49461	5956	28293
许 昌	1947	12	4	250956	21039	34483
郑 州	9065	12	53	807279	152706	698190
开 封	418	11	3	135942	18596	81610
信 阳	447	11	5	35202	18281	55669
商 丘	536	11	6	68464	18658	76802
驻马店	433	10	2	39857	27966	30727
周 口	549	11	3	38657	26306	39165
安 庆	934	12	5	62447	45079	40644
合 肥	9639	14	50	1159130	226720	417207
滁 州	2969	13	4	132223	31688	46984
淮 南	2038	13	5	114291	29331	66817
蚌 埠	3163	13	5	147598	56770	58711
淮 北	1504	13	3	99122	14748	32147
阜 阳	1300	12	4	39027	18823	36294
亳 州	947	12	2	22665	9383	11010
宿 州	664	12	3	25024	11604	33582
六 安	1813	11	5	46705	24385	39349
徐 州	10000	13	9	680000	125900	115815
连云港	3940	13	3	210048	74900	33876
淮 安	3140	13	6	243956	74400	67113

续表

地 区	专利申请授权量（件）	GDP增长率（%）	普通高等学校数（所）	R&D经费支出（万元）	科技活动经费支出（万元）	普通高等学校在校学生数（人）
宿 迁	2095	13	2	152203	71700	17128
盐 城	4964	13	5	468000	161200	54634
扬 州	8091	12	7	601306	98100	83844
泰 州	8414	13	6	551400	58200	48509
南 通	36245	12	7	1034818	143700	75402
南 京	18561	12	43	2448534	350000	651948
镇 江	9235	13	6	626400	102400	82345
菏 泽	1912	13	3	171252	40423	31991
济 宁	5457	11	7	435384	87222	85150
枣 庄	1864	11	3	182846	36388	21426
临 沂	2706	12	3	423383	53894	61294
日 照	1638	12	2	106069	20705	21841
淄 博	4401	11	8	744249	45978	93079
泰 安	2710	11	8	504022	36328	100959

利用 DEAP 2.1 软件，通过 VRS 模型（假设规模报酬可变）及表 4—4 的数据可以得到以下评价结果。具体结果如表 4—5 所示。

表 4—5　淮河流域 2014 年科技投入、产出状况评价

地　区	综合效率	技术效率	规模效率	规模报酬
洛 阳	0.421	0.768	0.548	规模报酬递减
南 阳	0.352	0.766	0.459	规模报酬递减
平顶山	0.312	0.538	0.580	规模报酬递减
漯 河	1.000	1.000	1.000	规模报酬不变
许 昌	0.611	0.923	0.662	规模报酬递减
郑 州	0.310	0.891	0.347	规模报酬递减
开 封	0.609	0.846	0.719	规模报酬递减
信 阳	0.59	0.846	0.698	规模报酬递减
商 丘	0.411	0.844	0.487	规模报酬递减

续表

地 区	综合效率	技术效率	规模效率	规模报酬
驻马店	0.824	0.824	1.000	规模报酬不变
周 口	0.610	0.846	0.721	规模报酬递减
安 庆	0.399	0.922	0.433	规模报酬递减
合 肥	0.228	1.000	0.228	规模报酬递减
滁 州	0.610	1.000	0.610	规模报酬递减
淮 南	0.477	0.997	0.478	规模报酬递减
蚌 埠	0.575	0.999	0.575	规模报酬递减
淮 北	0.800	1.000	0.800	规模报酬递减
阜 阳	0.797	0.963	0.828	规模报酬递减
亳 州	1.000	1.000	1.000	规模报酬不变
宿 州	0.981	1.000	0.981	规模报酬递减
六 安	0.929	1.000	0.929	规模报酬递减
徐 州	0.414	0.997	0.415	规模报酬递减
连云港	0.795	1.000	0.795	规模报酬递减
淮 安	0.404	0.994	0.406	规模报酬递减
宿 迁	1.000	1.000	1.000	规模报酬不变
盐 城	0.486	0.998	0.487	规模报酬递减
扬 州	0.424	0.921	0.460	规模报酬递减
泰 州	0.651	1.000	0.651	规模报酬递减
南 通	1.000	1.000	1.000	规模报酬不变
南 京	0.218	0.910	0.239	规模报酬递减
镇 江	0.536	1.000	0.536	规模报酬递减
菏 泽	0.720	0.999	0.720	规模报酬递减
济 宁	0.354	0.843	0.420	规模报酬递减
枣 庄	0.636	0.866	0.735	规模报酬递减
临 沂	0.699	0.923	0.757	规模报酬递减
日 照	1.000	1.000	1.000	规模报酬不变
淄 博	0.459	0.843	0.544	规模报酬递减
泰 安	0.402	0.842	0.477	规模报酬递减

通过对以上的运算结果分析可以知道：漯河、亳州、宿迁、南通、日

照均为 DEA 有效，说明这些城市在 2014 年科技资源配置达到了相对有效的状态。其余城市均为非 DEA 有效，也就是说这些城市的科技资源配置的强度和规模与实际产出的效率不符，科技资源配置效率相对较低，而且这些城市的规模收益递减，科技产出的倍数低于科技投入的倍数。这就说明当前的科技投入并没有得到合理且高效的利用，因此接下来就需要调整现有科技资源投入的管理以及在现有的科技投入的水平上调整产出结构，只有这样才能提高科技投入的利用效率，提高科技产出。

（三）淮河流域各市科技资源优势比较分析

鉴于科技优势评价方法的可得性，本章我们对淮河流域各市科技优势评价采用的研究方法为主成分分析法。由于淮河流域的各地区经济发展水平不均衡，而且各地的经济增长方式也有显著差异，所以我们选取六个变量构成指标体系，以衡量淮河流域经济发展的综合水平。这六个指标为：X_1——普通高等学校数（所）、X_2——$R\&D$ 经费支出（万元）、X_3——科技活动经费支出（万元）、X_4——普通高等学校在校学生数（人）、X_5——专利申请授权量（件）、X_6——地区生产总值增长率（％）。这些统计数据分别来自《中国统计年鉴（2013）》《全国科技经费投入统计公报（2013）》《2013 年全国专利分析报告》《2013 年分省区市万元地区生产总值（GDP）能耗等指标公报》《2013 年全国科技进步统计监测报告》等。运用主成分分析衡量淮河流域经济发展水平的具体方法为：

（1）提取因子载荷。对因子载荷的确定方法有很多种，如主成分法、极大似然法、主轴因子法、最小二乘法和 α 因子提取法，不同的方法在因子载荷的提取方面有着不同的理念。由于本部分主要使用主成分分析法，所以采用与之匹配的因子载荷提取法。

（2）因子旋转。因子旋转的方法有正交旋转法和斜交旋转法。正交旋转是通过对初始载荷矩阵左乘正交矩阵而得到的。正交旋转后的新的公因子仍然具有独立的性质。斜交旋转法和正交旋转法的区别就在于，运用斜交旋转法得到的因子之间不再相互独立，因而可以得到更为简洁的形式，运算结果的实际意义也更加容易解释。但无论采取何种旋转方法，都应当使新的因子载荷系数要么尽可能地接近于零，要么尽可能地远离零。

（3）因子得分。因子得分就是公共因子在每一个样品点上的得分。根据因子得分我们可以知道哪些城市较具有科技优势，哪些城市较不具有科技优势，进而通过比较可以了解到因子得分排名较前的地区有什么特征。

（4）结果分析。首先我们进行简单的描述性统计分析，具体分析结果如表 4－6 所示。

表 4－6　描述统计量

	N	最小值	最大值	平均数	标准偏差
X_1	38	－0.64	4.87	0.00	1
X_2	38	－3.75	1.64	0.00	1
X_3	38	－0.50	3.67	0.00	1
X_4	38	－0.74	4.58	0.00	1
X_5	38	－0.87	4.15	0.00	1
X_6	38	－0.57	3.94	0.00	1
有效的 N	38				

从描述性统计量可以看出所有数据都是比较有效的，因为所有数据都没有缺失值，最大值、最小值、均值和标准值有效数字，都是介于最大的数和最小的数之间。利用 SPSS 得到原有变量相关系数矩阵，如表 4－7 所示。

表 4－7　相关矩阵

	X_1	X_2	X_3	X_4	X_5	X_6
x_1	1.000	0.188	0.399	0.725	0.674	0.412
x_2	0.188	1.000	0.184	0.145	0.273	0.093
x_3	0.399	0.184	1.000	0.724	0.767	0.961
x_4	0.725	0.145	0.724	1.000	0.923	0.770
x_5	0.674	0.273	0.767	0.923	1.000	0.779
x_6	0.412	0.093	0.961	0.770	0.779	1.000

从相关系数矩阵得知：大部分的相关系数都比较高，如 X_1 与 X_4 都

比较高，表明专利授权量与 $R\&D$ 经费支出相关系数比较强，X_1 与 X_5 的相关系数也比较高，也就是专利授权量与科研经费支出的相关系数比较高，总体来说，各变量的线性相关性较强，能够从中提取公共因子，适合进行因子分析，具体见表4—8。

表4—8 KMO 和 Bartlett 的检验

Kaiser-Meyer-Olkin	测量取样适当性	0.730
Bartlett 的球形检定	大约 卡方	229.702
	df	15
	显著性	0.000

KMO 检验统计量是因子分析中，用于比较变量间偏相关系数和简单相关系数偏离度的指标。KMO 统计量的取值范围为 0～1。当简单相关系数平方和越大于偏相关系数平方和时，KMO 值越接近 1，同时说明变量间具有较强的相关性，所研究的数据适合作因子分析，反之则不适合作相关分析。由表4—8可知，Bartlett 的球形度检验的自由度 21，sig 值小于 0.05，无限接近于 0，说明原变量之间存在相关关系。同时，KMO 值为 0.730，接近于 1，根据 KMO 度量标准可知此数据适合作因子分析。公因子方差见表4—9。

表4—9 公因子方差

起始	提取
1.000	0.506
1.000	0.700
1.000	0.782
1.000	0.881
1.000	0.902
1.000	0.800

由表4—9可以看出绝大部分信息可以被因子解释，这些变量的信息

丢失较少，因此本次因子提取的总体效果较好。而解释的总方差如表4—10所示。

表4—10 解释的总方差

成分	起始特征值 a			提取的平方和载入		
	总计	方差的%	累加%	合计	方差的%	累加%
1	3.940	65.674	65.674	3.940	65.674	65.674
2	0.987	16.450	82.123			
3	0.769	12.814	94.937			
4	0.208	3.469	98.406			
5	0.067	1.110	99.516			
6	0.029	0.484	100.000			

由方差解释表4—10可知特征值 $\lambda_1 = 3.940$，…，相应的方差贡献百分比为：第一公共因子：65.674%，又满足特征值大于1的要求，所以在此取一个公共因子。具体得到碎石图4—3。

从碎石图4—3可知：横坐标为因子分析数目，纵坐标为特征值。第一个因子的特征值很高，对原有解释变量的贡献最大，第二个因子以后的特征值都很小，对解释原有变量的贡献很小，因此取一个因子是合适的。由此可得模式矩阵表4—11。

表4—11 模式矩阵

	成分
	1
X_1	0.711
X_2	0.264
X_3	0.884
X_4	0.938
X_5	0.950
X_6	0.895

由表4—11可知，通过主成分分析法提取了两个成分，X_1，X_3，X_4，

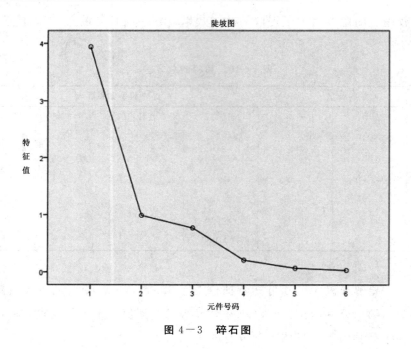

图 4—3　碎石图

X_5，X_6 变量在第一个因子的载荷值的绝对值都很高。即说明它们与第一个因子的相关程度高，对原有变量的解释较为显著。具体得分系数矩阵如表 4—12 所示。

表 4—12　得分系数矩阵

	元件
	1
X_1	0.181
X_2	0.067
X_3	0.224
X_4	0.238
X_5	0.241
X_6	0.227

根据表 4—12 的因子得分系数和原始变量的标准化值可以计算每个观

测值的各因子的得分值，并可以据此对观测值进一步分析。最终得到各市的排名表如表4-13所示。

表 4-13 各市得分排名表

排名	地区	得分	排名	地区	得分
1	南 京	259.6185	20	滁 州	-24.5109
2	合 肥	162.93	21	菏 泽	-25.7521
3	郑 州	157.0876	22	南 阳	-27.1234
4	南 通	95.85055	23	许 昌	-29.3701
5	徐 州	41.58084	24	安 庆	-30.3177
6	镇 江	26.03317	25	枣 庄	-34.1833
7	盐 城	22.49006	26	淮 北	-34.8808
8	扬 州	20.06275	27	商 丘	-35.5776
9	泰 州	8.448303	28	开 封	-36.6369
10	淄 博	4.936715	29	六 安	-37.5511
11	济 宁	3.809749	30	阜 阳	-38.1481
12	洛 阳	-2.74058	31	日 照	-38.6248
13	淮 安	-6.12607	32	宿 州	-39.5351
14	泰 安	-7.83294	33	信 阳	-40.2417
15	连云港	-12.5871	34	周 口	-42.1102
16	临 沂	-13.0698	35	漯 河	-44.4613
17	蚌 埠	-15.4866	36	亳 州	-46.4164
18	宿 迁	-21.5109	37	平顶山	-46.5208
19	淮 南	-24.2173	38	驻马店	-47.3155

由表4-13的综合评分可知，科技优势排名前三位的城市分别为南京、合肥、郑州，排最后三位的城市分别为亳州、平顶山、驻马店，这主要是因为排名前三位的城市分别是江苏、安徽、河南的省会，在经济、科技、政策等方面占据优势，而排名最后三位的城市基本上处于经济发展水平较为落后的地区。

三、淮河流域科技优势对产业经济发展的影响研究

(一) 研究方法

灰色关联度适合分析时间序列数据。在本部分中，不论是反映科技优势的变量，如人均R&D经费投入，R&D经费投入，可激活的人员数和全社会科技投入经费及其增长率等，还是反映经济增长情况的地区生产总值，都可以选取时间序列数据，所以我们选择灰色关联度分析是适当的。

通过对指标进行筛选，本部分选取 R&D 经费投入以及科研活动人员数两项科技投入变量和 GDP 作为分析变量，首先对这两项指标进行灰色关联度分析。在此基础上，分别选取三大产业产值与两项科技投入变量做灰色关联度分析，以此分析淮河流域科技投入在各产业经济增长中的影响，分析科技投入与其关联性，进而探讨科技投入与经济增长总量的关系，并给出利用增加科技投入促使经济增长的对策。

(二) 灰色关联模型

研究科技投入与经济增长之间的关联性的基本思路是把各相关变量组合成一个灰色系统，并用灰色关联理论来分析该系统内变量序列的关联性。具体的分析步骤有以下五步：

第一步，将科技投入变量与经济增长变量形成灰色系统，i 与 j 表示各变量。

第二步，无量纲化处理。由于研究所选取的指标量纲不同，不利于社会统计分析，所以要对其初始值进行处理，初始化计算的公式可表达为：

$$X_i(k) = X_i(k) / X_1(K)$$

$$Y_i(k) = Y_i(k) / Y_1(K)$$

第三步，计算出绝对差，用 $Z(k)$ 表示，并找出其中的最大值和最小值，其计算公式为：

$$Z(K) = |X_i(k) - Y_i(k)|$$

第四步，求关联系数 $\xi_{ij}(K)$，计算参考序列 (X_i) 与比较序列

（Y_i）在不同时刻的关联系数，其计算公式为：

$$\xi_{ij}(K) = \frac{Z(K)_{min} + qZ(K)_{max}}{Z(K) + qZ(K)_{max}}$$

第五步，求关联度 R_{ij}，其一般计算公式为：

$$R_{ij} = \frac{1}{n}\sum_{k=1}^{n}\xi_{ij}(k)$$

R_{ij} 表示关联系数，$Z(K)$ 为 K 时刻两序列相对应数据的绝对差；Z $(K)_{max}$ 和 $Z(K)_{min}$ 分别表示所有比较序列各个时刻绝对值中的最大值与最小值，q 为分辨系数，其值介于 0～1，正常情况下取 0.5，此值是为提高关联系数的差异显著度而建立的一种分辨标准。

（三）实证分析

设淮河流域国内生产总值（GDP）为 X_1 系列，第一产业产值（GDP1）、第二产业产值（GDP2）、第三产业产值（GDP3）、科技活动人员数、R&D 经费投入分别为 X_2、X_3、X_4、X_5、X_6 系列。将 X_1、X_5、X_6 系列设为灰色系统，研究 X_1 系列与 X_5、X_6 系列的灰色关联度。同理分别研究 X_2 系列、X_3 系列、X_4 系列与 X_5、X_6 系列的关联度。对淮河流域的 GDP 与 R&D 经费、科技活动人员的相关数据，采用灰色关联度计算模型，得到 GDP 对 R&D 经费和科技活动人员的灰色关联度 r1，5、r1，6。运用同样的方法研究三大产业与 R&D 经费、科技活动人员的灰色关联度。各灰色关联度反映了淮河流域的经济及各产业与科技投入的关联情况。

由于淮河流域各城市产业发展状况和水平都不一致，地区间的差异致使科技投入与产业经济增长的关联程度也不同。因此为了更好测量出淮河流域整体科技投入与产业经济增长的关联性，本部分仅选取一些有代表性的地区进行关联度分析。本研究选取了南京、徐州、南通、合肥、阜阳、周口作为淮河流域的代表性城市，计算结果如表 4—14 所示。通过对比分析淮河流域经济与科技投入的关联情况和几个典型地区经济与科技投入的关联情况，我们可以更准确地从不同地区的情况来分析淮河流域科技投入效率问题。

表 4—14　灰色关联度

	r1，5	r1，6	r2，5	r2，6	r3，5	r3，6	r4，5	r4，6
淮河流域	0.612	0.572	0.61	0.63	0.72	0.71	0.72	0.71
南　京	0.61	0.71	0.60	0.70	0.60	0.71	0.62	0.71
徐　州	0.60	0.77	0.55	0.76	0.60	0.77	0.57	0.77
南　通	0.60	0.71	0.58	0.71	0.58	0.71	0.63	0.71
合　肥	0.65	0.74	0.62	0.74	0.67	0.74	0.62	0.74
阜　阳	0.61	0.77	0.71	0.76	0.63	0.78	0.59	0.77
周　口	0.63	0.66	0.69	0.65	0.66	0.66	0.65	0.66

　　不同地区经济发展的特点不同，地区的不平衡性使科技投入与产业经济增长的关联性不同，为了更好地评价淮河流域科技投入与产业经济增长的关联性，从而更好地选择具有区域发展特点的城市承接产业转移，本书选取了一些具有地区特色的地区进行灰色关联度计算，分别为南京、徐州、南通、合肥、阜阳、周口，计算结果如表 4—14 所示。通过比较分析淮河流域科技投入与产业经济的关联情况，以便更好地从不同城市的发展特点来分析科技投入效率问题。

　　从表 4—14 可以看出，淮河流域地区生产总值和各产业产值与 R&D 经费、科技活动人员数的灰色关联度基本都在 0.6 以上，说明这些变量的关联性较为显著，且 R&D 经费投入、科技活动人员数的投入对淮河流域典型城市的各产业经济增长有着较好的推动作用。

　　在分析了各变量关联度的基础上，我们可以检验科技投入与经济增长的关联程度。从各产业的关联度，可以看出第二、第三产业与 R&D 经费和科技活动人员数的关联度明显高于第一产业与其科技投入的关联度，表明尽管 R&D 经费、科技活动人员数对淮河流域经济增长有提升作用，但对于不同产业的投入效率具有一定的区分。

　　针对不同地区的差异情况进行考察，从表 4—14 我们可以发现，虽然各地区的科技投入与各产业的情况与淮河流域的整体情况基本较为吻合，也就是说，科技投入对产业、经济的增长较为显著。但是这种关联性在不同的地区会呈现出一定的差别。南京、合肥的 R&D 经费与第三产业的关联度明显高于其他区域同类指标；阜阳、周口的科技人员活动数与第一产业的关联度高于其他地区同类指标。之所以产生这样的差别，主要是因为通过对 2003—2014 年各地区各产业产值比重分析可知，以南京、合肥为代表的城市第二、第三产业在 GDP 中所占比重较高，而以阜阳、周口为代表的城市第一产业在 GDP 中占比较高。第二、第三产业的发展，尤其是高端服务业、制造业需要高比重科研经费，而第一产业的农业则需要更多的科技人员和科普专家。

通过以上实证分析，我们可以得出以下几点结论。

（1）科技投入对经济增长与产业发展至关重要。科技投入对经济增长以及各大产业的增长发挥积极的作用，所以加大科技投入对经济增长、转变经济增长方式具有重要的意义。

（2）科技投入对第二产业和第三产业的促进作用更为明显。从表 4—14 的结果中可以看出，以制造业为主的第二产业、以服务业为主的第三产业与 R&D 经费关系较为紧密。这种情况在具有高端制造业和服务业的发达地区更为明显，这是因为，高端制造业和服务业更多的是资本密集型，所以要求科研经费投入推动高端产业发展，这些地区更适合第二、第三产业的转移。

（3）农业方面的科技投入主要以科技人员为主。作为以农业为主的第一产业，其科技投入更多侧重科技人员的投入，对于第一产业较为突出的地区要吸收更多科技人员从事农业方面的研究，同时这些地区也为第一产业的转移创造了较为优越的农业发展环境。

（4）从科技投入的效率而言，以南京为代表的高端制造业、服务业，应加大科技经费的投入，同时接受和引进高技术产业的转移，而在农业发展比重较高的阜阳、周口等地区，应该重视科技人员的投入，同时重点发展第一产业，从而形成农业规模化产业发展态势。

四、淮河流域产业发展现状与存在问题分析

(一) 淮河流域产业结构的现状分析

1. 三次产业结构变化状况

2000—2014 年，淮河流域的产业结构处于不断变化之中，其变化过程如表 4—15 所示。淮河流域的第一产业所占比重呈现一种下降的趋势，第二产业所占比重呈现一种上升的趋势，而第三产业所占的比重虽然中间偶有波动，但是大体上仍然呈现一种上升的趋势。其中，产业结构变化过程与淮河流域总体产业结构变化过程大体相同的有河南淮河流域、安徽淮河流域、山东淮河流域、江苏淮河流域。

表 4—15　2000—2014 年淮河流域产业结构变化（单位:%）

年份	淮河流域			河南淮河流域			安徽淮河流域			山东淮河流域			江苏淮河流域		
	一产	二产	三产	一产	二产	三产	一产	二产	三产	一产	二产	三产	一产	二产	三产
2014	11	52	38	14	54	32	14	52	34	9	54	37	8	49	43
2013	11	53	37	14	55	31	15	52	33	9	55	36	8	50	42
2012	11	53	36	15	55	31	15	50	35	10	55	35	9	50	41
2011	12	53	35	16	54	30	17	47	37	10	56	34	9	52	39
2010	13	53	34	15	54	31	18	44	38	11	57	33	10	52	39
2009	15	52	33	16	53	31	25	38	37	11	57	32	14	52	35
2008	16	52	32	18	52	31	26	37	37	11	58	30	15	51	34
2007	18	51	32	19	50	31	26	37	37	13	57	31	17	50	34
2006	19	49	32	20	50	30	30	37	34	14	54	32	17	49	34
2005	18	48	34	20	47	33	27	39	34	12	52	35	18	47	35
2004	21	45	34	22	46	32	31	35	34	16	49	36	21	45	34
2003	22	44	34	22	46	32	31	34	35	18	47	35	22	44	34
2002	23	44	33	23	45	32	33	34	33	19	47	34	23	44	34
2001	24	43	34	26	45	34	33	34	33	21	45	34	25	42	34
2000	26	42	32	27	44	32	34	34	32	23	43	34	26	41	33

2000—2014 年，淮河流域的经济处于快速稳定的发展之中，生产总值不

断增长，产业结构虽然一致保持"二三一"的格局，但是其三次产业的比重变化较为明显。2000年，第一产业所占比重为26％，第二产业所占比重为42％，第三产业所占比重为32％；但是到了2014年，第一产业所占比重变为11％，第二产业所占比重变为52％，第三产业所占比重变为38％。

　　2. 三次产业结构变化特点

　　由图4—4可知，淮河流域第一产业占比下降趋势明显，从2000年的26％降为2014年的11％，降幅达到一半以上，其中，河南淮河流域、安徽淮河流域、山东淮河流域、江苏淮河流域的第一产业所占比重的变化过程也呈现这一趋势。2000年，安徽淮河流域的第一产业所占比重最大，山东淮河流域的第一产业所占比重最小，二者相差13.5％。而2014年时安徽淮河流域、河南淮河流域的第一产业所占比重最大，江苏淮河流域的第一产业所占比重最小，二者相差7％。

　　如图4—5所示，淮河流域第二产业所占比重大体上呈现出上升的趋势，且上升的趋势也较为明显，从2000年的42％上升到了2014年的52％，其中，河南淮河流域、安徽淮河流域、山东淮河流域、江苏淮河流域的第二产业所占比重变化过程也呈现这一趋势。2000年，安徽淮河流域的第二产业所占比重最小，山东淮河流域的第二产业所占比重最大，二者相差13％。而2014年时河南淮河流域的第二产业所占比重最大，江苏淮河流域的第二产业所占比重最小，二者相差6％。

　　如图4—6所示，淮河流域第三产业所占比重在随时间的变化中偶有波动，但是大体上仍呈现出一种上升的趋势，但是上升的趋势并不是很明显，从2000年的32％上升到了2014年的38％，其中，河南淮河流域、安徽淮河流域、山东淮河流域、江苏淮河流域的第三产业所占比重变化过程也呈现这一趋势。相对于第一产业和第二产业来说，河南淮河流域、安徽淮河流域、山东淮河流域、江苏淮河流域在第三产业占比中的差距较小，但差距幅度却呈现出逐渐拉大的趋势。2000年，河南淮河流域的第三产业所占比重最小，山东淮河流域的第三产业所占比重最大，两者相差3％。而2014年时江苏淮河流域的第三产业所占比重最大，河南淮河流域的第三产业所占比重最小，二者相差 11%。

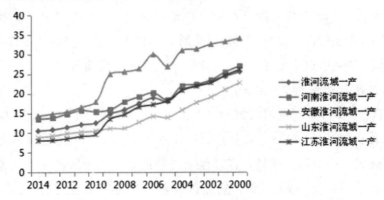

图 4—4　2000—2014 年淮河流域第一产业比重变化

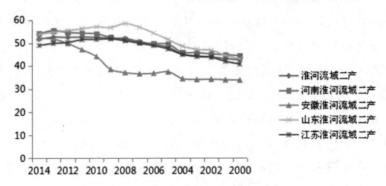

图 4—5　2000—2014 年淮河流域第二产业比重变化

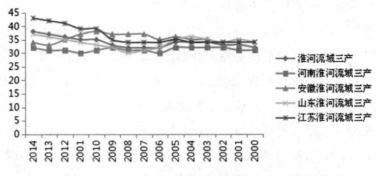

图 4—6　2000—2014 年淮河流域第三产业比重变化

（二）淮河流域产业结构存在问题分析

1. 农业产值比重呈下降趋势，但与全国相比仍有差距

农业是我国国民经济中的一个重要传统产业部门，我国国家统计局规定，第一产业指农业（包括林业、牧业、渔业等）。对于淮河流域来说，农业作为传统的优势产业，其所占比重一直比较大。随着经济的发展，2000年至今，虽然淮河流域的农业产值持续上升，但是占比一直呈下降趋势，表明淮河流域经济发展水平不断增加。但相比较全国经济发展水平而言，淮河流域第一产业占比依然较高。

2. 工业和建筑业发展较快，但伴随着资源浪费和环境污染等问题的出现

第二产业是指工业（包括采掘工业、制造业、电力、燃气及水的生产和供应业）和建筑业。2000年以来，工业、建筑业的快速发展给淮河流域的经济发展带来了强大的拉动力，但是也造成了一些负面的影响。比如以资源浪费和环境破坏为代价的淮河流域工业发展，虽然淮河流域拥有较为丰富的资源，但是资源总量是有限的，因此当环境遭遇负面冲击影响时，治理代价将是巨大的；淮河流域建筑业的快速发展，导致了房价快速升高，也造成了一部分房子处于空置状态、无人问津，从而导致资源上的大量浪费。

3. 服务业比重有所上升，但整体发展仍然较为缓慢

第三产业是指不生产物质产品的行业，即服务业。淮河流域从2000年到2014年，第三产业所占的比重仅从32%上升到了38%，发展速度相对较慢。由于第三产业的发展带动第一产业和第二产业的进步，因此，低速发展的淮河流域服务业将会在一定程度上制约第一产业和第二产业的稳健发展。因为以服务业为主导的第三产业发展对社会经济的增长具有较强的推动作用，所以提高服务业发展比重，引领相关部门的经济发展，将成为当下淮河流域产业发展的重要目标。实际中，淮河流域的服务业不论是总量、国民经济所占比重还是提高就业率方面均呈现增长趋势，特别是21世纪后，伴随着新兴服务业的持续涌现，服务业处于淮河流域经济增长的核心地位。因此服务业的发展将会优化原有经济增长体系，为淮河流域经济发展注入新的增长动力，从而增强淮河流域的综合竞争力。

五、基于科技优势的淮河流域承接产业转移模式与对策研究

上面几部分内容的研究，充分论证了在资源环境约束下，基于科技优势承接产业转移是淮河流域转变经济发展方式的不二选择。那么淮河流域应该如何承接产业转移呢？结合上面的研究结论，以下我们仅从模式和对策两个方面回答淮河流域应该怎样基于科技优势承接产业转移。

（一）基于科技优势的淮河流域承接产业转移的模式分析

承接产业转移战略应当符合产业发展的内在规律，而提高承接实际效果的途径是产业承接的模式创新。从淮河流域的现实情况来看，基于科技优势承接产业转移的模式主要包括以下几种。

1. 龙头企业带动产业集群转移模式

龙头企业带动产业集群转移是指某地区引入具有前沿技术或管理经验的企业，依据产业集聚带来的正外部性，引导地方企业进行企业转型跟进获取相关利益的产业承接模式。

龙头企业发挥行业领先作用，运用自己的技术优势或管理优势进行区域性的配套建设，服务于再生产和利润扩大化。由此，欠发达地区可以获取相关的基础设施建设指导、科技的创造和利用，推动产业集群发展进程。以龙头企业为核心的中小企业发展模式不仅会提高就业率，而且会引导行业中众多企业的发展方向和专业化中小企业的生产任务。当龙头企业在利润驱使下做出相关的行为决策时，由于耦合性的生产关系，相关企业也会调整生产模式适应龙头企业变化，达到降低跟随成本，谋取最大依附利润的目的。这种相关性的利润关系会带动原产业的集群整体转移。承接龙头企业带动产业的集聚转型对区域经济的主要作用：资本筹集上，带动欠发达地区资金的灵活性，重新聚集社会游资和丰富资金源，自发地重新

分配资金使之更具科学合理性；知识扩展上，由于市场竞争、利润驱动等因素迫使本土替代企业迅速发展，高仿性产品充斥市场，或者用一种科学的方案进行企业内部的复制以提高企业效益或降低成本；人力资本培养上，先进的配套设备或者严要求的服务业需要配套的人力资本，这种培养措施，是简单劳动力转为复杂劳动力的过程，使得欠发达地区一方面减少失业人口，另一方面在前期的劳动者素质转型期逐渐提高劳动者薪酬进而带来实质性的劳动者生活水平的提高。

具体的吸引龙头企业移入带动产业集群转移的方案，首要措施是区域结合自己发展的优势点创造良好企业移入环境，比如，廉价劳动力、优良的投资环境、配套的优惠政策等，以多方面的优势间接减少企业成本或增大利润，提升产业转移吸引力和承载力。其次是重点承接区域具有较强发展潜力的相关企业，例如引入可以引导本土企业发展的龙头企业，主要的企业特点是和本土企业有较强关联度、影响范围广、引领带头作用强，会加速产业集群的形成。最后是政府需要加强相关政策对于龙头企业的倾斜，这种政策指导措施也会使本土企业在发展方向上靠近龙头企业。由此，优良产业链会加速和增强产业集聚效应。

2. 产业链式承接产业转移模式

产业链式承接产业转移是以承接地现有产业链为分析对象，进行产业链扩展或者以弥补产业链漏洞部分为主要任务有目的性地开展产业承接模式。这种模式使用典型是拥有较大区域的经济区或行政区，由于区域范围广的特点，部门配套设施建设全面，已有产业链已经形成，产业集群或产业带的雏形初现，但是由于产业链上的部分薄弱环节，降低了整个产业链的衔接度，并对整个区域经济综合竞争具有负面影响。对于不同类型的经济产业链构建与优化的途径具有差异性。首先，面对区域经济内部产业链相对完整的地区，具有本土发展特点，包括自身的优势资源利用、人文环境融入度和产业发展优势使得外来企业的进入带来的负效应胜于正效应，主要是来自外来企业和本土企业的竞争，形成的本土产业链会排挤外来企业，使得这种引入外企资本的效率降低。因此，需要深化产业链薄弱环节的设备升级和制度改革，这种选择引入先进技术和知识的方法对于产业链的健康发展具有重要的意义。其次，对于产业链不完整的地区，可以有针对性地确定重点要点，方向性地引入龙头企业，结合薄弱环节特点做出相应弥补性措施，完善原有产业链的流程。这种互补性方法对于引入企业的本土化进程以及本土企业产业转型升级和承接转移都具有一定程度的推动作用。最后，对于仅有片段式的产业链，由于缺乏系统性和完整性，相关企业处于孤环区域，并且区域内没有构建完整产业链的可能性，这种状态下的发展应该明确自身优势产业，用自身优势填补国际或其他区域的发展空缺，即移入其他生产区域形成完整产业链，创造更多的社会财富。

3. 跨区域协同创新的承接产业转移新模式

产业转移梯度陷阱的根本性解决方案是增强自我的创新能力，缩小具有自主知识产权下的发达地区的经济差距。现在国际产业转移具有高度化的特点，产业转移不再遵循"边际产业"排序依次进行产业转移，对于后期发展的经济区充分整合全球资源进行吸收和创新，不仅对创新风险进行有效规制，而且对发达地区进行更多的合作创新，共同开创新市场。以产业转移为主导方向下的协同创新，分为内部协同和外部协同，内部协同主要指跨区域的资源配置，外部协同是指跨区域之间具有创新式的资源灵活流动配置、基础要素重新整合和积极的合作互动，通过一系列学习过程建立产业转出地和承接地之间的协同创新机制。

创新淮河流域承接产业转移的主要途径是，首先，依据产学研究理论，积极承接有研究性的机构进入本土，包括国外高校和研究院在本土的设立，以知识的长期有效获取奠定学术基础，构建区域内部进行人才培养的创新试点。对相关移入企业和本土企业进行密切合作，重点研究优势资源的开发利用、新兴产业的发展和具有高科技含量的先进制造业的外部资本流入。其次，在电子科技研发、新能源探索、食品饮料等方面进行全球性龙头产业引入，优化生产流程中的技术应用，加强相关度高的企业与移入企业的协同作用，共同获得创新溢出效应。最后，积极引导和鼓励本土的优势企业对发达国家进行直接投资，并在投资地区建立研发机构，或者与国外的跨国公司合作进行内部企业整合和资源分配，使之迎合国际发展轨道，改革企业管理和运营模式，创新出适合本企业的发展战略，达到提高本地企业的研发创新能力的目的。

伴随着社会对科技是第一生产力的认识增进，相应地，淮河流域的科技水平处于不断发展状态，原先的廉价劳动力和自然资源优势吸引外企进入的主要类型是资源密集型和劳动密集型。这种要素禀赋吸引外企的最终结果是使得欠发达地区长期处于缺乏高科技产业的境地，并且一直在以移入企业的核心技术为经济发展动力的经济发展模式会产生两种对内影响，其一是制约本地产业的自主创新能力，增加本地企业对移入企业的依赖性，其二使外企得到由于垄断所获得的高额利润。这种模式的发展误区可能使得欠发达地区处于被动发展状态。因此，对于两种影响的产生必须明确两点，其一是资源密集型产业转移必须注重科学合理开发利用，不能超过地域资源的承载力，在此条件下的承接产业转移将会获益。其二，注重自主创新能力，研发具有自我知识产权的发展可以使经济发展脱离发展的被动地位，是维持区域经济发展活力的根本保证，也可以减少经济增长对于低端要素的依赖性，形成全新的以科技为主导的经济发展模式。

因此，对于淮河流域的长远经济发展而言，探索出以科技为主导的新型承接产业转移模式是必要的。一味地追求承接产业转移只会陷入发展误区，只有拥有自主研发能力的承接产业转型才是可持续经济发展的必由之路。加大科技研发投资，多方面提高企业研发水平，形成具有自己核心技术的产业发展模式，从而利用市场先入优势掌控产业发展方向，加速产业结构的转型升级和社会经济的全面发展。

(二) 基于科技优势的淮河流域承接产业转移的对策建议

淮河流域在承接产业转移时，需要坚持一定的策略原则，实现人力资源、基础能源、科技优势的合理有效使用，实现经济的持续优化发展。对此，基于以上部分的研究，我们提出了以下几点对策建议。

1. 以优势产业为主导，优化产业结构

对淮河流域承接产业转移战略进行规划时，依据禀赋比较优势和区域分工原理，突出优势产业发展的同时合理构建区域的主导产业，为顺利实现产业的转型升级做充分科学的准备。

（1）注重第一产业的发展，提高第一产业的经济地位

第一产业既是传统优势产业，又是维持民生的基础型产业。第一产业的发展状况将直接影响其他产业的发展进程，从而波及社会经济的稳定。因此，第一产业的发展在承接产业转移的过程中处于优先发展地位，需要提高产业的自主创新能力和可持续发展能力，优化农业的发展环境和增加农产品的质量，向绿色科学的发展方向迈进。

（2）在优势产业中引入新项目，增添产业增长新活力

在产业转移承接发展过程中，确定优势产业在经济发展中的主导作用，带动周边产业的发展和地区经济的增长，充分发挥经济发展的正外部性，引入更多的资源和要素。在生产要素充分的前提下进行产业的集群发展，及时引入科学技术和先进的管理经验，在提高产品的科技含量同时降低产品的生产成本，进而优化产业链条，提升产业群的综合竞争能力。

（3）加大第三产业转移力度，提高第三产业生产率水平

由于第三产业的资本引入大多数集中于房地产业、交通运输业、商业和社会服务业等，而在金融业、公共服务业、科学研究和科教文卫等方面融入的资金规模较小，所以迫切需要科学的投资导向政策，有效引导投资者增加对这些产业的投资规模。与此同时，第三产业内部的改革进程也迫在眉睫，原有的国有垄断服务业需进行科学调整和合理开发，不断增加对民营资本的利用度，丰富产业资本运营结构，激发资本市场新活力，实现第三产业转移力度的增强和生产率水平的提高。

2. 主动吸收高新技术，实现产业的可持续发展

淮河流域的优势产业发展过程中，不仅要吸引更多的产业转移进入，达到优势产业正效益受益范围的加大，获得产业集群带来的成本降低和产业间的外部摩擦内部化带来的不必要支出的削减，更要积极促进高新技术与产业发展相融合，特别是电子设施制造、通信设备制造等弱势产业，需要对前沿的高新技术进行学习和结合地区特点的区域性发展利用，以达到

高新技术融入地方特色的追求效益最大化目标。因此，自主研发具有发展潜力的高科技产品是获得超额利润和引领市场发展方向的主要途径。

为了提高高新技术产业的自主研发能力，政府出台一系列优惠政策，包括税收减免、政府直接的财政补贴、申请项目程序的简化和优先审批等方面。具体落实行为涉及加大对 R&D 的资金投入、促进产学研相结合和重视对移入产业本土化的发展方式。

（1）增加 R&D 的投入，提高研发成果形成率

由于资金不足半途退出的研发现象有很多，R&D 的投入不仅从资金方面表现出政府对于研发的支持力度，更主要的作用是提高研发成果的形成率，降低研发半途退出现象发生概率，使企业专注于高新技术的学习和研发，形成具有自主知识产权的核心技术，进而提高企业在同业产品中的竞争力，促进地区高技术产业链的形成，推动区域原有产业结构向高利润产业结构转移。

（2）推动产学研结合，提高研发成果利用率

产学研结合是充分利用社会已有资源促进科技创新的方式，它连接着高校、科研机构和企业，即利用高校和科研机构的研究成果提高企业的生产能力。高校和科研机构的设立从本意上是为了更好地解放生产力，但是随着专业化程度的提高，包括学术的专业化和专业的细化，使得研究成果与社会生产力相脱节，产学研相结合作用之一是再次为实现研究成果的社会价值指明研究方向，另一个作用是政府主导下的研究成果运用到实践中的平台。产学研的具体实施途径是建立产学研基地，让优秀的研究方案从基地中得到资金的支持，使得研究成果顺利孵化，从而直接作为企业的生产力，有助于企业的利润获得。这种过程实际上是把知识的需求方和供给方连接，有效化解了知识研究的供需错位。如此，在社会生产中形成一种良性循环机制，由起初的政府牵动到后期的利润驱使，这种后期自发的产学研结合将为社会生产力的提高存储大量动力，为承接产业转移奠定雄厚的基础。

（3）重视移入企业的本土化进程

产业转移形成的一般过程是在发达地区和不发达地区间进行，即在要素禀赋差距较大的地区间进行。发达地区拥有先进的技术或者知识，欠发达地区拥有自然资源和廉价劳动力，从而发达地区会把产业迁移到欠发达地区来减少生产成本继而获得更多利润，就形成了跨国公司。因此，重视移入企业的本土化进程就是注重本土企业对移入企业的科技和管理经验的学习，有助于本土企业突破原有发展阻碍，得到技术上的进步和创新，充分发挥企业转移的技术溢出效应。同时，也鼓励本土企业和移入企业之间的合作，共同创建合作研发中心，推动区域经济发展和共赢。

3．积极发展教育培训，建立智力支撑体系

高素质人才的培养是生产力发展的重要任务之一，高素质劳动者的培养将促进社会生产力长期有效的运行，是社会经济发展最根本的动力。淮河流域的总体现状是具有廉价的劳动力和较低的运营成本，相对其他沿海城市具有一定的优势，为承接产业转移提供廉价劳动力。因此，在承接产业转移比重中要以劳动密集型产业为主。人力资源的开发利用，特别是高素质人才的引入，对于经济的发展具有良好的推动作用。由此，应该加强对教育的资金投入，从根本上创建一套人才培养机制，产学研相结合，积极有效地为淮河流域社会经济发展提供源源不断的人力资源。

廉价的劳动力是淮河流域吸引投资的优势之一，伴随着产业转移，新的科技引入，对于劳动者素质有了更高的要求。当下淮河流域劳动者素质整体水平偏低，廉价劳动力的供给与先进的科技水平设施所需求的人力资本产生偏差，导致市场的剩余劳动力增加，而企业科技性人才需求上升，这种由劳动力素质要求产生的劳动资源配置的错位，根本性解决方案是加速人才培养教育工作，特别是加强对高素质人才的投资力度。其具体方案有：

（1）普及基础教育，提升职业技能和技能培训能力

九年义务教育的普及是推进淮河流域经济发展和人力资本提升的根本途径，为充分利用社会闲置劳动力，需广泛了解社会对人力资本的需求，

按照需求科学地对特定的人群进行相关培训，提高劳动者素质，从而弥补社会对于技术性人才的需求缺口。

（2）增加教育投资，广泛吸纳社会的教育资金

淮河流域的各级政府需要加大对地方教育的财政支出，并且广泛吸纳社会对于教育的闲散资金，例如民间资本和各个机构企业捐献资本，扩大整个社会资源对教育领域的投入，从而优化淮河流域区域教育环境和提高现有教育水平。

六、结论与研究展望

（一）研究结论

通过建构科技进步与经济增长模型，验证了科技进步对淮河流域发展的重要性；通过建立科技资源配置效率评价指标体系，探讨了淮河流域科技资源配置效率，并通过因子分析法，评价了淮河流域各地市的科技优势；通过构建灰色关联模型，研究了淮河流域科技优势对产业经济发展的影响。研究结论主要有以下几个方面。

第一，2003—2014 年科技进步对淮河流域经济增长的贡献率呈现上升的趋势，说明淮河流域的科技进步对于其经济增长的作用越来越重要，想要发展淮河流域的经济，首要任务是提升其科技水平。

第二，淮河流域除了漯河、亳州、宿迁、南通、日照五市科技资源配置达到有效的状态，其余城市均为非 DEA 有效，科技资源配置效率相对较低。同时，科技优势排名前三位的城市分别为南京、合肥、郑州，排最后三位的城市分别为亳州、平顶山、驻马店。

第三，科技投入对经济增长以及各个产业的增长发挥积极的作用，所以加大科技投入对经济增长、转变经济增长方式具有重要的意义。同时，科技投入对第二产业和第三产业的促进作用更为明显，农业方面的科技投入主要以科技人员为主。从科技投入的效率而言，淮河流域应该接收和引进高技术产业的转移。

第四，从淮河流域的现实情况来看，基于科技优势承接产业转移的模式主要包括三种：龙头企业带动产业集群转移模式、产业链式承接产业转移模式和跨区域协同创新的承接产业转移新模式。

（二）研究展望

虽然本章对淮河流域承接产业转移问题进行了一定的研究，但是，由于数据收集困难等多种原因，本章的研究还略显遗憾。首先，未能就淮河流域各城市应该如何基于科技优势承接产业转移进行研究。其次，未能就淮河流域应该具体承接哪些产业比较适应资源环境约束进行研究。最后，也未能就淮河流域承接产业转移的动态变化以及时空差异进行分析。所有这些问题都有待我们在以后的研究中不断进行深入探讨。

第五章 淮河流域矿产资源开发利用和资源型产业转型研究

矿产资源是经过地质成矿作用而形成的，是使人类摆脱原始生活走向文明的催化剂，其开发利用是人类社会文明发展的标志。毋庸置疑，淮河流域各地市的经济社会发展与其各自对矿产资源开发利用的能力息息相关。对于淮河流域矿产资源开发利用及资源型产业转型的研究是打破淮河流域经济发展"瓶颈"及实现区域协调发展的重要途径。前面第四章已经从科技进步的角度对淮河流域承接产业的转移进行了相应的探讨和研究，本章是本书的第三个研究问题，即淮河流域经济发展方式转变任务的继续。本章在第四章的基础之上，针对淮河流域矿产资源的开发利用效率、环境效应和资源型产业转型方面作进一步的探究。从而为淮河流域的未来矿产行业以及经济发展制定科学合理的开发利用规划和保护战略提供决策依据，进而引导矿产行业持续、协调、健康发展。

一、淮河流域矿产资源开发利用现状及效率问题研究

本部分在详细分析研究淮河流域矿产资源所处地位和开发利用现状的基础上，运用数据包络分析（DEA）中的 C^2R 模型测算淮河流域各地市的矿产资源开发利用效率，并从矿产资源开发利用效率的高低来深入分析其存在的问题，制定了科学合理的开发利用规划和保护战略，以引导矿产行业稳健发展。

（一）淮河流域各省矿产资源开发利用状况

1. 2014 年山东省矿产资源开发利用状况

山东省简称"鲁"，现辖 2 地区、15 地级市、33 县级市、61 县。其

中处于淮河流域界内的有淄博市、枣庄市、济宁市、泰安市、日照市、临沂市和菏泽市七个城市。全省面积达 15 万多平方千米，人口为 8871 万人（1949 年 4549 万人），仅次于湖南。山东省的矿种较为丰富，储量较大，而且一些储量丰富的矿产在国内占有重要地位。经探查，目前已发现 144 种矿产，其中有 75 种矿产已探明储量，69 种尚未探明；已发现 1483 处矿产地；矿石总量约为 900 亿吨。关于山东省矿产资源开发利用情况的统计数据资料具体内容见表 5－1 和表 5－2。

表 5－1　2014 年度山东省矿产资源开发利用情况——按矿种分列

矿种	矿山企业数					从业人员（个）	年产矿量		实际采矿能力（万吨/年）	工业总产值（万元）	综合利用产值（万元）	矿产品销售收入（万元）	利润总额（万元）
	合计	大型	中型	小型	小矿		万吨	万立方米					
合计	2969	281	445	2174	69	563707	49396.12	50000	54257.23	22532469.46	642784.84	19489965.74	3287760.58
煤炭	194	32	75	86	1	319317	13770.99	0	15439.1	6692345.81	427706.02	5809324.23	311247.15
油气	1	1	0	0	0	78110	2787.13	50000		11661942	0	10512576.36	2523360.58
地下热水	65	17	15	33	0	1535	592.17	0		16160.67	0	13873.15	868.86
铁矿	193	13	40	137	3	33066	3228.1	0	4111.02	967986.69	36670.35	760119.37	80582.73
钛矿	1	0	1	0	0	28	59.3	0	120			0	0
铜矿	3	0	1	2	0	519	30.04	0	39.16	2176	1400	2176	342
铅矿	3	0	1	2	0	211	0	0	9	0	0	0	0
钼矿	3	0	1	2	0	333	3.4	0	13.4	640.7	0	640.7	−158.9
金矿	175	14	26	134	1	43052	2065.27	0	2029.36	1367454.73	51045.54	1173671.79	241045.24
银矿	3	0	0	3	0	124	0.79	0	3	1058.3	0	158.3	0
普通萤石	5	0	0	5	0	126	0.76	0	0.56	511	0	312.12	7.8
熔剂用灰岩	2	0	2	0	0	539	157.16	0	145	59262	114	7557	−834
冶金用白云岩	17	1	1	15	0	400	162.5	0	205.3	17603.33	166	2769.4	1635.5
冶金用石英岩	1	0	0	1	0	8	1.2	0	5	60	0	50	17.84
耐火黏土	18	2	1	15	0	2167	63.15	0	76.54	23856.52	435.5	14271.37	2231.65
耐火用橄榄岩	1	0	1	0	0	98	0.47	0	15	9.37	0	9.37	0
熔剂用蛇纹岩	2	2	0	0	0	196	12.74	0	30	254.8	0	254.8	10

续表

矿种	矿山企业数					从业人员	年产矿量		实际采矿能力	工业总产值	综合利用产值	矿产品销售收入	利润总额
	合计	大型	中型	小型	小矿	(个)	万吨	万立方米	(万吨/年)	(万元)	(万元)	(万元)	(万元)
重晶石	4	1	0	3	0	66	2.6	0	5.6	90	0	89	5
制碱用灰岩	1	1	0	0	0	15	0	0	200	0	0	0	0
盐矿	56	29	12	14	1	20765	1268	0	1267.98	269290.29	47535.33	181764.55	8332.83
溴矿	48	0	0	48	0	2395	7.55	0	7.55	65517.54	10676.93	51591.91	6098.92
金刚石	2	2	0	0	0	186			10.9	0	0	0	0
石墨	15	0	9	6	0	1270	83.78	0	120.48	22411	3243	11183	205.04
滑石	10	0	3	7	0	274	4.8	0	9.6	491.5	0	491.5	195.21
长石	37	0	5	32	0	496	83.96	0	117.1	4529.7	50	3733.7	721.61
石榴子石	1	1	0	0	0	30	1.6	0	10	374.2	0	374.2	20
透辉石	9	0	3	6	0	344	24.32	0	41.32	3565.2	110	3126.2	191.2
沸石	2	0	0	2	0	15	5	0	5	118	0	115	18
石膏	27	12	14	1	0	5837	515.96	0	587.76	36899.21	229	36216.65	2079.66
玉石	1	0	0	1	0	67	4.9	0	4.9	3088	0	1143	−1539
水泥用灰岩	81	28	28	25	0	4695	6559.05	0	7998.01	768094.1	39878.78	440189.88	58850.73
建筑石料用灰岩	450	16	22	412	0	8207	8255.15	0	10035.41	131221.69	10254.59	115697.26	6786.79
制灰用石灰岩	5	0	0	5	0	47	129.05	0	129.05	8490.51	0	90.51	71.6
泥灰岩	1	0	0	1	0	2	0	0	0	0	0	0	0
建筑用白云岩	8	1	0	7	0	123	134.58	0	163.58	3924.6	144	3924.6	748.05
玻璃用石英岩	8	2	1	5	0	74	15.7	0	16.7	1000	229	943	82
玻璃用砂岩	37	5	23	9	0	817	264.29	0	400.6	25538.3	320	18439.47	1783
水泥配料用砂岩	6	0	3	3	0	31	43.2	0	101.7	476.8	0	476.8	29
砖瓦用砂岩	2	0	0	2	0	66	10	0	17	2500	0	2500	0
陶瓷用砂岩	6	0	5	1	0	96	33.4	0	29.58	1519.96	45	1519.96	−53.84
建筑用砂岩	14	0	1	13	0	124	60.38	0	64.22	1427.6	45	1144.6	122.6
玻璃用砂	1	0	0	1	0	60	3.5	0	3.5	170	0	168	3
建筑用砂	61	0	11	50	0	717	995.34	0	635.34	15201	259	14484.22	4438.09
砖瓦用砂	1	0	0	0	0	50	1	0	7	60	9	49	4
玻璃用脉石英	1	0	0	1	0	10	0	0	1	0	0	0	0
砖瓦用页岩	77	1	37	39	0	1299	323.57	0	404.17	13385.46	102	10201.76	1300.18

续表

矿种	矿山企业数					从业人员 (个)	年产矿量		实际采矿能力 (万吨/年)	工业总产值 (万元)	综合利用产值 (万元)	矿产品销售收入 (万元)	利润总额 (万元)
	合计	大型	中型	小型	小矿		万吨	万立方米					
高岭土	1	1	0	0	0	100	20.3	0	30	609	0	609	36
陶瓷土	10	6	2	2	0	68	42.2	0	72.4	521	0	478.5	12
膨润土	13	0	2	11	0	177	32.8	0	48.8	1418	6	1243.5	264.8
砖瓦用黏土	418	0	21	335	62	18985	827.92	0	1119.42	38828.13	7928.2	35037.97	3635.99
陶粒用黏土	3	0	0	3	0	38	6	0	6	117	0	103	8
水泥配料用黏土	2	1	1	0	0	9	2.1	0	2.1	46.2	0	46.2	13
水泥配料用泥岩	1	1	0	0	0	95	15	0	14.2	53112.5	0	52411.3	8838
饰面用玄武岩	1	0	0	1	0	30	0	0	2.8	0	0	0	0
建筑用玄武岩	15	0	5	10	0	259	122.84	0	93	2489.85	434	1997.75	315.6
建筑用角闪岩	2	0	0	2	0	23	2.6	0	2.6	20	0	20	4.6
建筑用辉绿岩	1	0	0	1	0	26	4.85	0	4.85	48.93	0	48.93	12.6
建筑用安山岩	22	1	4	17	0	319	180.99	0	199.52	2171.7	60	2089.5	393.71
建筑用闪长岩	19	2	9	8	0	458	192.47	0	283.9	3601	0	3551	442
饰面用闪长岩	1	0	0	1	0	18	0.78	0	2.9	240	10	80	30
建筑用花岗岩	279	79	48	152	0	4791	3392.88	0	4951.18	77653.99	2592.1	68701.27	7481.04
饰面用花岗岩	357	6	5	346	0	7074	2010.39	0	2100.86	122364	934.5	96589	12537
建筑用凝灰岩	20	0	0	20	0	255	190.79	0	190.79	4066.4	0	3201.4	381.9
饰面用大理岩	1	0	0	1	0	2	0	0	0	0	0	0	0
建筑用大理岩	48	0	3	45	0	563	395.77	0	438.16	4189.1	0	3110.1	463.7
水泥用大理岩	1	1	0	0	0	40	100	0	30.4	500	0	0	0
饰面用板岩	1	0	0	1	0	10	10	0	10	300	0	250	20
片麻岩	3	0	0	3	0	12	2.5	0	2.5	45	8	45	10.8
矿泉水	87	2	2	82	1	1810	62.55	0		23287.09	0	16804.59	595.3
其他矿产1	4	0	0	4	0	538	14.34	0	14.34	6134	144	6134	1414.4

资料来源：山东省国土资源厅。

表 5-2　2014 年度山东省矿产资源开发利用情况

——按行政区分列（淮河流域部分地区）

名称	矿山企业数					从业人员（个）	年产矿量		实际采矿能力（万吨/年）	工业总产值（万元）	综合利用产值（万元）	矿产品销售收入（万元）	利润总额（万元）
	合计	大型	中型	小型	小矿		万吨	万立方米					
淄博市	188	9	19	160	0	27101	4336.35	0	5060.12	488271.4	24851.85	373205.58	57139.76
枣庄市	57	11	26	19	1	60859	4033.18	0	5422.02	1044369.2	153411.61	845229.31	-67679.07
济宁市	174	27	50	96	1	133755	9633.41	0	11328.32	4003453.72	205199.07	3308563.14	489643.81
泰安市	289	21	23	245	0	76912	4837.57	0	5155.02	921659.19	34847.04	834050.08	-140470.87
日照市	303	13	36	254	0	5497	2602.41	0	3502.05	122309.15	1918	66868.4	20752.64
临沂市	389	63	132	194	0	21713	5099.33	0	7251.72	502721.79	11398.61	400583.91	49789.83
菏泽市	146	4	2	140	0	18884	2070.39	0	2091.9	852411.35	6286.95	863692.1	170534.53

资料来源：山东省国土资源厅。

由以上表 5-1 和表 5-2 中统计数据可以看出，由于山东省矿产资源开发的集约化、规模化水平进一步提高，其矿产资源的矿企数量、年矿产总量、工业总产值、各矿种工业产值、利润总额以及人均矿业产值等基本上均处于逐渐减少的趋势。

2014 年，全省共有各类矿山企业 2969 个，比 2013 年减少 421 个，减少 12.42％，大中型矿山比例明显增大，小型矿山和小矿显著减少。按矿山生产规模分：大型矿山企业 281 家，占矿山企业总数的 9.46％，比上一年度增加 8 家，提高了 1.5 个百分点；中型矿山企业 445 家，占矿山企业总数的 14.99％，减少 80 家；小型矿山企业 2174 家，占矿山企业总数的 73.22％，减少 339 家；小矿 69 家，占矿山企业总数的 2.32％，减少 10 家。

2014 年，全省共生产各类矿产品（原矿量）49396.12 万吨，比 2013 年减少 1.55％；天然气 50000 万立方米，与 2013 年持平。按产品形态分：固体矿产 45954.27 万吨，比上一年度减少 830.27 万吨。其中，煤炭 13770.99 万吨，比上一年度减少 1316.98 万吨；金矿 2065.27 万吨，比上一年度增加 78.52 万吨；铁矿 3228.010 万吨，比上一年度减少 167.94 万吨；盐矿 1268 万吨，比上一年度增加 33.35 万吨；水泥用灰岩矿

6559.05 万吨，比上一年度增加 1280.89 万吨；建筑石料用灰岩矿 8255.15 万吨，比上一年度增加 923.73 万吨。液体矿产 3441.85 万吨，比上一年度增加 53.16 万吨。其中，石油 2787.13 万吨，比上一年度增加 10.89 万吨；地热 592.17 万吨，比上一年度增加 28.42 万吨；矿泉水 62.55 万吨，比上一年度增加 13.85 万吨。

2014 年，全省采矿业实现工业总产值 2253.25 亿元，受矿产品价格的影响，比上年度减少 239.82 亿元，减少 9.62%。其中，油气工业总产值 1166.19 亿元，比上一年度减少 37.06 亿元，减少 3.08%；煤炭工业总产值 669.23 亿元，比上一年度减少 161.73 亿元，减少 19.46%；铁矿工业总产值 96.80 亿元，比上一年度减少 23.13 亿元，减少 19.28%；金矿工业总产值 136.75 亿元，比上一年度减少 4.33 亿元，减少 3.07%；盐矿工业总产值 26.93 亿元，比上一年度减少 13.87 亿元，减少 34.00%；水泥用灰岩矿工业总产值 76.81 亿元，比上一年度减少 5.99 亿元，减少 7.23%；矿泉水工业总产值 2.33 亿元，比上一年度增加 0.17 亿元，增加 7.87%。

2014 年，由于矿产品价格持续走低，矿业开发利润明显降低，全省矿产资源开发利用利润总额 328.78 亿元，比上一年度减少 133.81 亿元，减少 28.93%。其中，油气矿产利润总额减少 51.84 亿元，减少 17.04%；煤炭利润总额减少 66.89 亿元，减少 68.25%；金矿利润总额减少 7.93 亿元，减少 24.76%；铁矿利润总额减少 8.79 亿元，减少 52.17%；盐矿利润总额减少 1.76 亿元，减少 67.69%；水泥用灰岩利润总额增加 3.65 亿元，增加 163.67%；矿泉水利润总额减少 0.05 亿元，减少 45.45%。

2014 年，全省矿山企业从业人员 56.37 万人。其中油气从业人员 7.81 万人，煤矿从业人员 31.93 万人，铁矿从业人员 3.31 万人，金矿从业人员 4.31 万人，盐矿从业人员 2.08 万人，水泥用灰岩矿从业人员 0.47 万人，建筑用花岗岩从业人员 0.48 万人，矿泉水从业人员 0.18 万人。全省人均矿业产值 39.97 万元，比 2013 年减少 3.52%。

2.2014 年河南省矿产资源开发利用状况

河南省简称"豫"，地处黄河中下游，因大部分地区在黄河以南，故名河南。省境东西长 580 公里，南北宽 550 公里，总面积 16.7 万平方公里，位居全国第 17 位，占全国土地面积的 1.73％。2014 年年末全省总人口 9413 万人。2014 年全省生产总值 34939.38 亿元，同比增长 8.9％，全国排名第五位。全省总共有 18 个地级市，其中洛阳市、南阳市、平顶山市、漯河市、许昌市、郑州市、开封市、信阳市、商丘市、周口市以及驻马店市等 11 个城市在淮河流域范围内。河南的矿产资源和矿业在全国均占有重要地位，其矿业产值已多年位于全国前五位。

（1）矿产资源种类

截至 2014 年年底，全省已发现的矿种为 142 种，含非金属亚矿种为 185 种，其中能源矿产 9 种，金属矿产 43 种，非金属矿产 88 种，非金属矿产亚矿种 131 种，水气矿产 2 种；全省已有探明资源储量的矿种为 110 种，含非金属亚矿种为 137 种，其中能源矿产 9 种，金属矿产 35 种，非金属矿产 64 种，非金属矿产亚矿种 91 种，水气矿产 2 种；全省已开发利用的矿种为 93 种，含非金属亚矿种为 118 种，其中能源矿产 6 种，金属矿产 23 种，非金属矿产 62 种，非金属矿产亚矿种 87 种，水气矿产 2 种。具体内容见表 5－3、表 5－4 和表 5－5。

表 5－3　2014 年年底河南省已发现矿产种类统计表

矿产类别		矿种（亚矿种）	矿种数（亚矿种数）
能源矿产		石油、天然气、煤、煤层气、石煤、油页岩、铀、钍、地热	9
金属矿产	黑色金属矿产	铁、锰、铬、钒、钛、	5
	有色金属矿产	铜、铅、锌、铝土矿、镍、钴、钨、钼、锑、镁、铋	11
	贵金属矿产	金、银、铱、钌、铑、锇、铂、钯	8
	稀有稀土矿产	铌、钽、铍、锂、铷、铯、锆、锶、铈、钇、钪、锗、镓、铟、铼、铊、镉、硒、碲	18

矿产类别		矿种（亚矿种）	矿种数（亚矿种数）
非金属矿产	冶金辅助原料非金属矿产	蓝晶石、硅线石、红柱石、菱镁矿、萤石（普通萤石）、石灰岩（熔剂用灰岩）、白云岩（冶金用白云岩）、石英岩（冶金用石英岩）、砂岩（铸型用砂岩）、天然石英砂（铸型用砂）、耐火黏土、铁矾土、橄榄岩（耐火用橄榄岩）、脉石英（冶金用脉石英）	14
	化工原料非金属矿产	硫铁矿、明矾石、芒硝、重晶石、天然碱、石灰岩（电石用灰岩、制碱用灰岩）、含钾砂页岩、蛇纹岩（化肥用蛇纹岩）、泥炭、盐矿、溴、碘、砷、磷矿、硼矿、含钾岩石、白云岩（化工用白云岩）、橄榄岩（化肥用橄榄岩）	18
	金刚石、水晶非金属矿产	金刚石、水晶（压电水晶、熔炼水晶、工艺水晶）、刚玉、电气石、石榴子石、方解石、冰洲石、宝石、玉石、玛瑙、萤石（光学萤石）	11
	硅灰石、高岭土非金属矿产	硅灰石、滑石、长石、叶腊石、砂岩（陶瓷用砂岩）、其他黏土（陶瓷用黏土）、霞石正长岩、高岭土、陶瓷土	9
	玻璃原料非金属矿产	白云岩（玻璃用白云岩）、砂岩（玻璃用砂岩）、天然石英砂（玻璃用砂）、脉石英（玻璃用脉石英）、粉石英、凝灰岩（玻璃用凝灰岩）、石英岩（玻璃用石英岩）、石灰岩（玻璃用灰岩）	8
	水泥原料非金属矿产	石灰岩（水泥用灰岩、制灰用灰岩）、泥灰岩、砂岩（水泥配料用砂岩、砖瓦用砂岩）、天然石英砂（砖瓦用砂）、页岩（陶粒页岩、水泥配料用页岩、砖瓦用页岩）、其他黏土（砖瓦用黏土、水泥配料用黏土、水泥配料用红土、水泥配料用黄土）、凝灰岩（水泥用凝灰岩）、大理岩（水泥用大理岩）、玄武岩（水泥混合材玄武岩）、脉石英（水泥配料用脉石英）	10
	黏土类非金属矿产	凹凸棒石黏土、海泡石黏土、伊利石黏土、膨润土、陶粒用黏土	5
	饰面建筑用非金属矿产	石灰岩（建筑石料用灰岩、饰面用灰岩）、白云岩（建筑用白云岩）、建筑用砂、橄榄岩（建筑用橄榄岩）、辉绿岩（建筑用辉绿岩、饰面用辉绿岩）、安山岩（建筑用安山岩、饰面用安山岩）、闪长岩（建筑用闪长岩）、花岗岩（建筑用花岗岩、饰面用花岗岩）、凝灰岩（建筑用凝灰岩）、火山灰、大理岩（饰面用大理岩、建筑用大理岩）、玄武岩（建筑用玄武岩、饰面用玄武岩）、角闪岩（建筑用角闪岩）、片麻岩、板岩（饰面用板岩）、辉石岩（建筑用辉石岩）、辉长岩（建筑用辉长岩）、正长岩（建筑用正长岩）	18
	石墨及其他非金属矿产	石墨、石棉、蓝石棉、云母、透闪石、蛭石、沸石、石膏、颜料矿物、白垩、透辉石、麦饭石、珍珠岩、浮石、天然油石、玄武岩（铸石用玄武岩、岩棉用玄武岩）	16
	暂未分类矿产	片石、千枚岩、建筑用页岩、建筑用砂岩	4
	非金属矿产合计		88（131）
水气矿产	地下水、矿泉水		2
合计			142（185）

资料来源：河南省国土资源厅。

表 5—4 2014 年年底河南省已有探明资源储量矿产种类统计表

矿产类别		矿种（亚矿种）	矿种数（亚矿种数）
能源矿产		石油、天然气、煤层气、煤、石煤、油页岩、铀、钍、地热	9
金属矿产	黑色金属矿产	铁、锰、钒、钛、	4
	有色金属矿产	铜、铅、锌、铝土矿、镍、钴、钨、钼、锑、镁、铋	11
	贵金属矿产	金、银、铱、钌、铑、锇、铂、钯	8
	稀有稀土矿产	铌、钽、铍、锂、铷、铯、锗、镓、铟、铼、镉、碲	12
非金属矿产	冶金辅助原料非金属矿产	蓝晶石、硅线石、红柱石、菱镁矿、普通萤石、石灰岩（熔剂用灰岩）、白云岩（冶金用白云岩）、石英岩（冶金用石英岩）、砂岩（铸型用砂岩）、耐火黏土、铁矾土、橄榄岩（耐火用橄榄岩）、脉石英（冶金用脉石英）	13
	化工原料非金属矿产	硫铁矿、重晶石、天然碱、石灰岩（电石用灰岩）、含钾砂页岩、蛇纹岩（化肥用蛇纹岩）、盐矿、砷、磷矿、含钾岩石、白云岩（化工用白云岩）、橄榄岩（化肥用橄榄岩）、芒硝	13
	金刚石、水晶非金属矿产	水晶（压电水晶）、石榴子石、方解石、玉石	4
	硅灰石、高岭土非金属矿产	硅灰石、滑石、长石、叶腊石、砂岩（陶瓷用砂岩）、霞石正长岩、高岭土、陶瓷土	8
	玻璃原料非金属矿产	白云岩（玻璃用白云岩）、砂岩（玻璃用砂岩）、脉石英（玻璃用脉石英）、粉石英、凝灰岩（玻璃用凝灰岩）、石英岩（玻璃用石英岩）	6
	水泥原料非金属矿产	石灰岩（水泥用灰岩、制灰用灰岩）、泥灰岩、砂岩（水泥配料用砂岩、砖瓦用砂岩）、其他黏土（砖瓦用黏土、水泥配料用黏土、水泥配料用黄土）、凝灰岩（水泥用凝灰岩）、大理岩（水泥用大理岩）、玄武岩（水泥混合材玄武岩）、页岩（砖瓦用页岩）	8
	黏土类非金属矿产	海泡石黏土、伊利石黏土、膨润土、陶粒用黏土	4
	饰面建筑用非金属矿产	石灰岩（建筑石料用灰岩、饰面用灰岩）、白云岩（建筑用白云岩）、建筑用砂、辉绿岩（建筑用辉绿岩、饰面用辉绿岩）、安山岩（建筑用安山岩、饰面用安山岩）、闪长岩（建筑用闪长岩、饰面用闪长岩）、花岗岩（建筑用花岗岩、饰面用花岗岩）、凝灰岩（建筑用凝灰岩、饰面用凝灰岩）、大理岩（饰面用大理岩、建筑用大理岩）、玄武岩（建筑用玄武岩、饰面用玄武岩）、角闪岩（建筑用角闪岩）、片麻岩、板岩（饰面用板岩）、辉长岩（建筑用辉长岩）	14
	石墨及其他非金属矿产	石墨、蓝石棉、云母、蛭石、沸石、石膏、透辉石、珍珠岩、天然油石、玄武岩（铸石用玄武岩、岩棉用玄武岩）	10
	非金属矿产合计		64（91）
水气矿产		地下水、矿泉水	2
合计			110（137）

资料来源：河南省国土资源厅。

表 5-5 2014 年年底河南省开发利用矿产种类统计表

矿产类别		矿种（亚矿种）	矿种数（亚矿种数）
能源矿产		石油、天然气、煤、石煤、煤层气、地热	6
金属矿产	黑色金属矿产	铁、锰、钒、钛	4
	有色金属矿产	铜、铅、锌、铝土矿、镍、钨、钼、锑、镁、铋	10
	贵金属矿产	金、银	2
	稀有稀土矿产	铌、钽、锂、铷、铯、镓、碲	7
非金属矿产	冶金辅助原料非金属矿产	蓝晶石、硅线石、红柱石、萤石（普通萤石）、石灰岩（熔剂用灰岩）、白云岩（冶金用白云岩）、石英岩（冶金用石英岩）、砂岩（铸型用砂岩）、耐火黏土、铁矾土、橄榄岩（耐火用橄榄岩）、脉石英（冶金用脉石英）	12
	化工原料非金属矿产	硫铁矿、重晶石、天然碱、蛇纹岩（化肥用蛇纹岩）、盐矿、含钾岩石	6
	金刚石、水晶非金属矿产	石榴子石、方解石、玉石、萤石（光学萤石）、宝石	5
	硅灰石、高岭土非金属矿产	硅灰石、滑石、长石、叶腊石、砂岩（陶瓷用砂岩）、霞石正长岩、高岭土、陶瓷土	8
	玻璃原料非金属矿产	白云岩（玻璃用白云岩）、砂岩（玻璃用砂岩）、脉石英（玻璃用脉石英）、粉石英、石英岩（玻璃用石英岩）、石灰岩（玻璃用灰岩）	6
	水泥原料非金属矿产	石灰岩（水泥用灰岩、制灰用灰岩）、泥灰岩、砂岩（水泥配料用砂岩、砖瓦用砂岩）、其他黏土（砖瓦用黏土、水泥配料用黏土、水泥配料用红土）、凝灰岩（水泥用凝灰岩）、大理岩（水泥用大理岩）、玄武岩（水泥混合材玄武岩）、页岩（砖瓦用页岩）、脉石英（水泥配料用脉石英）	9
	黏土类非金属矿产	伊利石黏土、膨润土、陶粒用黏土	3
	饰面建筑用非金属矿产	石灰岩（建筑石料用灰岩、饰面用灰岩）、白云岩（建筑用白云岩）、建筑用砂、辉绿岩（建筑用辉绿岩、饰面用辉绿岩）、安山岩（建筑用安山岩、饰面用安山岩）、闪长岩（建筑用闪长岩）、花岗岩（建筑用花岗岩、饰面用花岗岩）、凝灰岩（建筑用凝灰岩）、大理岩（饰面用大理岩、建筑用大理岩）、玄武岩（建筑用玄武岩、饰面用玄武岩）、角闪岩（建筑用角闪岩）、片麻岩、辉石岩（建筑用辉石岩）、辉长岩（建筑用辉长岩）、正长岩（建筑用正长岩）、	15
	石墨及其他非金属矿产	石墨、云母、沸石、石膏、珍珠岩、天然油石、浮石、透辉石	8
	暂未分类矿产	片石、千枚岩、建筑用页岩、建筑用砂岩	4
	非金属矿产合计		62 (87)
水气矿产		地下水、矿泉水	2
合计			93 (118)

资料来源：河南省国土资源厅。

（2）矿产资源开发利用情况

2014年，河南省各辖市矿业总产值位于前10位且在淮河流域范围内的行政区有五个，分别为：洛阳市、平顶山市、郑州市、许昌市和南阳市。洛阳市矿业工业总产值为142.21亿元，高居全省第一；平顶山市工业总产值为140.91亿元，全省第二；郑州矿业工业总产值为82.29亿元，为全省第四位；许昌市工业总产值为全省第六；南阳市工业总产值为全省第十。2014年河南省矿产资源开发利用情况具体见表5—6、表5—7、表5—8、表5—9。

表5—6 2014年度河南省矿业开发情况一览表（淮河流域内部分地市）

行政区名称	矿山个数	从业人员（个）	年产矿量（万吨）	工业总产值（万元）	综合利用产值（万元）	矿产品销售收入（万元）	利润总额（万元）
合计	2798.00	438470.00	32095.36	7799059.99	473417.44	6601964.55	765834.12
郑州市	340.00	56753.00	4728.27	822900.85	62475.68	748581.71	18541.93
洛阳市	585.00	51760.00	5044.52	1422128.03	126298.97	938760.29	153035.08
平顶山市	180.00	98177.00	4028.06	1409136.71	44618.50	1319603.62	20362.13
安阳市	124.00	9296.00	1504.68	143448.41	32403.00	122082.67	14675.83
许昌市	178.00	33830.00	1812.38	459504.23	11055.00	415842.96	66559.89
漯河市	4.00	276.00	94.68	182102.71	0.80	2930.76	1057.00
南阳市	298.00	10871.00	1001.45	253792.35	17024.10	233022.84	67015.40
信阳市	223.00	5019.00	764.29	93968.08	58773.22	55917.81	11605.72
驻马店市	233.00	3214.00	245.32	28488.00	1036.00	22208.78	3371.50

资料来源：河南省国土资源厅。

表5—7 2014年度河南省矿产资源开发利用情况统计汇总（按矿产种分列）

序号	矿种	矿山企业个数	从业人员（个）	年产矿量		工业总产值（万元）	矿产品销售收入（万元）
				万吨	亿立方米		
1	合计	2798	438470	32095.36	0	7799059.99	6601964.55
2	煤炭	481	347815	11796.53	0	5316319.1	4983695.17
3	石煤	1	30	0	0	0	0
4	地下热水	7	303	869.57	0	4600.07	2866.54

续表

序号	矿种	矿山企业个数	从业人员（个）	年产矿量		工业总产值（万元）	矿产品销售收入（万元）
				万吨	亿立方米		
5	铁矿	166	9220	520.41	0	172591.46	137397.88
6	锰矿	2	30	0.89	0	302.6	302.6
7	钛矿	1	1	0	0	0	0
8	钒矿	9	19	0	0	0	0
9	铜矿	14	279	6.37	0	3806.85	2079.95
10	铅矿	105	2600	24.68	0	44415	40571
11	锌矿	15	177	1.33	0	151.2	151.2
12	铝土矿	97	4822	756.25	0	115006.39	82985.44
13	镍矿	1	3	0	0	0	0
14	钼矿	24	12067	2651.06	0	838514.88	401222.28
15	锑矿	3	110	0.59	0	283.2	0
16	金矿	106	22756	379.82	0	330438.32	292785.22
17	银矿	14	2309	45.62	0	49604.2	46968.3
18	锂矿	3	60	0	0	0	0
19	蓝晶石	3	220	1.7	0	1500	1222
20	红柱石	1	10	0	0	0	0
21	普通萤石	212	1928	9.73	0	3952.37	3606.86
22	熔剂用灰岩	15	761	479.81	0	7191.73	5515.28
23	冶金用白云岩	8	100	4.56	0	150	90
24	冶金用石英岩	11	49	2.13	0	106.5	64.96
25	冶金用脉石英	14	92	0	0	0	0
26	耐火黏土	29	495	33.03	0	16329.8	14723.8
27	铁矾土	7	60	1.3	0	235	109.04
28	铸型用黏土	1	10	0	0	0	0
29	耐火用橄榄岩	2	25	5	0	260	180
30	硫铁矿	8	820	33.43	0	13244.58	13241.27
31	明矾石	1	702	0	0	0	0
32	重晶石	22	397	5.6	0	1987	1324
33	天然碱	2	1738	156.85	0	196941.93	187571.78
34	电石用灰岩	4	146	9.3	0	150	139.5

续表

序号	矿种	矿山企业个数	从业人员（个）	年产矿量 万吨	年产矿量 亿立方米	工业总产值（万元）	矿产品销售收入（万元）
35	化工用白云岩	2	30	0	0	0	0
36	含钾岩石	1	2	0	0	0	0
37	化肥用蛇纹岩	3	24	0	0	0	0
38	盐矿	12	6996	469.19	0	266999.71	80860.76
39	石墨	16	274	1.5	0	130	130
40	硅灰石	2	22	0	0	0	0
41	滑石	9	68	0.13	0	4	4
42	云母	1	3	0	0	0	0
43	长石	34	296	0.67	0	44.7	36.7
44	石榴子石	1	8	0	0	0	0
45	叶蜡石	1	0	0	0	0	0
46	透辉石	1	5	0	0	0	0
47	沸石	1	1	0	0	0	0
48	石膏	7	23	0	0	0	0
49	方解石	7	86	30.01	0	1593.4	1593.4
50	玉石	3	122	0.01	0	1669.35	1669.35
51	水泥用灰岩	113	3117	3224.38	0	195131.86	135017.99
52	建筑石料用灰岩	570	8833	9203.25	0	149208.46	111132.49
53	饰面用灰岩	2	18	0	0	0	0
54	制灰用石灰岩	13	175	66.81	0	932.86	370.55
55	泥灰岩	4	52	0	0	0	0
56	玻璃用白云岩	3	30	1.97	0	121.75	108.55
57	建筑用白云岩	37	365	107.28	0	2833.05	2282.15
58	玻璃用石英岩	61	391	25.77	0	871.7	755.35
59	玻璃用砂岩	9	96	1.5	0	383.8	60
60	水泥配料用砂岩	17	291	104.49	0	1146.6	1090.54
61	砖瓦用砂岩	8	45	0.51	0	140	115
62	陶瓷用砂岩	1	6	0	0	10	0
63	建筑用砂岩	11	138	39.62	0	486.38	394.28
64	建筑用砂	44	345	16.01	0	739.55	613.45

续表

序号	矿种	矿山企业个数	从业人员（个）	年产矿量		工业总产值（万元）	矿产品销售收入（万元）
				万吨	亿立方米		
65	玻璃用脉石英	23	196	1.33	0	133	133
66	粉石英	1	12	3	0	65	30
67	天然油石	1	20	0	0	0	0
68	砖瓦用页岩	69	1344	139.37	0	9052.42	8449.91
69	水泥配料用页岩	1	14	2	0	40	20
70	建筑用页岩	3	29	4	0	65	20
71	高岭土	10	105	0.3	0	50	30.4
72	陶瓷土	5	79	3.55	0	169.19	156.43
73	伊利石黏土	1	15	0	0	0	0
74	膨润土	4	34	0.31	0	65	65
75	砖瓦用黏土	14	296	17.2	0	344	344
76	陶粒用黏土	1	1	0	0	0	0
77	饰面用玄武岩	1	20	0	0	0	0
78	水泥混合材玄武岩	1	3	0	0	0	0
79	建筑用玄武岩	14	74	0.16	0	50	10
80	饰面用辉绿岩	5	18	0	0	0	0
81	建筑用辉绿岩	2	8	0	0	0	0
82	饰面用辉长岩	1	10	0	0	0	0
83	饰面用安山岩	2	15	0	0	0	0
84	建筑用安山岩	11	99	5.7	0	265	131
85	建筑用闪长岩	3	56	6	0	300	200
86	饰面用闪长岩	1	18	7.88	0	275.8	275.8
87	建筑用花岗岩	51	589	85.25	0	5157.38	4460.08
88	饰面用花岗岩	83	1073	121.79	0	10563	7534.2
89	珍珠岩	4	940	157	0	21690	16000
90	浮石	1	20	0	0	0	0
91	霞石正长岩	2	40	3	0	50	50
92	水泥用凝灰岩	1	0	0	0	0	0
93	建筑用凝灰岩	15	165	51.38	0	2003.02	1802.42
94	饰面用大理岩	26	279	5.11	0	1548.96	888.96

续表

序号	矿种	矿山企业个数	从业人员（个）	年产矿量		工业总产值（万元）	矿产品销售收入（万元）
				万吨	亿立方米		
95	建筑用大理岩	37	481	38.19	0	1112.12	914.12
96	水泥用大理岩	6	257	350.67	0	5363.74	5282.6
97	饰面用板岩	1	5	0	0	0	0
98	水泥配料用板岩	1	30	0	0	0	0
99	片麻岩	6	39	0	0	50	0
100	矿泉水	7	70	3.52	0	118	118

资料来源：河南省国土资源厅。

表 5－8　2014 年度河南省石油天然气储量利用情况汇总表

矿种	油汽田总个数	从业人员（个）	年产量		工业总产值（万元）	销售收入（万元）	利税总额（万元）
			油产量（万吨）	气产量（亿立方米）			
石油天然气	54	47321	526.01	123.55	4946833	4593932	1486803

资料来源：河南省国土资源厅。

表 5－9　截至 2014 年年底河南省矿产保有查明资源储量及当年变化情况统计表

矿产	单位	资源储量			
		上年	本年	变化量	变化率
煤炭	千吨	27280122.05	30310883.44	3030761.39	5.26
煤层气	气体亿立方米	0.00	3.17	3.17	100.00
石煤	千吨	134.90	676.80	541.90	66.76
油页岩	千吨	90454.00	90454.00	0.00	0.00
钍	钍 吨	3840.56	3840.56	0.00	0.00
铁矿	矿石 千吨	1884891.26	2026813.11	141921.85	3.63
锰矿	矿石 千吨	2140.94	2107.94	−33.00	−0.78
钛矿	钛铁矿 TiO_2 吨	414773.69	414273.69	−500.00	−0.06
钛矿	金红石 吨	4074842.94	4074842.94	0.00	0.00
钒矿	V_2O_5 吨	2005492.37	3623630.98	1618138.61	28.75
铜矿	铜 吨	637018.42	640258.03	3239.61	0.25
铅矿	铅 吨	4079092.99	4399494.82	320401.83	3.78

续表

矿产	单位	资源储量			
		上年	本年	变化量	变化率
锌矿	锌 吨	2660084.15	2704945.66	44861.51	0.84
铝土矿	矿石 千吨	686812.16	742008.63	55196.47	3.86
镁矿	矿石 千吨	178336.90	178336.90	0.00	0.00
镍矿	镍 吨	328388.00	328388.00	0.00	0.00
钴矿	钴 吨	15663.47	15663.47	0.00	0.00
钨矿	WO_3 吨	291470.85	270592.96	−20877.89	−3.71
铋矿	铋 吨	106.35	106.35	0.00	0.00
钼矿	钼 吨	4913746.18	5658637.13	744890.95	7.05
锑矿	锑 吨	51140.17	63518.95	12378.78	10.80
铂矿	铂 千克	18401.00	18401.00	0.00	0.00
钯矿	钯 千克	15703.00	15703.00	0.00	0.00
铱矿	铱 千克	304.00	304.00	0.00	0.00
铑矿	铑 千克	171.00	171.00	0.00	0.00
锇矿	锇 千克	712.00	712.00	0.00	0.00
钌矿	钌 千克	4654.00	4654.00	0.00	0.00
金矿	岩金 金 千克	532671.09	606355.17	73684.08	6.47
金矿	砂金 金 千克	6465.41	6465.41	0.00	0.00
金矿	伴生金 金 千克	9922.26	13913.27	3991.01	16.74
银矿	银 吨	9370.56	11519.29	2148.73	10.29
铌矿	Nb_2O_5 吨	43.18	43.18	0.00	0.00
钽矿	Ta_2O_5 吨	97.31	97.31	0.00	0.00
铍矿	BeO 吨	458.04	449.54	−8.50	−0.94
锂矿	Li_2O 吨	60925.34	57160.08	−3765.26	−3.19
铷矿	Rb_2O 吨	415.48	415.48	0.00	0.00
铯矿	Cs_2O 吨	57.99	57.99	0.00	0.00
锗矿	锗 吨	2.00	2.00	0.00	0.00
镓矿	镓 吨	147072.59	150625.19	3552.60	1.19
铟矿	铟 吨	75.41	193.41	118.00	43.90
铼矿	铼 吨	46.21	15.65	−30.56	−49.40

矿产	单位	资源储量			
		上年	本年	变化量	变化率
镉矿	镉 吨	1191.07	1816.45	625.38	20.79
碲矿	碲 吨	6.20	4.20	−2.00	−19.23
蓝晶石	蓝晶石 吨	3523020.00	3767815.00	244795.00	3.36
红柱石	红柱石 吨	9953800.00	9953800.00	0.00	0.00
普通萤石	萤石或 CaF2 千吨	1750.44	2319.85	569.41	13.99
熔剂用灰岩	矿石 千吨	977022.23	970757.65	−6264.58	−0.32
冶金用白云岩	矿石 千吨	295242.50	319099.00	23856.50	3.88
冶金用石英岩	矿石 千吨	48203.86	48203.86	0.00	0.00
铸型用砂岩	矿石 千吨	19127.00	19127.00	0.00	0.00
冶金用脉石英	矿石 千吨	3.85	0.00	−3.85	−100.00
耐火黏土	矿石 千吨	293833.86	281903.06	−11930.80	−2.07
铁矾土	矿石 千吨	17809.57	19316.77	1507.20	4.06
耐火用橄榄岩	矿石 千吨	74308.33	74308.33	0.00	0.00
自然硫	硫 千吨	93.45	101.25	7.80	4.01
硫铁矿	矿石 千吨	210694.89	213028.72	2333.83	0.55
硫铁矿	伴生硫 硫 千吨	14082.05	14143.40	61.35	0.22
芒硝	矿石 千吨	160134.40	160134.40	0.00	0.00
重晶石	矿石 千吨	4497.80	2957.90	−1539.90	−20.65
天然碱	$Na_2CO_3+NaHCO_3$ 千吨	445269.10	135683.60	−309585.50	−53.29
电石用灰岩	矿石 千吨	194698.00	21246.00	−173452.00	−80.32
化工用白云岩	矿石 千吨	1347.70	1347.70	0.00	0.00
含钾砂页岩	矿石 千吨	197893.00	197893.00	0.00	0.00
含钾岩石	矿石 千吨	22323.39	20825.28	−1498.11	−3.47
化肥用橄榄岩	矿石 千吨	73931.00	73931.00	0.00	0.00
化肥用蛇纹岩	矿石 千吨	76370.00	76370.00	0.00	0.00
盐矿	NaCl 千吨	9472981.10	9993887.30	520906.20	2.68
砷矿	砷 吨	152.00	152.00	0.00	0.00
磷矿	矿石 千吨	80534.04	81896.62	1362.58	0.84

续表

矿产	单位	资源储量			
		上年	本年	变化量	变化率
磷矿	伴生磷 P_2O_5 千吨	759.12	759.12	0.00	0.00
石墨	晶质石墨 千吨	8523.63	8511.23	−12.40	−0.07
压电水晶	单晶 千克	148.00	148.00	0.00	0.00
熔炼水晶	矿物 吨	9.00	9.00	0.00	0.00
硅灰石	矿石 千吨	11702.88	7816.70	−3886.18	−19.91
滑石	矿石 千吨	3346.73	2056.73	−1290.00	−23.87
蓝石棉	蓝石棉 吨	4358.35	4358.35	0.00	0.00
云母	工业原料云母 吨	115.00	214.00	99.00	30.09
长石	矿石 千吨	275.50	21335.00	21059.50	97.45
石榴子石	矿石 千吨	336.00	0.00	−336.00	−100.00
透辉石	矿石 千吨	2254.00	2254.00	0.00	0.00
沸石	矿石 千吨	61426.00	58001.80	−3424.20	−2.87
石膏	矿石 千吨	760390.20	760391.20	1.00	0.00
玻璃用灰岩	矿石 千吨	6394.00	0.00	−6394.00	−100.00
水泥用灰岩	矿石 千吨	7271124.41	7049067.52	−222056.89	−1.55
建筑石料用灰岩	矿石 千立方米	0.00	30515.30	30515.30	100.00
建筑用白云岩	矿石 千立方米	85137.70	0.00	−85137.70	−100.00
玻璃用石英岩	矿石 千吨	108415.50	168908.50	60493.00	21.81
玻璃用脉石英	矿石 千吨	1548.00	0.00	−1548.00	−100.00
天然油石	矿石 千吨	701.00	705.70	4.70	0.33
高岭土	矿石 千吨	11952.47	11738.50	−213.97	−0.90
陶瓷土	矿石 千吨	1777.00	4522.60	2745.60	43.58
伊利石黏土	矿石 千吨	11400.00	11400.00	0.00	0.00
膨润土	矿石 千吨	17241.00	1109.60	−16131.40	−87.91
水泥配料用黏土	矿石 千吨	220404.40	214584.40	−5820.00	−1.34
水泥配料用黄土	矿石 千吨	0.00	13900.00	13900.00	100.00
建筑用玄武岩	矿石 千立方米	0.00	3996.40	3996.40	100.00
饰面用花岗岩	矿石 千立方米	9367.00	12715.00	3348.00	15.16
珍珠岩	矿石 千吨	112988.00	100364.70	−12623.30	−5.92
霞石正长岩	矿石 千吨	111873.00	111841.10	−31.90	−0.01
玻璃用凝灰岩	矿石 千吨	36940.00	36940.00	0.00	0.00
水泥用大理岩	矿石 千吨	361154.96	338579.20	−22575.76	−3.23

资料来源：河南省国土资源厅。

3. 江苏省矿产资源开发利用状况（截至 2012 年年底）

江苏简称"苏"，位于我国大陆东部沿海中心，跨长江下游两岸，东临黄海，西北连安徽、山东，东南接浙江、上海。总共有 13 个地级市，其中有南京市、徐州市、南通市、连云港市、淮安市、盐城市、扬州市、镇江市、泰州市以及宿迁市等 10 个地市属于淮河流域范围。江苏省矿产资源分布广泛，品种较多。下面分别从矿产资源现状、矿产地规模以及矿产储量三个方面详细介绍截至 2012 年年底江苏省矿产资源的开发利用状况。

（1）矿产资源现状

截至 2012 年年底，江苏省已发现 133 种矿产（不包括亚矿种），其中有 67 种的资源储量已查明，66 种未查明。具体情况见表 5—10。

表 5—10 江苏省矿产种类一览表

查明资源储量的矿种			已发现尚未查明资源储量的矿种	
矿产类别	矿种数	名称	矿种数	名称
能源矿产	4	煤、石油、天然气、地热	3	油页岩、煤成气、铀
金属矿产	19	铁、锰、钛、钒、铜、铅、锌、镁、钼、金、银、铌、钽、锆、锶、锗、铟、铼、镉	25	铬、铝土矿、镍、钴、锡、钨、铋、锂、铷、铯、钇、钪、铽、镝、铈、镧、镨、钕、钐、铕、镓、铪、硒、钪、碲
非金属矿产	41	金刚石、硫铁矿、蓝晶石、红柱石、硅灰石、云母、长石、蛭石、沸石、明矾石、芒硝、石膏、方解石、萤石、宝石、石灰岩、泥灰岩、白云岩、石英岩、天然石英砂、含钾砂页岩、高岭土、陶瓷土、耐火黏土、凹凸棒黏土、膨润土、其他黏土、蛇纹岩、玄武岩、辉绿岩、闪长岩、花岗岩、珍珠岩、凝灰岩、大理岩、泥炭、盐矿、硼矿、磷矿、绢云母、石榴子石	37	石墨、自然硫、水晶、刚玉、滑石、石棉、黄玉、叶蜡石、透辉石、透闪石、重晶石、天然碱、菱镁矿、玛瑙、颜料矿物、白垩、脉石英、粉石英、含钾岩石、硅藻土、页岩、海泡石黏土、伊利石黏土、累托石黏土、橄榄岩、角闪岩、安山岩、麦饭石、松脂岩、浮石、粗面岩、霞石正长岩、火山渣、板岩、片麻岩、钾盐、砷
水气矿产	3	地下水、矿泉水、二氧化碳气	1	氦气
合计	67		66	

资料来源：江苏省国土资源厅。

（2）矿产地及规模

截至2012年年底，全省已有577处查明资源储量的矿产地列入《江苏省矿产资源储量统计表》。矿产地规模以中、小型为主，中、小型矿产地占矿产地总数的82%。具体内容见表5—11。

表5—11　江苏省矿产地矿床规模和矿产勘查程度统计表

矿产种类	矿产地数	矿床规模			勘查程度		
		大型	中型	小型	勘探	详查	普查
能源矿产（煤）	97	15	6	76	43	33	21
黑色金属矿产	44	6	14	24	24	13	7
有色金属矿产	73	3	8	62	26	21	26
贵金属矿产	25	1	5	19	8	12	5
稀有分散元素矿产	11	1	2	8	3	4	4
冶金辅助原料矿产	25	7	5	13	7	6	12
化工原料非金属矿产	85	23	32	30	47	28	10
建材非金属矿产	217	51	67	99	42	111	64
全省合计	577	107	139	331	200	228	149
所占百分比（%）	18	24	58	35	39	26	

资料来源：江苏省国土资源厅。

（3）矿产资源储量及其变化

截至2012年年底，列入《江苏省矿产资源储量统计表》的矿产及保有资源储量总量，具体内容见表5—12、表5—13、表5—14。

表5—12　截至2012年年底江苏省主要矿产资源保有资源储量按矿种统计表

矿产名称	单位	矿产地数	矿产资源储量		
			基础储量	资源量	资源储量
煤炭	合计 千吨	97	1081937.67	2186764.08	3268701.75
铁矿	矿石 千吨	34	178005.80	599250.98	777256.78
钛矿	金红石 TiO_2 吨	6	133631.00	933369.00	1067000.00
	钛铁矿矿物 吨	2	35886.00	2108249.00	2144135.00
钒矿	V_2O_5 吨	1	48330.00	3504.00	51834.00
铜矿	铜 吨	34	38617.57	540431.67	579049.24
铅矿	铅 吨	14	105256.75	552874.39	658131.14
锌矿	锌 吨	17	182068.80	957922.35	1139991.15
钼矿	钼 吨	7	648.15	8228.76	8876.91
金矿	金 千克	11	1319.62	23432.53	24752.15

续表

矿产名称	单位	矿产地数	矿产资源储量		
			基础储量	资源量	资源储量
银矿	银 吨	14	60.77	2642.41	2703.18
铌钽矿	(Nb+Ta)$_2$O$_5$ 吨	1	—	38439.91	38439.91
铌矿	铌（钶）铁矿 吨	1	51.00	38.00	89.00
普通萤石	萤石或 CaF$_2$ 千吨	1	—	344.95	344.95
耐火黏土	矿石 千吨	3	593.00	1554.47	2147.47
硫铁矿	矿石 千吨	20	3359.54	33088.54	36448.08
伴生硫	硫 千吨	6	1511.92	5100.15	6612.07
芒硝	Na$_2$SO$_4$ 千吨	20	570837.09	716731.71	1287568.80
盐矿	NaCl 千吨	22	8430953.33	8158204.63	16589157.96
磷矿	矿石 千吨	7	12986.82	79225.04	92211.86
金刚石	金刚石 克	1	—	891.00	891.00
石膏	矿石 千吨	4	670216.39	2487122.31	3157338.70
水泥用灰岩	矿石 千吨	70	1185214.65	1904597.90	3089812.55
高岭土	矿石 千吨	12	7005.25	37647.30	44652.55
凹凸棒石黏土	矿石 千吨	16	9901.00	83862.00	93763.00
膨润土	矿石 千吨	15	153350.00	27526.46	180876.46
玻璃用砂岩	矿石 千吨	3	17990.00	37450.00	55440.00
玻璃用砂	矿石 千吨	6	7690.00	39350.00	47040.00

资料来源：江苏省国土资源厅（注：主要矿产是指列入全国45种主要矿产目录内的矿产）。

表 5—13　截至 2012 年年底江苏省固体矿产资源保有资源储量潜在总值表（前十位）

矿产名称	单位	资源储量	潜在总值（亿元）
煤炭	合计 千吨	3268701.75	1668.35
铁矿	矿石 千吨	777256.78	304.68
熔剂用灰岩	矿石 千吨	406852.55	81.37
硫铁矿	矿石 千吨	36448.08	28.07
伴生硫	硫 千吨	6612.07	26.85
芒硝	Na$_2$SO$_4$ 千吨	1287568.80	3701.18
制碱用灰岩	矿石 千吨	332371.00	66.47
盐矿	NaCl 千吨	16589157.96	6220.93
石膏	矿石 千吨	3157338.70	1894.40
水泥用灰岩	矿石 千吨	3089812.55	617.96
饰面用大理岩	矿石 千立方米	35649.00	143.12
合计			14643.38

资料来源：江苏省国土资源厅。

表 5－14　截至 2012 年年底江苏省固体矿产资源保有资源储量按矿种统计表

矿类	矿产名称	单位	矿产地数	矿产资源储量		
				基础储量	资源量	资源储量
能源	煤炭	合计 千吨	97	1081937.67	2186764.08	3268701.75
黑色金属	铁矿	矿石 千吨	34	178005.80	599250.98	777256.78
	钛矿	金红石 TiO_2 吨	6	133631.00	933369.00	1067000.00
		钛铁矿矿物 吨	2	35886.00	2108249.00	2144135.00
	钒矿	V_2O_5 吨	1	48330.00	3504.00	51834.00
有色金属	铜矿	铜 吨	34	38617.57	540431.67	579049.24
	铅矿	铅 吨	14	105256.75	552874.39	658131.14
	锌矿	锌 吨	17	182068.80	957922.35	1139991.15
	镁矿	矿石 千吨	1	9280.00	4731.00	14011.00
	钼矿	钼 吨	7	648.15	8228.76	8876.91
贵重金属	金矿	金 千克	11	1319.62	23432.53	24752.15
	银矿	银 吨	14	60.77	2642.41	2703.18
稀有稀土金属	铌钽矿	$(Nb+Ta)_2O_5$ 吨	1	0	38439.91	38439.91
	铌矿	铌（钶）铁矿 吨	1	51.00	38.00	89.00
	锆矿	锆英石 吨	1	0	124.00	124.00
	锶矿	天青石 吨	1	331178.00	127890.00	459068.00
	锗矿	锗 吨	3	82.00	0	82.00
	铼矿	铼 吨	1	0	1.00	1.00
	镉矿	镉 吨	2	0	24.00	24.00
冶金辅助原料非金属	蓝晶石	蓝晶石 吨	2	1197303.00	287900.00	1485203.00
	红柱石	红柱石 吨			993400.00	993400.00
	普通萤石	萤石或 CaF_2 千吨	1	0	344.95	344.95
	熔剂用灰岩	矿石 千吨	7	238567.59	168284.96	406852.55
	冶金用白云岩	矿石 千吨	6	28723.00	216786.70	245509.70
	冶金用石英岩	矿石 千吨	1		5170.00	5170.00
	铸型用砂	矿石 千吨	1	0	4400.00	4400.00
	耐火黏土	矿石 千吨	3	593.00	1554.47	2147.47
	熔剂用蛇纹岩	矿石 千吨	3	104241.98	32711.00	136952.98

续表

矿类	矿产名称	单位	矿产地数	矿产资源储量		
				基础储量	资源量	资源储量
化工原料非金属	硫铁矿	矿石 千吨	20	3359.54	33088.54	36448.08
		伴生硫 硫 千吨	6	1511.92	5100.15	6612.07
	明矾石	明矾石 千吨	2	0	531.00	531.00
	芒硝	Na₂SO₄ 千吨	20	570837.09	716731.71	1287568.80
	制碱用灰岩	矿石 千吨	4	200905.00	131466.00	332371.00
	含钾砂页岩	矿石 千吨	1	423968.00	1644440.00	2068408.00
	化肥用蛇纹岩	矿石 千吨	1	6022.00	5533.00	11555.00
	泥炭	矿石 千吨	1	0	115.00	115.00
	盐矿	NaCl 千吨	22	8430953.33	8158204.63	16589157.96
	磷矿	矿石 千吨	7	12986.82	79225.04	92211.86
建材和其他非金属	金刚石	金刚石 克	1	0	891.00	891.00
	硅灰石	矿石 千吨	2	48.00	623.00	671.00
	云母	工业原料云母 吨	2	84200.00	269245.00	353445.00
	长石	矿石 千吨	1	144.00	230.00	374.00
	石榴子石	矿石 千吨	1	0	214.00	214.00
	蛭石	矿石 千吨	3	101.00	1943.00	2044.00
	沸石	矿石 千吨	1	0	2515.00	2515.00
	石膏	矿石 千吨	4	670216.39	2487122.31	3157338.70
	方解石	矿石 千吨	3	5193.30	24864.80	30058.10
	宝石	矿物 千克	4	83.00	8690.00	8773.00
	水泥用灰岩	矿石 千吨	70	1185214.65	1904597.90	3089812.55
	泥灰岩	矿石 千吨	1	2831.40	6619.00	9450.40
	玻璃用石英岩	矿石 千吨	2	380.00	1450.00	1830.00
	玻璃用砂岩	矿石 千吨	3	17990.00	37450.00	55440.00
	水泥配料用砂岩	矿石 千吨	7	63923.00	27428.80	91351.80
	陶瓷用砂岩	矿石 千吨	1	0	136.00	136.00
	玻璃用砂	矿石 千吨	6	7690.00	39350.00	47040.00
	建筑用砂	矿石 千立方米	1	58660.00	74130.00	132790.00
	高岭土	矿石 千吨	12	7005.25	37647.30	44652.55
	陶瓷土	矿石 千吨	16	43749.90	38771.00	82520.90
	凹凸棒石黏土	矿石 千吨	16	9901.00	83862.00	93763.00
	膨润土	矿石 千吨	15	153350.00	27526.46	180876.46

续表

矿类	矿产名称	单位	矿产地数	矿产资源储量		
				基础储量	资源量	资源储量
建材和其他非金属	水泥配料用黏土	矿石 千吨	25	137580.00	73315.00	210895.00
	水泥配料用黄土	矿石 千吨	3	13990.00	2600.00	16590.00
	保温材料用黏土	矿石 千吨	1	1786.00	1029.00	2815.00
	铸石用玄武岩	矿石 千吨	1	760.00	0	760.00
	岩棉用玄武岩	矿石 千吨	1	0	20740.00	20740.00
	建筑用玄武岩	矿石 千立方米	1	0	15160.06	15160.06
	水泥用辉绿岩	矿石 千吨	1	580.00	0	580.00
	水泥用闪长玢岩	矿石 千吨	1	120.00	100.00	220.00
	建筑用花岗岩	矿石 千立方米	1	10.00	70.00	80.00
	饰面用花岗岩	矿石 千立方米	1	0	220.00	220.00
	珍珠岩	矿石 千吨	1	5790.00	4150.00	9940.00
	水泥用凝灰岩	矿石 千吨	1	6100.00	0	6100.00
	饰面用大理岩	矿石 千立方米	6	5068.00	30581.00	35649.00
	玻璃用大理岩	矿石 千吨	1	0	34150.00	34150.00

资料来源：江苏省国土资源厅。

4. 安徽省矿产资源开发利用状况（2010 年以来）

安徽省简称"皖"，位于华东地区西北部。现辖 6 地区、19 市、59 县，其中合肥市、淮北市、亳州市、宿州市、蚌埠市、阜阳市、淮南市、滁州市、六安市以及安庆市等 10 个地市属于淮河流域范围。自新中国成立以来，安徽省已累计发现 96 种矿产，2000 多处矿产地，而且其中 67 种矿产和 711 处矿区已探明资源储量。在已探明资源储量的矿产中，煤、铁、铜、硫铁矿、水泥用灰岩和明矾石的储量较大，且铁、铜、硫铁矿、水泥用灰岩和明矾石的保有储量占全国前五位，煤的保有储量居全国第 7 位。关于安徽省 2010 年以来的矿产资源开发利用和其矿产资源型产业发展的状况，详情见表 5－15 至表 5－18。

表 5−15　2010 年淮河流域安徽段矿产资源型城市产业发展情况

区域	矿山数（家）	从业人数（人）	年产矿石量（万吨）	工业总产值（万元）	综合利用产值（万元）	利润总额（万元）
蚌　埠	192	9098	285.93	26388.73	1602.4	1366.65
淮　南	55	87938	7749.83	4372487.78	8870.14	121832.04
淮　北	76	82955	4050.85	1473095.98	28009.43	129688.06
滁　州	270	13721	1725.45	171106.65	6366.53	4814.1
阜　阳	576	25125	2191.17	517147.24	0	135705.25
宿　州	455	36355	3294.79	472213.99	206	6619.05
六　安	457	24746	3109.14	384090.14	2791.2	83492.96
亳　州	129	12899	1031.61	257324.79	463.5	33646.98

资料来源：万伦来：《淮河流域矿产资源开发、生态环境演变与新型工业化道路研究》，经济管理出版社 2013 年版。

表 5−16　2010 年安徽段矿业工业产值占工业总产值的比重

区域	矿业工业总产值（万元）	工业总产值（亿元）	矿业产值所占比重（％）
蚌　埠	26388.73	772.68	0.34
淮　南	4372487.78	788.93	55.42
淮　北	1473095.98	881.41	16.71
滁　州	171106.65	1052.97	1.62
阜　阳	517147.24	703.7	7.35
宿　州	472213.99	676.92	6.98
六　安	384090.14	832.71	4.61
亳　州	257324.79	324.33	7.93

资料来源：万伦来：《淮河流域矿产资源开发、生态环境演变与新型工业化道路研究》。

表 5−17　安徽省 2013 年矿产资源地质勘查情况

年份	新发现矿产地（处）	大型（处）	中型（处）	小型（处）	煤矿新增查明资源量（亿吨）	铁矿新增查明资源量（亿吨）	铜矿新增查明资源量（亿吨）	钼矿新增查明资源量（万吨）	新增国家级整装勘查区（个）
2013	13	6	5	2	26.7851	4.5073	135.7355	250	3

资料来源：安徽省国土资源厅有关数据整理得到。

表 5—18 安徽省 2013—2016 年地质灾害情况

年份	地质灾害（起）	同比增长（%）	直接经济损失（万元）	同比增长（%）	转移人数（个）	同比增长（%）	成功预报地质灾害（起）	减少经济损失（万元）
2013	261	−25.6	2247.75	−51.7	2157	−31.6	65	107
2014	126	−51.7	590.40	−73.7	—	—	8	49
2015	616	390	13700	2220	5280	380	12	120
2016	330	79.3	1685.0	132.4	1687	33.4	—	—

资料来源：安徽省国土资源厅有关数据整理得到。

（二）基于 DEA 的淮河流域矿产资源开发利用效率研究

矿产资源是由公众共同享有的，因此其具有公共品的属性。在其开发利用活动中产生的外部不经济性的表现是采矿人按利润最大化原则确定的开采量，往往与符合公共利益最大化原则而确立的数量相去甚远，从而导致了诸如矿山开采破坏植被资源、地表塌陷、水土流失、尾矿（废矿）堆积占用耕地等一系列问题的产生。矿产资源得到可持续利用就要充分考虑矿产资源开发利用带来的外部不经济性的负面效果，为此本部分运用数据包络分析（DEA）中的 C^2R 模型计算并分析了淮河流域各地市的矿产资源开发利用效率，明确考察矿产资源开发利用效率的高低，调整矿产资源开发策略，从而保障矿产资源开发利用的可持续性。

1. DEA 模型和决策单元 DMU 的选取

数据包络分析（Data Envelopment Analyis，DEA）方法最早是在 1978 年由美国著名运筹学家 A. Charnes、W. W. Cooper 和 E. Rhodes 教授提出，而且现在已经作为一种重要的分析工具被广泛应用于管理科学、系统工程和决策分析、评价技术等领域中。DEA 以"相对效率"概念为基础，以规划理论为工具，按照多种投入和多种产出的观察值，得出每个 DMU 综合效率的数量指标。据此将各决策单元定级排队，确定有效的决策单元，并给出其他决策单元非有效的原因和效率较差的 DMU 效率优化空间。

2. 数据来源和指标体系的构建

本部分选取了淮河流域内 38 个地市 2004—2014 年的五个数据指标：

采矿业从业人员、全年供水总量、固定资产投资、人均 GDP 和工业二氧化硫排放量。具体说明见表 5－19。

表 5－19　矿产资源开发利用效率评价投入产出指标

指标	指标说明
投入指标	采矿业从业人员、全年供水用量、固定资产投资
产出指标	人均 GDP、工业二氧化硫排放量

资料来源：《中国城市统计年鉴》(2005—2015 年)。

3. 矿产资源开发利用效率的 DEA 有效性分析

运用数据包络分析（DEA）中的 C^2R 模型，以淮河流域 38 个地市为例，利用 DEAP－2.1 对以上数据指标进行计算和分析，得到了各年各个城市的矿产资源开发利用效率值，并通过求均值得到各个城市 2004—2014 年整体的矿产资源开发利用效率值，从而对我国淮河流域 2004—2014 年 38 个地市矿产资源开发利用的有效性（相对效率）进行实证分析，得出只有 3 个地市 DEA 有效和 35 个地市非 DEA 有效。具体数据分析结果见表 5－20 至表 5－22。

表 5－20　2004—2014 年淮河流域矿产资源开发利用效率的 DEA 有效性

省份	地市	2004	2005	2006	2007	2008	2009	2010	2011	2012	2013	2014
河南省	信阳市	1.000	1.000	1.000	1.000	1.000	1.000	1.000	0.742	0.662	0.623	0.651
	许昌市	0.556	0.571	0.617	0.803	0.875	0.981	0.598	0.681	0.411	0.459	0.571
	商丘市	1.000	0.972	0.927	1.000	0.934	0.958	1.000	0.898	0.746	1.000	0.959
	周口市	1.000	1.000	1.000	1.000	1.000	1.000	1.000	1.000	1.000	1.000	1.000
	南阳市	1.000	0.985	1.000	1.000	1.000	1.000	1.000	1.000	0.849	1.000	1.000
	驻马店市	0.444	0.485	0.459	0.475	0.432	0.391	0.407	0.416	0.370	0.352	0.391
	漯河市	1.000	1.000	1.000	0.958	0.902	1.000	1.000	1.000	1.000	1.000	1.000
	郑州市	0.418	0.413	0.969	0.898	0.667	0.830	0.908	0.876	0.703	0.804	0.901
	开封市	0.492	0.605	0.508	0.995	0.735	0.796	0.553	0.541	0.621	0.736	0.754
	平顶山市	1.000	0.754	0.866	0.832	0.599	0.542	0.509	0.610	0.634	0.792	0.857
	洛阳市	0.765	0.954	0.973	1.000	0.957	0.837	0.824	1.000	1.000	1.000	0.885

续表

省份	地市	2004	2005	2006	2007	2008	2009	2010	2011	2012	2013	2014
安徽省	滁州市	0.648	0.587	0.511	0.639	0.582	0.475	0.523	0.515	0.452	0.365	0.442
	阜阳市	0.574	0.676	0.492	0.426	0.438	0.483	0.515	0.284	0.278	0.305	0.291
	六安市	0.972	0.961	0.946	0.907	0.776	0.779	0.740	0.766	0.471	0.545	0.648
	亳州市	1.000	1.000	1.000	1.000	1.000	1.000	1.000	1.000	1.000	0.895	1.000
	合肥市	0.863	0.970	1.000	1.000	1.000	1.000	0.855	0.863	0.799	0.772	0.863
	宿州市	1.000	1.000	1.000	1.000	1.000	1.000	1.000	1.000	0.915	1.000	1.000
	淮北市	0.481	0.331	0.425	0.429	0.425	0.430	0.441	0.489	0.460	0.350	0.842
	安庆市	1.000	0.807	0.710	0.765	0.767	0.698	0.676	0.747	0.574	0.534	0.686
	蚌埠市	0.563	0.756	0.677	0.664	0.524	0.440	0.429	0.585	0.537	0.541	0.624
	淮南市	0.567	0.606	0.443	0.434	0.426	0.539	0.619	0.514	0.442	0.399	0.462
江苏省	盐城市	0.854	0.769	0.447	0.267	0.475	0.388	0.412	0.473	0.415	0.487	0.461
	泰州市	0.509	0.513	0.464	0.412	0.389	0.381	0.455	0.577	0.513	0.545	0.625
	连云港市	1.000	0.681	0.611	0.717	0.517	0.472	0.400	0.588	0.594	0.559	0.632
	宿迁市	1.000	1.000	0.999	0.864	0.769	0.770	0.625	0.718	0.527	0.561	0.655
	扬州市	0.547	0.503	0.451	0.630	0.795	0.553	0.579	0.657	0.552	0.770	0.896
	镇江市	0.713	0.733	0.765	0.819	0.752	0.801	0.752	0.710	0.620	0.604	0.723
	南通市	1.000	1.000	1.000	1.000	1.000	1.000	1.000	1.000	1.000	1.000	1.000
	淮安市	0.741	0.736	1.000	1.000	0.614	0.625	0.627	0.548	0.561	0.614	0.610
	徐州市	0.519	0.434	0.488	0.598	0.540	0.521	0.554	0.421	0.415	0.474	0.506
	南京市	1.000	0.928	0.989	1.000	1.000	1.000	0.898	1.000	0.969	1.000	1.000
山东省	泰安市	1.000	0.730	0.806	0.944	1.000	1.000	0.810	1.000	1.000	1.000	1.000
	枣庄市	1.000	0.746	0.905	0.789	0.749	0.765	0.805	0.699	0.578	0.631	0.593
	日照市	0.747	0.728	1.000	1.000	0.998	0.968	0.988	0.961	0.798	0.801	0.821
	临沂市	0.460	0.419	0.614	0.625	0.541	0.538	0.542	0.596	0.398	0.515	0.509
	济宁市	1.000	1.000	1.000	1.000	1.000	1.000	1.000	1.000	1.000	1.000	1.000
	菏泽市	0.766	0.761	0.976	1.000	1.000	1.000	1.000	1.000	1.000	1.000	1.000
	淄博市	0.786	0.657	0.741	0.707	0.873	0.876	0.936	0.925	0.772	0.945	0.802

表 5－21　淮河流域各地市 2004—2014 年矿产资源开发利用效率值均值

（按数值由高到低排列）

地市	矿产资源开发利用效率值
周口市	1
南通市	1

续表

地市	矿产资源开发利用效率值
济宁市	1
宿州市	0.992
亳州市	0.99
漯河市	0.987
南阳市	0.985
南京市	0.98
菏泽市	0.955
商丘市	0.945
泰安市	0.935
洛阳市	0.927
合肥市	0.908
日照市	0.892
信阳市	0.88
淄博市	0.82
六安市	0.774
宿迁市	0.772
郑州市	0.762
枣庄市	0.751
平顶山市	0.727
镇江市	0.727
安庆市	0.724
淮安市	0.698
开封市	0.667
许昌市	0.648
扬州市	0.63
连云港市	0.616
蚌埠市	0.576
临沂市	0.523
滁州市	0.522
徐州市	0.497

续表

地市	矿产资源开发利用效率值
淮南市	0.496
盐城市	0.495
泰州市	0.489
淮北市	0.464
阜阳市	0.433
驻马店市	0.42

表 5-22　淮河流域各地市 2004—2014 年矿产资源开发利用效率值均值
（按省份及数值大小排列）

省份	地市	矿产资源开发利用效率值
河南省	周口市	1
	漯河市	0.987
	南阳市	0.985
	商丘市	0.945
	洛阳市	0.927
	信阳市	0.88
	郑州市	0.762
	平顶山市	0.727
	开封市	0.667
	许昌市	0.648
	驻马店市	0.42
安徽省	宿州市	0.992
	亳州市	0.99
	合肥市	0.908
	六安市	0.774
	安庆市	0.724
	蚌埠市	0.576
	滁州市	0.522
	淮南市	0.496
	淮北市	0.464
	阜阳市	0.433

续表

省份	地市	矿产资源开发利用效率值
江苏省	南通市	1
	南京市	0.98
	宿迁市	0.772
	镇江市	0.727
	淮安市	0.698
	扬州市	0.63
	连云港市	0.616
	徐州市	0.497
	盐城市	0.495
	泰州市	0.489
山东省	济宁市	1
	菏泽市	0.955
	泰安市	0.935
	日照市	0.892
	淄博市	0.82
	枣庄市	0.751
	临沂市	0.523

通过表5－20可以看到，2004—2014年淮河流域各个地市各个年份的矿产资源开发利用效率的DEA有效性；由表5－20对每行数据求均值得到整个11年间淮河流域各个城市整体的DEA有效性，具体见表5－21，从表5－21可以看出只有周口市、南通市和济宁市三个城市的整体DEA有效，其余的35个城市均是非有效DEA；又进一步对38个城市进行省份划分，得到表5－22，由表5－22可以看出三个有效DEA的城市分别分布于河南省、江苏省和山东省，安徽省各个城市均是非有效DEA。

由此可知，矿产资源开发利用效率高效区分别分布在河南省周口市、江苏省南通市以及山东省济宁市，DEA有效值均为1.0；矿产资源开发利用效率较高效区包括河南省的漯河市、南阳市、商丘市和洛阳市，江苏省的南京市，山东省的菏泽市和泰安市以及安徽省的宿州市、亳州市和合肥市等，DEA 有效值均处于 0.9～1.0；矿产资源开发利用效率中效区分布在河南省的信阳市和郑州市，江苏省的宿迁市，山东省的日照市、淄博市和枣庄市以及安徽省的六安市等，DEA 有效值均处于 0.75～0.9；剩下的其余各市便是矿产资源开发利用效率低效区，DEA 有效值均低于 0.75。矿产资源开发利用效率 DEA 有效表明周口市、南通市和济宁市三个城市的矿产资源开发利用实现了人均 GDP 等 2 个指标在产出水平下最小化了采矿业从业人员等 3 个指标投入，而其他非开发效率有效市则需要通过改变其投入与产出比才能达到矿产资源开发利用效率的 DEA 有效。

二、淮河流域矿产资源开发利用的环境效应研究

矿产资源的开发或多或少都会在一定程度上给其周围的生态环境带来不良的影响，为了更好地对淮河流域矿产资源开发利用所引致的环境效应进行准确的测定和分析，本部分运用了时序全局主成分分析法对我国 2004 年到 2014 年的淮河流域矿产资源开发利用引起的环境问题进行动态描绘，并分析得出对其影响的关键因素。

（一）数据来源和指标选取

基于 3 个方面的原因：关于矿产资源方面的数据比较匮乏，搜集难度较大；保证数据指标的可靠性、真实性、可得性以及指标间的相关性；淮河流域安徽段、河南段和江苏段的相关数据指标欠缺较多，无法使用。经综合考虑，最终选取了淮河流域山东段七个城市 2004 年至 2014 年 11 年工业以及环境绿化方面的一些数据指标来作为研究淮河流域矿产资源开发利用的环境效应的指标。这些数据指标主要是从中国城市统计年鉴、山东省统计年鉴、山东省统计局及其官网网站统计整理得来，同时也参考了部分地区的城市年鉴、环境质量公报和统计公报等。具体有以下九个指标：

X_1——工业废水排放量、X_2——工业二氧化硫排放量、X_3——工业烟尘排放量、X_4——工业固体废物产生量、X_5——工业固体废物综合利用率、X_6——二氧化硫排放量、X_7——化学需氧量排放量、X_8——工业

氨氮排放量、X_9——城市绿化覆盖面积。

(二) 实证分析

时序全局主成分分析法是将时序分析和全局主成分分析方法相结合，是主成分分析的时间序列化。在传统主成分分析的基础上，以一个综合变量来取代原来的全局变量，再以此为基础描绘出系统的总体水平随时间的变化轨迹，从而对样本进行评价分析，从全局的角度观察和分析数据系统主要因素的动态变化规律。

1. 数据标准化处理

由于 X_1、X_2、X_3、X_4、X_5、X_6、X_7、X_8、X_9 这九类经济指标具有不同的量纲，在应用主成分分析研究问题时，这些不同的量纲都可能会引出新的问题。因此，为了消除由于量纲的不同可能带来的不合理影响，在进行主成分分析之前应先对数据作标准化处理，假设原始数据用 X_i 表示，首先对原始数据进行标准化处理，ZX_i 为标准化后的 X_i。用 SPSS20.0 对数据进行标准化处理后得到的结果见表 5-23 和表 5-24。

表 5-23　描述统计量

指标	N	极小值	极大值	均值	标准差
X_1	77	3520.00	21212.00	10461.6753	4379.28427
X_2	77	41228.00	228815.00	94936.0260	48555.06719
X_3	77	3374.00	119823.00	31693.5974	21700.69976
X_4	77	80.40	2687.00	928.5145	575.08468
X_5	77	76.00	102.20	95.2558	5.78930
X_6	77	54101.00	234000.00	110579.5974	47118.04638
X_7	77	22296.00	162670.00	61903.1169	42344.56242
X_8	77	173.0000	4965.0000	988.006306	1034.9274359
X_9	77	1846.00	18092.00	6599.3630	4343.79199

资料来源：SPSS20.0 数据标准化输出结果。

表 5－24　淮河流域山东段环境效应指标标准化处理结果

年份	区域	ZX_1	ZX_2	ZX_3	ZX_4	ZX_5	ZX_6	ZX_7	ZX_8	ZX_9
2004	菏泽市	-1.38143	-0.97811	-0.40361	-1.47476	0.81947	-0.74941	-0.34477	0.42611	-1.09429
	济宁市	-0.16297	1.22877	0.1331	0.40444	-0.73512	1.33366	-0.03472	2.35571	-1.05354
	枣庄市	0.08045	-0.09072	-0.53434	-0.81173	0.474	-0.07098	-0.52198	1.21747	-0.78258
	临沂市	-1.22273	-0.80231	0.11384	-1.03518	0.30127	-0.86268	-0.42379	-0.51888	-0.38776
	日照市	-1.11312	-0.94289	-0.95442	-1.30783	-3.15337	-1.09074	-0.93535	-0.72373	-1.01533
	淄博市	0.04871	1.85873	1.69688	-0.46274	-3.32611	2.00083	-0.28958	3.76161	1.39087
	泰安市	-1.46181	-0.26632	-0.01293	-0.56551	-1.25332	-0.29593	-0.54657	-0.53724	-0.73585
2005	菏泽市	-1.33782	-0.88222	-0.36854	-1.4452	0.81947	-0.65751	-0.44093	0.57685	-1.0692
	济宁市	-0.29153	0.87336	-0.02316	0.54268	-0.60385	0.96193	-0.3144	2.07164	-0.52888
	枣庄市	0.16905	0.05114	-0.44987	-0.90946	0.47746	0.0987	-0.35594	1.21554	-0.64284
	临沂市	-1.01059	-0.4644	-0.06505	-0.85433	0.75729	-0.10305	-0.50833	0.10821	-0.29061
	日照市	-0.81513	-0.75319	-0.96732	-1.24802	-1.78015	-0.84287	-0.79092	-0.37008	-0.95754
	淄博市	0.59287	2.32414	1.76296	-0.22608	-2.65763	2.55606	-0.39977	3.84278	1.57573
	泰安市	-1.58512	-0.27781	-0.16417	-0.5316	-0.89749	-0.29404	-0.71511	-0.47057	-0.49711
2006	菏泽市	-1.28324	-0.90022	-0.4696	-1.43651	0.81947	-0.69733	-0.4815	-0.39327	-1.03535
	济宁市	0.04529	0.62105	-0.09454	0.70422	-0.62285	0.69335	-0.38402	1.6803	-0.46834
	枣庄市	0.4675	-0.05826	-0.61604	-0.75174	0.15445	-0.01971	-0.37786	0.92663	-0.71743
	临沂市	-0.95876	-0.34493	-0.563	-0.82634	0.58801	-0.19783	-0.53285	-0.1749	-0.32238
	日照市	-0.84436	-0.79508	-1.30501	-0.14383	0.51546	-0.82248	-0.79179	-0.44738	-0.92439
	淄博市	0.66228	2.44998	1.78968	0.11787	-2.30871	2.57908	-0.44884	2.62433	1.67817
	泰安市	-1.57553	-0.3745	-0.38734	-0.42588	-0.27911	-0.38933	-0.7559	-0.60295	-0.64146
2007	菏泽市	-1.02977	-0.83975	-0.64646	-1.3841	0.81947	-0.73417	-0.52314	-0.51985	-0.7568
	济宁市	0.39192	0.34118	-0.24458	1.17015	-0.54339	0.35571	-0.43867	-0.06668	-0.3396
	枣庄市	0.70202	-0.15467	-0.75429	-0.71371	0.62774	-0.15526	-0.44065	0.45413	-0.65297
	临沂市	-0.34199	-0.37858	-0.94249	-0.56149	0.44119	-0.2719	-0.56962	-0.07827	-0.25562
	日照市	-0.85829	-0.89192	-1.20211	-0.78544	0.81947	-0.98193	-0.84429	-0.56816	-0.87927
	淄博市	1.91614	2.045	1.40384	0.29237	-1.09786	2.06531	-0.48724	1.84457	1.7942
	泰安市	-1.43144	-0.4444	-0.53904	-0.27423	0.02145	-0.472	-0.81446	-0.65223	-0.51392

续表

年　份	区域	ZX_1	ZX_2	ZX_3	ZX_4	ZX_5	ZX_6	ZX_7	ZX_8	ZX_9
2008	菏泽市	−0.93661	−0.89634	−0.56324	−1.27632	0.81947	−0.77239	−0.55223	−0.58391	−0.72848
	济宁市	0.52048	0.34581	−0.26712	1.43585	−0.94758	0.32787	−0.47031	−0.67397	−0.19669
	枣庄市	1.07993	−0.26901	−0.76194	−0.73639	0.58283	−0.30675	−0.48299	0.06657	−0.59104
	临沂市	−0.57742	−0.40404	−0.74415	−0.33243	−1.16004	−0.33538	−0.62344	−0.38641	0.12331
	日照市	−0.66213	−0.99417	−1.20395	−0.6019	0.81947	−1.08471	−0.87875	−0.6186	−0.83069
	淄博市	1.9899	1.77162	0.78133	0.55981	−1.40878	1.75248	−0.53381	1.34173	1.93901
	泰安市	−1.40221	−0.56579	−0.65844	−0.21008	0.05945	−0.58707	−0.83213	−0.72624	−0.50793
2009	菏泽市	−0.70712	−0.85931	−0.85751	−1.20922	0.81947	−0.79686	−0.58022	−0.51019	−0.69717
	济宁市	0.76184	0.28868	−0.23578	1.57821	0.51891	0.28468	−0.49747	−0.55174	−0.12762
	枣庄市	0.69471	−0.48533	−0.79028	−0.74557	0.61565	−0.56988	−0.52786	0.00676	−0.52773
	临沂市	−0.16639	−0.39662	−0.54964	−0.28755	0.21663	−0.33725	−0.65574	−0.4841	0.79392
	日照市	−0.3735	−0.90588	−1.00999	−0.35512	0.81774	−1.05944	−0.88727	−0.25413	−0.76739
	淄博市	2.08854	1.43787	0.28333	0.77158	−1.04604	1.42456	−0.5758	0.89281	2.05664
	泰安市	−1.37275	−0.56338	−0.70503	−0.07099	1.19948	−0.61579	−0.83517	−0.75272	−0.41999
2010	菏泽市	0.44992	−0.8922	−0.87825	−1.2424	0.81947	−0.83562	−0.59906	−0.0889	−0.67231
	济宁市	1.31307	0.48975	−0.44255	1.95485	−0.15301	0.19613	−0.56409	−0.6387	−0.10069
	枣庄市	1.30691	−0.39098	−0.85488	−0.72201	0.8022	−0.60165	−0.57897	−0.17973	−0.43335
	临沂市	−0.08784	−0.14785	−0.01611	0.52884	0.23563	−0.30576	−0.69582	−0.27056	0.91939
	日照市	−0.11067	−0.93387	−1.11824	−0.18767	0.81774	−1.19866	−0.91648	−0.37105	−0.65826
	淄博市	2.45481	1.41419	0.3031	1.02504	−0.81976	1.21697	−0.60218	1.17785	2.16323
	泰安市	−1.3433	−0.56095	−0.61959	0.198	0.38246	−0.6362	−0.85471	−0.72953	−0.33573
2011	菏泽市	0.44923	−0.2774	−0.36301	−0.94284	0.81947	−0.18209	2.13893	−0.14784	−0.62074
	济宁市	1.42222	0.93739	0.42715	3.05779	−0.87849	0.9003	2.00833	−0.54497	−0.10069
	枣庄市	0.07748	−0.38766	−0.26882	−0.31024	0.7901	−0.47921	−0.14229	−0.61841	−0.35001
	临沂市	0.62894	0.23048	0.58664	0.81759	−0.45357	0.2636	2.37969	−0.32177	1.01101
	日照市	−0.47968	−0.72141	−0.00772	0.04884	0.7331	−0.84001	−0.29945	−0.53241	−0.59887
	淄博市	1.70355	2.75726	1.64605	1.65573	0.284	2.61939	0.16646	0.20484	2.25578
	泰安市	−0.55778	−0.35729	−0.36905	0.33123	0.49646	−0.30943	1.47135	−0.70344	−0.32515

续表

年 份	区域	ZX_1	ZX_2	ZX_3	ZX_4	ZX_5	ZX_6	ZX_7	ZX_8	ZX_9
2012	菏泽市	−0.17142	−0.36744	−0.44093	−0.89468	0.81947	−0.2882	1.95616	−0.45414	−0.56894
	济宁市	1.4599	0.7476	0.6511	2.18052	−1.82334	0.73051	1.91519	−0.52178	−0.10069
	枣庄市	−0.01134	−0.40515	−0.3514	−0.31041	0.79874	−0.50044	−0.14895	−0.65319	−0.10621
	临沂市	−0.02893	0.09274	0.39973	0.68057	−0.90267	0.11504	2.29902	−0.4126	1.15329
	日照市	−0.59226	−0.79382	−0.04076	0.11231	0.73828	−0.94613	−0.30798	−0.57106	−0.57378
	淄博市	1.40647	2.56074	1.16611	1.55627	0.23218	2.40715	0.11371	0.1343	2.41302
	泰安市	−0.46553	−0.49338	−0.55835	0.39296	0.78492	−0.43677	1.41451	−0.70923	−0.31686
2013	菏泽市	−0.34016	−0.52137	0.13674	−0.87346	0.81947	−0.41554	1.82082	−0.53064	−0.53303
	济宁市	1.19159	0.57654	1.2956	2.24121	−0.7023	0.56073	1.76896	−0.45351	0.39933
	枣庄市	−0.06249	−0.71185	−0.46278	−0.28172	0.81601	−0.77634	−0.18208	−0.65058	−0.10575
	临沂市	−0.14356	0.21629	0.61696	0.64127	−0.78521	0.15749	2.21974	−0.41093	1.21982
	日照市	1.16351	−0.88254	−0.10901	0.0671	0.63465	−0.96735	−0.33466	−0.67396	−0.54615
	淄博市	1.14136	2.30227	0.71695	1.32135	−0.0131	2.15247	0.04359	0.1167	2.52513
	泰安市	−0.51097	−0.71622	−0.80424	0.41435	0.55519	−0.649	1.31004	−0.76596	−0.24411
2014	菏泽市	−0.26755	−0.53541	1.08169	−0.80634	0.81947	−0.41554	1.82082	−0.53048	−0.48537
	济宁市	1.35783	0.19736	1.83991	1.87379	−0.07528	0.34849	1.76896	−0.41066	0.5225
	枣庄市	−0.02664	−0.79837	−0.0104	−0.3158	0.81947	−0.90368	−0.18208	−0.65319	0.54299
	临沂市	−0.06866	−0.05373	4.06113	0.55033	0.33064	−0.07597	2.21974	−0.42516	1.35219
	日照市	−0.6667	−1.10613	3.09517	−0.13931	0.66574	−1.11591	−0.33466	−0.72469	−0.50978
	淄博市	1.36628	1.84316	2.13709	1.29265	−0.02001	1.70679	0.04359	0.10532	2.64576
	泰安市	−0.26549	−0.96795	−0.35499	0.50842	0.50855	−0.75512	1.31004	−0.7875	−0.18103

资料来源：SPSS20.0 数据标准化结果。

2. 时序全局主成分分析

主成分分析于 1933 年由 Hotelling 首先提出，是指把具有一定相关性的多个指标转化为少数几个互不相关的综合指标的多元统计分析方法，且其中综合指标保留了原始指标的主要信息，是原始指标的线性组合，并优于原始指标。本章主要利用 SPSS20.0 对 ZX_1、ZX_2、ZX_3、ZX_4、ZX_5、ZX_6、ZX_7、ZX_8、ZX_9 这九类标准化后的数据指标进行主成分分析。

　　首先，要通过 KMO 和 Bartlett 的检验对所选取的自变量指标进行适应性分析。主成分分析得到 KMO 和 Bartlett 的检验值如表 5－25 所示，可知 KMO 值为 0.728＞0.6（统计学家 Kasier 给出的标准）；Bartlett 球度检验的概率值为 0.000，小于显著性水平 0.05，拒绝 Bartlett 球度检验的零假设。由这些可知所选取的九个变量指标适合采用主成分分析。

表 5－25　KMO 和 Bartlett 的检验

取样足够度的 Kaiser-Meyer-Olkin 度量		0.728
Bartlett 的球形度检验	近似卡方	717.725
	df	36
	Sig.	0.000

资料来源：SPSS20.0 数据主成分分析结果。

　　其次，通过 SPSS 主成分分析得到的公因子方差、解释的总方差、碎石图、成分矩阵及旋转成分矩阵这几个图表综合分析：由公因子方差图表（表 5－26）可知在这九个成分中，其中七个成分的信息提取度都大于 60%，另外两个成分的信息提取度也基本接近于 60%，基本满足了信息提取度的要求；由解释的总方差图表（表 5－27）以及碎石图（图 5－1）可知，前两个成分的特征值均大于 1，且它们的累计贡献率为 71.638%＞70%（社会科学类一般大于 70% 即可），满足了特征值和累计贡献率的标准要求；再进一步观察成分矩阵（表 5－28）和旋转成分矩阵（表 5－29）可知可以提取出两个主成分。所以，综上可得知总共可以提取出两个主成分。

表 5－26　公因子方差

Zscore	初始	提取
Zscore（X_1）	1.000	0.605
Zscore（X_2）	1.000	0.941
Zscore（X_3）	1.000	0.568

续表

Zscore	初始	提取
Zscore（X_4）	1.000	0.701
Zscore（X_5）	1.000	0.513
Zscore（X_6）	1.000	0.937
Zscore（X_7）	1.000	0.633
Zscore（X_8）	1.000	0.800
Zscore（X_9）	1.000	0.749

资料来源：SPSS20.0数据主成分分析结果。

表5—27　解释的总方差

成分	初始特征值			提取平方和载入			旋转平方和载入		
	合计	方差的%	累积%	合计	方差的%	累积%	合计	方差的%	累积%
1	4.868	54.091	54.091	4.868	54.091	54.091	3.425	38.056	38.056
2	1.579	17.547	71.638	1.579	17.547	71.638	3.022	33.581	71.638
3	0.808	8.981	80.619	—	—	—	—	—	—
4	0.613	6.808	87.427	—	—	—	—	—	—
5	0.482	5.357	92.784	—	—	—	—	—	—
6	0.287	3.193	95.977	—	—	—	—	—	—
7	0.268	2.974	98.951	—	—	—	—	—	—
8	0.091	1.007	99.958	—	—	—	—	—	—
9	0.004	.042	100.000	—	—	—	—	—	—

资料来源：SPSS20.0数据主成分分析结果。

表5—28　成分矩阵

Zscore	成分	
	1	2
Zscore（X_2）	0.958	—
Zscore（X_6）	0.952	—
Zscore（X_9）	0.859	—
Zscore（X_1）	0.749	—
Zscore（X_3）	0.715	—
Zscore（X_4）	0.668	—
Zscore（X_5）	−0.602	—
Zscore（X_7）	—	0.754
Zscore（X_8）	0.601	−0.663

资料来源：SPSS20.0数据主成分分析结果。

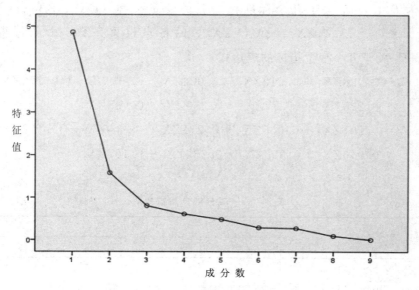

图 5－1 SPSS20.0 **数据主成分分析结果图**

表 5－29 **旋转成分矩阵**

Zscore	成份	
	1	2
Zscore（X_8）	0.889	—
Zscore（X_6）	0.829	—
Zscore（X_2）	0.819	—
Zscore（X_5）	−0.708	—
Zscore（X_4）	—	0.821
Zscore（X_7）	—	0.733
Zscore（X_3）	—	0.653
Zscore（X_1）	—	0.652
Zscore（X_9）	—	0.648

资料来源：SPSS20.0 数据主成分分析结果。

最后由成分得分系数矩阵（表 5－30）分别得到所提取的两个主成分

（设为 F_1、F_2）关于九个标准化之后的变量指标（ZX_1、ZX_2、ZX_3、ZX_4、ZX_5、ZX_6、ZX_7、ZX_8、ZX_9）的各自权重系数，由此可得到 F_1、F_2 关于九个变量指标的表达式：

$$F_1 = 0.028ZX_1 + 0.212ZX_2 + 0.009ZX_3 - 0.109ZX_4 - 0.256ZX_5 + 0.220ZX_6 - 0.277ZX_7 + 0.370ZX_8 + 0.088ZX_9$$

$$F_2 = 0.201ZX_1 + 0.058ZX_2 + 0.211ZX_3 + 0.330ZX_4 + 0.102ZX_5 + 0.046ZX_6 + 0.392ZX_7 - 0.232ZX_8 + 0.167ZX_9$$

表 5－30　成分得分系数矩阵

Zscore	成分	
	1	2
Zscore（X_1）	0.028	0.201
Zscore（X_2）	0.212	0.058
Zscore（X_3）	0.009	0.211
Zscore（X_4）	−0.109	0.330
Zscore（X_5）	−0.256	0.102
Zscore（X_6）	0.220	0.046
Zscore（X_7）	−0.277	0.392
Zscore（X_8）	0.370	−0.232
Zscore（X_9）	0.088	0.167

资料来源：SPSS20.0数据主成分分析结果。

在此基础上，以各个主成分的方差贡献率为权重，加权求和，构造一个衡量各经济区域自然生态环境质量的综合评价指标（SEI），得到下式：

$$SEI = 0.53122644F_1 + 0.4687596F_2$$

由以上关于 F_1、F_2 和 SEI 的表达式及相关数据计算得到淮河流域山东段七个城市 2004—2014 年环境效应评价的综合得分及排名情况，见表 5－31。

表 5—31 淮河流域矿产资源开发利用山东段 2004—2014 年环境效应综合得分

年份	区域	FAC1_1	FAC2_1	ZScore	排名
2004	菏泽市	−0.30611	−1.27369	−0.75966814	1
	济宁市	1.48384	−0.55102	0.529959126	6
	枣庄市	0.45642	−0.943	−0.199577931	5
	临沂市	−0.46586	−0.72902	−0.589212273	2
	日照市	0.37032	−1.65229	−0.577803024	3
	淄博市	3.34756	−0.68168	1.458768337	7
	泰安市	0.10731	−0.85267	−0.342691339	4
2005	菏泽市	−0.18254	−1.30656	−0.709432617	1
	济宁市	1.29164	−0.54442	0.430951218	6
	枣庄市	0.50233	−0.83438	−0.124272657	5
	临沂市	−0.09485	−0.72585	−0.390635983	3
	日照市	0.21184	−1.42841	−0.557045891	2
	淄博市	3.4644	−0.39062	1.657274004	7
	泰安市	0.09827	−0.90403	−0.371569119	4
2006	菏泽市	−0.54061	−1.10166	−0.803600027	1
	济宁市	1.05477	−0.39361	0.375813246	6
	枣庄市	0.41772	−0.75612	−0.1325346	5
	临沂市	−0.15432	−0.77514	−0.445333181	4
	日照市	−0.52867	−0.88427	−0.695353534	2
	淄博市	2.94304	0.06766	1.595136937	7
	泰安市	−0.16494	−0.87028	−0.495572594	3
2007	菏泽市	−0.54707	−1.00936	−0.763765238	2
	济宁市	0.23342	0.17245	0.204836469	6
	枣庄市	0.09569	−0.59304	−0.227160135	5
	临沂市	−0.1036	−0.68997	−0.37846512	4
	日照市	−0.6178	−1.04406	−0.817604843	1
	淄博市	2.17909	0.55812	1.419214331	7
	泰安市	−0.27944	−0.79057	−0.519033193	3
2008	菏泽市	−0.58897	−0.93433	−0.750852593	2
	济宁市	0.10683	0.39985	0.244184447	6
	枣庄市	−0.06385	−0.4606	−0.24982948	4
	临沂市	0.19073	−0.67425	−0.214740341	5
	日照市	−0.68145	−0.94877	−0.806749303	1
	淄博市	1.93828	0.59074	1.30658063	7
	泰安市	−0.36946	−0.78585	−0.564641652	3

续表

年份	区域	FAC1_1	FAC2_1	ZScore	排名
2009	菏泽市	−0.55239	−0.95003	−0.738779856	1
	济宁市	−0.23908	0.61919	0.163245639	6
	枣庄市	−0.19007	−0.56137	−0.364117786	4
	临沂市	−0.11972	−0.27263	−0.191396359	5
	日照市	−0.53078	−0.83984	−0.675647432	2
	淄博市	1.53347	0.68573	1.136062329	7
	泰安市	−0.68254	−0.60871	−0.64792195	3
2010	菏泽市	−0.36882	−0.83784	−0.588672479	2
	济宁市	−0.08323	0.74796	0.306399454	6
	枣庄市	−0.25749	−0.38215	−0.315921977	4
	临沂市	−0.04525	0.09856	0.02216295	5
	日照市	−0.60487	−0.7287	−0.662908057	1
	淄博市	1.53005	0.80052	1.18805445	7
	泰安市	−0.48396	−0.57935	−0.528668222	3
2011	菏泽市	−0.89926	0.53137	−0.2286259	4
	济宁市	−0.43557	2.28872	0.841473171	6
	枣庄市	−0.57648	−0.07772	−0.342673414	2
	临沂市	−0.53346	1.67598	0.502243658	5
	日照市	−0.7105	−0.18092	−0.462244372	1
	淄博市	1.1988	1.93941	1.545951312	7
	泰安市	−1.02291	0.62172	−0.251959619	3
2012	菏泽市	−1.02312	0.40427	−0.354002952	2
	济宁市	−0.13872	1.89644	0.815282724	6
	枣庄市	−0.57988	−0.06795	−0.339899803	3
	临沂市	−0.48449	1.41166	0.404355279	5
	日照市	−0.7706	−0.18826	−0.497611777	1
	淄博市	1.12407	1.74121	1.413344608	7
	泰安市	−1.14505	0.61694	−0.319084287	4
2013	菏泽市	−1.07292	0.45515	−0.35660754	3
	济宁市	−0.39689	2.10578	0.776266129	6
	枣庄市	−0.70536	−0.13442	−0.437716547	1
	临沂市	−0.44739	1.4222	0.429004506	5
	日照市	−0.74277	0.13642	−0.330630878	4
	淄博市	1.11268	1.45922	1.275108419	7
	泰安市	−1.17179	0.50122	−0.387534143	2

续表

年份	区域	FAC1＿1	FAC2＿1	ZScore	排名
	菏泽市	−1.06799	0.69829	−0.240014385	4
	济宁市	−0.60769	2.17574	0.697078017	6
	枣庄市	−0.68751	0.05533	−0.339287021	2
2014	临沂市	−0.79017	2.24677	0.63343581	5
	日照市	−0.84451	0.3777	−0.27157554	3
	淄博市	0.94834	1.76941	1.333211206	7
	泰安市	−1.23813	0.66769	−0.344741295	1

在表5−31中，若综合得分（ZScore）越高，说明该地区的生态环境状况越恶劣；反之，综合得分越低，生态环境状况则越优越。最右侧的排名是按照综合得分从小到大来排序，因此排名越靠前的地区的生态环境质量越好；反之，越差。根据表中各市各年的ZScore情况得到表5−32和图5−2。

表5−32　2004—2014年淮河流域山东省各市ZScore情况

时间	菏泽市	济宁市	枣庄市	临沂市	日照市	淄博市	泰安市
2004	−0.75966814	0.529959126	−0.199577931	−0.589212273	−0.577803024	1.458768337	−0.342691339
2005	−0.709432617	0.430951218	−0.124272657	−0.390635983	−0.555704589	1.657274004	−0.371569119
2006	−0.803600027	0.375813246	−0.1325346	−0.445333181	−0.695353534	1.595136937	−0.495572594
2007	−0.763765238	0.204836469	−0.227160135	−0.37846512	−0.817604843	1.419214331	−0.519033193
2008	−0.750852593	0.244184447	−0.24982948	−0.214740341	−0.806749303	1.30658063	−0.564641652
2009	−0.738779856	0.163245639	−0.364117786	−0.191396359	−0.675647432	1.136062329	−0.64792195
2010	−0.588672479	0.306399454	−0.315921977	0.02216295	−0.662908057	1.18805445	−0.528668222
2011	−0.2286259	0.841473171	−0.342673414	0.502243658	−0.462244372	1.545951312	−0.251959619
2012	−0.354002952	0.815282724	−0.339899803	0.404355279	−0.497611777	1.413344608	−0.319084287
2013	−0.35660754	0.776266129	−0.437716547	0.429004506	−0.330630878	1.275108419	−0.387534143
2014	−0.240014385	0.697078017	−0.339287021	0.63343581	−0.27157554	1.333211206	−0.344741295

在2004—2014年的七个城市中，淄博市的综合得分排名连续11年都是第七。由此可见，淄博市的环境质量水平在七个城市中相对最低。由表

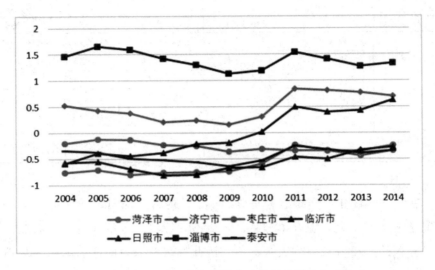

图 5—2 淮河流域山东段各地市环境综合得分年度变化

5—32 和图 5—2 可以看出淄博市的环境质量综合得分 11 年间总体水平在 1 到 2 之间波动，2005 年环境质量状况最差，2009 年环境质量状况最好。2005 年环境质量水平有所下降且达到最低水平，2006—2009 年环境质量水平逐渐上升，之后两年又开始大幅度波动，质量下降，2012—2013 年又有所改善，但 2014 年又开始略微下降。总体来看，淄博市的生态环境质量状况在这 11 年间略有改善，但是相对水平仍然较差。

济宁市的综合得分排名在七个城市中，连续 11 年都是第六。由此可知，济宁市的环境质量水平相对也很低，仅仅稍高于淄博市。由表 5—32 和图 5—2 可以看出济宁市的环境质量综合得分 11 年间总体水平在 0 到 1 之间波动，2011 年环境质量状况最差，2009 年环境质量状况最好。2004—2009 年环境质量水平逐渐上升，且在 2009 年达到最高水平；但是之后两年又开始大幅度波动，质量下降，且在 2011 年达到最低水平；2012—2014 年又有所改善。总体来看，济宁市的生态环境质量状况正处在恶化的趋势之中。

枣庄市在七个城市中，综合得分排序情况较不稳定：1 年第一，2 年第二，1年第三，3年第四，4年第五。由表5－32和图5－2可以看出其环境质量水平综合得分总体水平在－0.5至0之间波动，生态环境质量水平相对也较低，且2005年环境质量状况最差，2013年环境质量状况最好。2005年其环境质量水平下降且达到最低；2006—2009年又有所上升，但之后几年一直到2014年枣庄市的环境质量状况均处于上下不断的波动中。总体来看，枣庄市的环境质量状况在这11年间，略有改善，但仍需加大治理力度。

临沂市在七个城市中，综合得分排序情况：1年第二，1年第三，2年第四，7年第五。由表5－32和图5－2可以看出其环境质量水平综合得分总体水平在－1至1之间波动，可知其环境质量水平总体波动幅度较大。2014年环境质量状况最差，2004年环境质量状况最好。从曲线整体走势来看，2004—2014年这11年间枣庄市的环境质量状况综合得分基本处于不断上升的趋势，也就是说其环境质量水平不断下降。由此可以预测，如果再不采取合理的治理措施，按照这个趋势发展下去，临沂市的生态环境质量将会越来越差。

泰安市在七个城市中，综合得分排序情况也较不稳定：1年第一，1年第二，6年第三，3年第四。由表5－32和图5－2可以看出其环境质量水平综合得分总体水平在－1至0之间波动，且2011年环境质量状况最差，2009年环境质量状况最好。2004—2009年环境质量水平不断提高，且在2009年达到最高水平；之后两年又有所下降，且在2011年达到最低水平；2012年和2013年略有改善，但2014年又有所下降。总体来说，泰安市的环境质量状况在这11年间，并没有得到很好的改善，且略有下降，需要加强治理。

菏泽市在七个城市中，生态环境质量状况是较好的，其综合得分排序情况较好些：4年第一，4年第二，1年第三，2年第四。由表5－32和图5－2可以看出其环境质量水平综合得分总体水平在－1至0之间波动，且2011年环境质量状况最差，2006年环境质量状况最好。2005年菏泽市环境质量水平有所下降，2006年略有上升且达到最高水平；之后2007—

2011 年其环境质量状况又不断下降，2011 年达到最差水平；之后两年略有改善，但 2014 年又开始下降。总体来看，菏泽市的环境质量状况在这 11 年间有逐渐恶化的趋势，需要加强治理。

日照市在七个城市中，生态环境质量状况是最好的，其综合得分排序情况为：5 年第一，3 年第二，2 年第三，1 年第四。由表 5—32 和图 5—2 可以看出其环境质量水平综合得分总体水平在—1 至 0 之间波动，且 2014 年环境质量状况最差，2007 年环境质量状况最好。2005 年其环境质量水平下降，之后两年又有所上升，且在 2007 年达到最高水平；2008—2011 年又逐渐下降，2012 年略有改善，2013—2014 年又有所下降。总体来看，日照市的环境质量状况在这 11 年间，也基本处于逐渐恶化趋势，需要加强治理。

综上所述，除了淄博市和枣庄市的生态环境状况有较小的改善之外，其他几个城市的生态环境状况基本上都具有逐渐恶化的趋势，且济宁市和临沂市的恶化趋势较为明显。由此可以粗略推测，淮河流域整体的生态环境状况不容乐观，亟待采取相应的措施对其进行保护和改善。

三、淮河流域资源型产业转型的多维度分析

基于下面三个方面的原因：淮河流域各地市矿产资源种类、储量、开发利用效率及资源型产业发展的程度均有差异；淮河流域资源型产业主要集中在资源型城市；资源型产业方面的数据指标难以统一且获取难度较大。经综合考虑，最终决定基于资源型城市的视角，分别从产业生命周期、全要素生产率及三次产业占 GDP 比重这三个角度来分析和探究淮河流域内资源型产业的转型发展策略。依据《国务院关于印发全国资源型城市可持续发展规划（2013—2020 年）的通知》整理得知，淮河流域内有 15 个城市被列入资源型城市，具体见表 5—33。

表 5－33　淮河流域内资源型城市

江苏（2）	徐州市、宿迁市
安徽（5）	宿州市、淮北市、亳州市、淮南市、滁州市
山东（5）	淄博市、临沂市、枣庄市、济宁市、泰安市
河南（3）	洛阳市、平顶山市、南阳市

资料来源：《国务院关于印发全国资源型城市可持续发展规划（2013—2020 年）的通知》。

（一）基于产业生命周期分析淮河流域矿产资源型城市的转型之路

产业生命周期从整个产业的角度考虑，一般将其划分为幼稚期、成长期、成熟期和衰退期。本部分在一般划分的基础上，将成熟期进一步划分为成熟前期和成熟后期。基本上所有的产业在成熟前期都具有如图 5－3 中的 S 形曲线，但在成熟后期则可以将其大致划为两类：如图 5－3 中的曲线 1 和曲线 2。曲线 1 中的产业长期处于成熟期，从而形成稳定型的行业；曲线 2 中的产业较快进入衰退期，形成迅速衰退的行业。

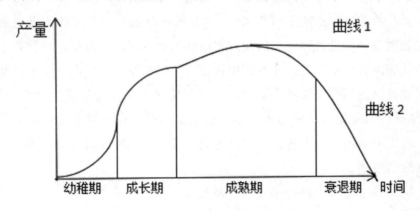

图 5－3　产业生命周期曲线

根据淮河流域各资源型城市的资源型产业的发展状况，在产业生命周期的基础上，将淮河流域各资源型城市划分为幼稚型、成长型、成熟型、衰退型以及再生型资源城市。并由《国务院关于印发全国资源型城市可持续发展规划（2013—2020 年）的通知》中整理得到淮河流域各资源型城市所处产业生命周期阶段，具体情况见表 5－34。

表 5—34　淮河流域各地市的产业生命周期阶段

产业生命周期	淮河流域城市名称
幼稚型	无
成长型	无
成熟型	宿州市、亳州市、淮南市、滁州市、济宁市、泰安市、平顶山市
衰退型	淮北市、枣庄市
再生型	徐州市、宿迁市、淄博市、临沂市、洛阳市、南阳市

资料来源：《国务院关于印发全国资源型城市可持续发展规划（2013—2020 年）的通知》。

由表 5—34 可以得知，淮河流域内的 15 个资源型城市没有处于幼稚期和成长期的；其中有宿州市、亳州市、淮南市、滁州市、济宁市、泰安市和平顶山市等 7 个地市的资源型产业处于成熟期；淮北市和枣庄市 2 个地市的资源型产业处于衰退期；徐州市、宿迁市、淄博市、临沂市、洛阳市和南阳市等 6 个地市的资源型产业比较特殊，属于产业生命周期之外的再生期。由此可以推断淮河流域内 15 个资源型城市的经济社会发展水平存在较大差异，且各种资源的开发利用状况不尽相同。因此，根据各个地市的社会发展水平、资源开发利用状况之间的差异、各地市经济发展和资源开发面临的问题以及各个地市的资源保障能力和可持续发展能力差异，将 15 个资源型城市划分为成熟型、衰退型和再生型三种类型，明确各类城市的发展方向和重点任务，并对各地市或者不同矿区的未来发展分别进行细致的规划。

1. 成熟型资源城市——延伸产业链模式

宿州市、亳州市、淮南市、滁州市、济宁市、泰安市和平顶山市等 7 个地市的资源型产业处于成熟期。成熟型资源城市的经济社会发展水平较高、发展能力较强、资源开发利用效率较高且其资源保障能力强。因此针对成熟型资源城市应该在保障原有经济发展水平和资源开发效率的基础上，进一步提高资源型产业开发的技术水平和利用效率；积极推进各地市的资源产业结构调整升级，进而形成若干支柱型接续替代产业；发展态势较好的资源产业，可以在原有产业发展的基础上进一步扩展延伸其产业链发展；高度重视各地市的生态环境问题，切实做好矿山地质环境治理和矿区土地复垦。

2. 衰退型资源城市——更新产业模式

淮北市和枣庄市 2 个地市的资源型产业处于衰退期。衰退型资源城市基本上处于资源枯竭、经济发展滞后以及生态环境恶化等不良状况下，是我国要加快转变经济发展方式中的重大难题。因此针对这类衰退型资源城市应该首先对各地市的废弃矿坑、沉陷区等着重治理，改善其恶劣的生态环境；其次各地市应该加大政府政策支持力度，积极引导各资源型产业的接续替代产业的发展，进而增强其各资源产业的可持续发展能力。

3. 再生型资源城市——新兴产业模式

徐州市、宿迁市、淄博市、临沂市、洛阳市和南阳市等 6 个地市的资源型产业处于再生期。再生型资源城市基本上都已经摆脱了对资源的依赖，其经济发展态势良好，是最适合进行经济结构调整转变经济发展方式的地区。针对这类城市应进一步优化其经济结构，提高其经济发展的质量和科技创新水平，加大其对外开放力度，改造和提升传统产业，培育和发展战略性新兴产业，加快发展现代服务业。

4. 对淮河流域资源型城市各地市或者不同矿区的未来发展的细致规划

根据淮河流域各地市矿区具有的优势或者面临的困境和《国务院关于印发全国资源型城市可持续发展规划（2013—2020 年）的通知》对淮河流域不同地市或者不同矿区的未来发展分别进行细致的规划，具体见表5－35。

表 5－35　淮河流域各地市或矿区的具体规划

重点旅游区	淮北国家矿山公园、枣庄中兴煤矿国家矿山公园、枣庄台儿庄大战遗址、济宁曲阜明故城旅游区、平顶山市尧山—中原大佛景区
重点培育的接替产业集群	枣庄市煤炭深加工产业集群、枣庄市机床产业集群、徐州市文化创意产业集群、济宁市曲阜文化创意产业集群、枣庄市台儿庄文化创意产业集群
矿山地质环境重点治理区	枣庄市枣陶煤田闭坑矿区、淄博市淄博煤田闭坑矿区
污染物防治重点治理工程	平顶山市舞钢铁矿区、淮北市烈山煤矿区

资料来源：《国务院关于印发全国资源型城市可持续发展规划（2013—2020 年）的通知》。

（二）从全要素生产率来分析淮河流域资源型城市的转型之路

数据包络分析法（DEA）是由 Charnes 等人发展的一种线性规划方法，它是一种非参数估计方法，且该方法被广泛地应用于工业领域中的效率测度。运用 DEA-Malmquist 方法对淮河流域内 15 个资源型城市 TFP 进行测算和分析，即通过分析各种因素（投入要素增长、技术进步和技术效率提高等）对经济增长的贡献，来识别淮河流域内各资源型城市的经济增长是投入型的还是效率型的；另外，可以根据 TFP 的变动情况来探讨淮河流域内资源型城市应该如何转型，通过 TFP 增长对经济增长贡献与要素投入贡献的比较，能够明确经济政策是以增加总需求为主，还是以调整经济结构、促进技术进步为主，从而更好地制定淮河流域资源型城市的转型发展策略。

1. 数据指标选取与来源

在这里对于 TFP 的测算，我们用 DEA-Malmquist 方法得到。我们选取 1 个输出指标和 4 个输入指标。关于输入指标（INPUTS），我们选取劳动力投入、资本投入、环境投入、资源投入这四个指标。鉴于数据选取的可获得性、系统性以及各数据指标之间的科学相关性，最终决定我们以淮河流域内 15 个资源型城市 2004—2014 年的从业人员年末人数、固定资产投资额、工业废水排放量、全社会用电总量分别作为劳动力投入、资本投入、环境投入、资源投入的指标。以淮河流域 15 个资源型城市 2004—2014 年的地区生产总值作为输出指标（OUTPUTS）。以上选取的数据均来自《中国城市统计年鉴》（2005—2015）。

2. DEA-Malmquist 模型结果分析

Malmquist 生产率指数是用来说明该投入产出系统在 t 至 t＋1 期中生产率的变化程度。Malmquist 生产率指数在固定生产规模（CRS）下，可以被分解为技术进步变动（TC）指数与技术效率变动（EC）指数。若 TC＞1,则表示技术进步；若 TC＜1，则表示技术衰退。其中，在可变生产规模（VRS）下，技术效率变动指数又可被分解为纯技术效率变动（PEC）与规模效率变动（SEC）。若 PEC＝1，则表示该决策个体纯技术

有效；若 PEC＜1，则表示其纯技术无效。若 SEC＝1，则表示该决策个体
具有规模效率；若 SEC＜1，则表示其不具有规模效率。

接下来利用 deap2.1 软件对上述选取的淮河流域内 15 个资源型城市
2004—2014 年的 4 个投入、1 个产出数据运用 Malmquist 指数法对淮河流
域内 15 个资源型城市 2001—2014 年的全要素生产率（TFP）及其变动情
况进行测算和分析。表 5－36 给出了其历年平均 Malmquist 生产率指数及
其分解结果，图 5－4 则是 Malmquist 生产率指数及其组成部分的波动情
况，表 5－37 则给出了各地市具体的 Malmquist 生产率指数及其分解
结果。

表 5－36　淮河流域资源型城市历年平均 Malmquist 生产率指数及其分解

年份	TFPCH	EFFCH	TECHCH	PECH	SECH	TFP 增长率
2004—2005	0.975	1.032	0.945	1.012	1.020	−0.025
2005—2006	1.014	0.939	1.079	0.984	0.955	0.014
2006—2007	1.003	0.969	1.035	0.996	0.973	0.003
2007—2008	1.052	1.005	1.047	1.007	0.997	0.052
2008—2009	0.924	1.013	0.913	0.994	1.019	−0.076
2009—2010	0.974	0.991	0.983	0.999	0.992	−0.026
2010—2011	1.047	1.044	1.003	1.017	1.027	0.047
2011—2012	0.949	1.000	0.949	1.000	1.000	−0.051
2012—2013	0.978	0.983	0.996	0.994	0.989	−0.022
2013—2014	1.000	0.998	1.007	0.995	0.997	0
mean	0.992	0.997	0.996	1.000	0.997	−0.0084

由表 5－36 可以看出，在 2004—2014 年，淮河流域这 15 个资源型城市的
TFP 的平均增长率为−0.8％，投入产出技术和投入产出效率增长率分别为−
0.4％、−0.3％，纯技术效率基本没有变动，规模效率变动为−0.3％；只有
2005—2008 年 TFP 增长率为正值，2013—2014 年不变，其余年间 TFP 增长
率均为负值。2005—2006 年、2006—2007 年、2007—2008 年、2010—2011 年
的 TFP 指数均大于 1，2013—2014 年等于 1，其余年间均小于 1；2004—2005

年、2007—2008 年、2008—2009 年、2010—2011 年的 EC 均大于 1，2011—
2012 年等于 1，其余年间均小于 1；2005—2006 年、2006—2007 年、2007—
2008 年、2010—2011 年、2013—2014 年的 TC 指数均大于 1，其余年间均小
于 1。由以上数据分析可知，淮河流域各地市在 2004—2005 年、2008—2009
年 TFP 的增长动力来自技术效率；2005—2006 年、2006—2007 年、2013—
2014 年 TFP 的增长动力来自技术进步；2007—2008 年、2010—2011 年 TFP
的增长动力来自技术进步和技术效率二者。

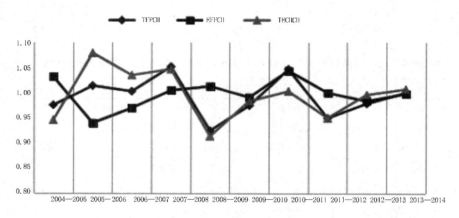

图 5—4　2004—2014 年淮河流域资源型城市 Malmquist 生产率波动情况

　　由图 5—4 可以看出 2004—2014 年淮河流域资源型城市 Malmquist 生
产率波动情况。2005—2006 年、2007—2008 年、2009—2011 年、2012—
2014 年的 TFP 均呈上升趋势，其上升动力主要是来自技术进步，因为在
这期间 TC 也均是上升状态，而技术效率的变动与 TFP 的变动呈现的关系
则没有那么明显。

表 5—37 淮河流域 15 个资源型城市各地市平均 Malmquist 生产率指数及其分解

地市	TFPCH	EFFCH	TECHCH	PECH	SECH	TFP 增长率
洛阳市	1.032	1.000	1.032	1.000	1.000	0.032
南阳市	0.993	1.005	0.988	0.994	1.011	−0.007
平顶山市	0.937	0.978	0.958	0.986	0.992	−0.063
滁州市	0.961	0.976	0.985	1.000	0.976	−0.039
淮南市	0.965	0.985	0.979	1.011	0.974	−0.035
淮北市	0.991	0.998	0.993	1.000	0.998	−0.009
亳州市	0.975	1.004	0.971	1.000	1.000	−0.025
宿州市	0.921	0.986	0.934	0.989	0.997	−0.079
徐州市	1.027	1.000	1.027	1.000	1.000	0.027
宿迁市	1.037	1.02	1.016	1.019	1.001	0.037
济宁市	0.98	1.000	0.98	1.000	1.000	−0.02
枣庄市	1.008	1.005	1.003	1.006	0.998	0.008
临沂市	0.994	0.99	1.004	0.99	1.000	−0.006
淄博市	1.015	1.000	1.015	1.000	1.000	0.015
泰安市	1.036	1.000	1.036	1.000	1.000	0.036
mean	0.991	0.996	0.994	1.000	0.997	−0.009

从表 5—37 和图 5—5 中我们可以看出，淮河流域 15 个资源型城市中只有 6 个城市的 TFP 增长率为正值，其余 9 个城市的 TFP 增长率均为负值。且 TFP 增长率为正值的 6 个城市分布于淮河流域内的山东、江苏和河南三个省内，而安徽省内的资源型城市的 TFP 增长率均为负值。由以上数据测算和分析结果可知淮河流域 15 个资源型城市的 TFP 增长率无论是从时间维度还是从空间维度上来看，大部分均为负值，不太乐观。且从时间维度来分析，其 TFP 增长的动力主要是来自技术进步，而不是技术效率变动；从空间维度来分析，其 TFP 增长率为负值的地市主要位于安徽省，由此我们可以粗略推测安徽的经济发展水平和产业结构优化水平相对来说均低于江苏、山东和河南三个省。因此，在制定淮河流域资源型城市转型发展策略的同时要注意各省之间的差异，尤其是要针对安徽省制定

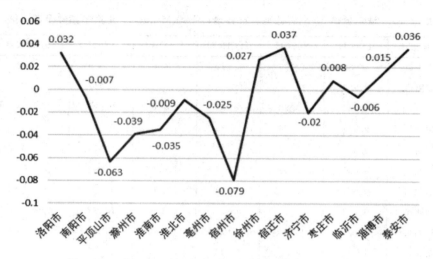

图 5—5　淮河流域 15 个资源型城市各地市的 TFP 增长率

适合其发展的特殊战略，以提高淮河流域经济发展方式改革和转变的效率。

（三）从各产业占 GDP 比重来分析淮河流域资源型产业的转型之路

淮河流域范围内的 38 个地市凭借其独有的资源和资源型产业发展起来，为我国经济快速发展做出了很大的贡献，但是，随着时间的推移和经济的发展，淮河流域的产业结构越发不协调，直接表现为一二三产业比例在城市 GDP 中严重失衡。本部分主要是针对淮河流域内的 15 个资源型城市来估测和分析淮河流域整体的产业结构是否合理。主要选取了该流域内 2004 年至 2014 年 11 年间各资源型城市的三次产业占 GDP 比重的数据来分析，具体对比和相对变化趋势见图 5—6、图 5—7、图 5—8 和图 5—9。

由图 5—6 至图 5—9 可以看出，淮河流域内各资源型城市的三次产业产值占 GDP 比例严重失衡，第二产业产值占比均过高，且第一产业产值占比基本处于逐年下降的态势。由图 5—6 和图 5—7 可知河南省和安徽省的第二产业产值占比基本处于逐年上升的态势，只有近几年有略微的下降，而第三产业产值占比则恰恰相反，基本处于逐年下降的趋势，只有近几年有略微的上升，且第三产业产值占比均低于第二产业产值占比；由图

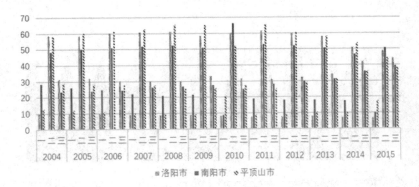

图 5－6 淮河流域河南省资源型城市三次产业产值占 GDP 比重

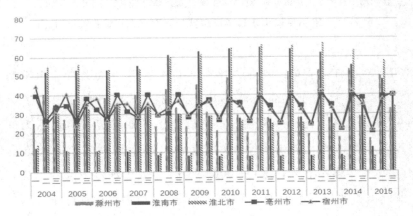

图 5－7 淮河流域安徽省资源型城市三次产业产值占 GDP 比重

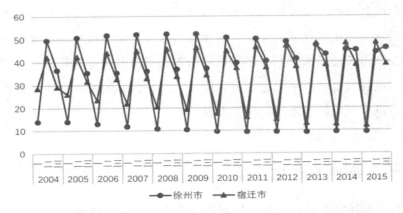

图 5－8 淮河流域江苏省资源型城市三次产业产值占 GDP 比重

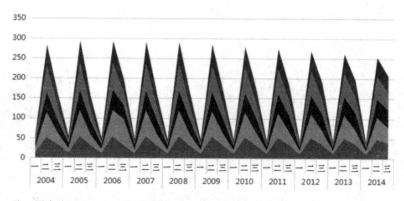

注：图中从下至上地区分别为济宁市、枣庄市、临沂市、淄博市、泰安市。

图 5—9 淮河流域山东省资源型城市三次产业产值占 GDP 比重

5—8 可以看出江苏省第二产业占比在 2004—2008 年呈逐年上升趋势，之后 2008—2014 年处于逐年下降趋势，而第三产业产值占比除了徐州市 2004 年有所下降，其他年份各城市均处于上升的趋势，但仍然远远低于其第二产业产值占比；由图 5—9 可以看出山东省第二产业产值占比在 2004—2006 年逐年上升，之后 2006—2014 年处于逐年下降的趋势，而第三产业产值占比均基本处于逐年上升的态势，但仍然远远低于其第二产业产值占比。

由以上分析可知淮河流域各个城市经济的增长过于依赖第二产业，而第二产业又过于依赖矿产资源型产业，由此可以粗略推断淮河流域各个城市的经济增长过度依赖其矿产资源，当矿产资源消耗殆尽其他产业又发展不足时，各城市经济将急速衰退，所以我们必须要通过调整和优化产业结构来促进淮河流域各地市的稳健发展。

四、结论与研究展望

对于淮河流域矿产资源开发利用及其资源型产业转型的研究是打破淮河流域经济发展"瓶颈"以及实现区域协调发展的重要途径。本章在详细分析研究淮河流域 38 个地市矿产资源开发利用现状的基础上，利用 DEA 的 C^2R 模型对各地市矿产资源开发利用效率的高低进行相关的分析；用时序全局主成分分析法针对淮河流域山东省矿产资源开发利用的环境效应做实证分析来估测和推断淮河流域资源开发利用过程中存在的问题，并提出相应的解决策略；最后又从资源型城市角度出发，分别从产业生命周期、全要素生产率及三次产业占 GDP 比重等来对淮河流域资源型产业的转型进行多维度分析，为淮河流域的未来矿产行业及经济发展制定科学合理的开发利用规划和保护战略，引导矿产行业持续、协调、健康发展。

通过对淮河流域矿产资源开发利用现状及开发利用效率的探讨研究可知，矿产资源开发利用效率高效区主要分布在河南省周口市、江苏省南通市以及山东省济宁市，DEA 有效值均为 1.0；矿产资源开发利用效率较高效区包括河南省的漯河市、南阳市、商丘市和洛阳市，江苏省的南京市，山东省的菏泽市和泰安市以及安徽省的宿州市、亳州市和合肥市等，DEA 有效值均处于 0.9～1.0；矿产资源开发利用效率中效区分布在河南省的信阳市和郑州市，江苏省的宿迁市，山东省的日照市、淄博市和枣庄市以及安徽省的六安市等，DEA 有效值均处于 0.75～0.9；剩下的其余各市便是矿产资源开发利用效率低效区，DEA 有效值均低于 0.75。矿产资源开发利用效率 DEA 有效表明周口市、南通市和济宁市三个城市的矿产资源开发利用实现了人均 GDP 等 2 个指标产出水平下最小化了采矿业从业人员等 3 个指标投入，而其他非开发效率有效市则需要通过改变其投入与产出才能达到矿产资源开发利用效率的 DEA 有效。

通过对淮河流域山东省矿产资源开发利用的环境效应分析可知，山东省除了淄博市和枣庄市的生态环境状况有较小的改善之外，其他几个城市的生态环境状况基本上都有逐渐恶化的趋势，且济宁市和临沂市的恶化趋势较为明显。由此可以粗略推测，淮河流域整体的生态环境状况不容乐观，有待保护和改善。

通过对淮河流域资源型城市转型的多维度分析可知淮河流域各个城市经济的增长过于依赖第二产业，而第二产业又过于依赖矿产资源型产业，由此可以粗略推断淮河流域各个城市的经济增长过度依赖其矿产资源，当矿产资源消耗殆尽其他产业又发展不足时，各城市经济将急速衰退，我们必须要通过调整和优化产业结构来促进淮河流域各地市的稳定发展。

另外，由于淮河流域涉及 38 个地市，区域范围较广；数据指标统一和获取难度均较大，且数据指标选取具有一定的局限性。在实证方法的选取上可能也具有一定的局限性。所以，本章对于淮河流域矿产资源的开发利用效率、环境效应和资源型产业转型方面的研究中可能有些内容仍需进一步探讨和深入研究。

第六章 淮河流域农业发展方式
转变与可持续发展研究

淮河流域作为国家粮食重要生产基地，农业生产方式的转变对于保证国家粮食安全和政治稳定具有重大意义。那么淮河流域如何转变农业发展方式，实现农业可持续发展自然成为本书需要着力开展研究的重要内容。同时本章的工作同第四章和第五章的目标相同，继续回答淮河流域应如何实现经济发展方式转变。为此，本章将围绕淮河流域农业发展的现状，基于淮河流域 38 个地市的年度面板数据，运用 DEA-Malmquist 指数方法计算出 2000—2014 年淮河流域各个地市的农业全要素生产率指数，对包含淮河流域农业发展方式转变的效率进行动态评价和实证分析，指出淮河流域农业发展方式转变存在的问题；通过构建门槛效应模型，分析了水资源利用对淮河流域农业发展方式转变的影响；最后，探讨水资源约束下淮河流域农业发展方式转变的门槛效应，并对淮河流域农业可持续发展能力进行了灰色关联度分析。

一、淮河流域农业发展方式转变效率动态评价

目前，中国正处于由传统农业向现代农业转变的关键时期，农业的持续健康发展、粮食稳产增产、农业生产效率提升、食品安全以及农业与生态环境协调发展等课题，一直备受学者关注。淮河位于中国东部，在七大流域中，淮河流域排名第六，其人口密度却居七大流域之首。淮河流域资源丰富，交通便利，有一定的资源和区位优势。但从产业结构上看，该区域工业基础薄弱，国民经济仍以农业为主。因此，对该区域农业发展方式

转变效率进行实证研究，推进该区域农业向现代化农业转变，具有重要的现实意义和理论价值。

尤飞、罗其友（2012）通过对淮河流域农业发展所面临的主要问题进行分析，认为当前淮河流域农业发展面临的重大问题主要是基础设施薄弱、资源污染严重、政策的激励和约束不足，并针对这些问题提出淮河流域农业发展的思路以及对创新环境提出对策建议。胡韵菲、尤飞等（2016）采用特尔斐法对淮河流域 2008 年到 2012 年 35 个地市的农业生产水平与资源环境协调度进行了综合评价，发现淮河流域农业在这五年间的农业生产水平和整体资源保障度都有很大程度的提高，但区域整体的农业生产水平和资源环境协调度不匹配，恶化态势明显。从现有文献来看，国内学者对淮河流域农业的研究集中于农业生产与资源环境的关系上，而对于淮河流域农业发展方式转变和农业生产效率的研究较少。周亮、徐建刚（2013）在淮河流域粮食增产与水资源约束的双重背景下，运用 DEA 模型、Malmquist 生产效率指数和 GIS 空间分析方法，对 2000—2011 年淮河流域 35 个地市的农业生产效率及时空变化特征进行了分析，发现淮河流域在 2000—2011 年农业生产效率不断提高，农业技术进步是促使农业全要素生产率提高的主要原因，另外，淮河流域整体呈现明显的时空特征。

通过整理文献发现大部分学者的研究都是选取单一的产出指标，仅仅用农林牧渔业总产值来衡量农业生产的规模和成果，而农林牧渔业总产值反映的仅仅是农业生产的实物产出，导致对农业生产效率的分析不全面和不透彻。本部分在总结以往研究的基础上，在产出指标里添加了农村居民人均年纯收入，用来反映农业生产对农村经济和农民生活的影响程度，使得模型设定更加合理，实证分析更加具有说服力。因此，在现有研究基础上，本部分运用 DEA 的 Malmquist 指数法对淮河流域 38 个地市 2000—2014 年农业投入和产出的面板数据进行计算，分析了农业全要素生产率的变动趋势和其构成的变化规律以及淮河流域农业发展方式的转变绩效，并考察了淮河流域农业全要素生产率的地区差异性，最后得出淮河流域农业生产效率变化和发展方式转变的结论。

(一) 研究方法与数据来源

1. 研究方法

本部分运用 Malmquist 指数法来测算淮河流域农业 TFP。Malmquist 指数最初由 Malmquist 于 1953 年提出，主要是用来分析不同时期的消费变化。后来，经过 Caves 和 Rolf Fare 等人的逐步完善，将这种非参数线性规划法与数据包络分析法（DEA）理论相结合，使得 Malmquist 指数被学者广泛运用。全要素生产率变化可以分解为技术进步变化和技术效率变化两个部分。从 s 期到 t 期，衡量全要素生产率增长的 Malmquist 指数的计算，如公式（6.1）所示：

$$m_0(q_s, x_s, q_t, x_t) = \left[\frac{d_0^s(q_t, x_t)}{d_0^s(q_s, x_s)} \times \frac{d_0^t(q_t, x_t)}{d_0^t(q_s, x_s)}\right]^{1/2} \qquad (6.1)$$

m_0 就是全要素生产率 TFP，d_0 就是投入导向的距离函数，在生产效率指数中，将此距离函数重新组合，可以证明，它等价于技术效率变化指数 ECH 与技术进步变化指数 TCH 的乘积，如公式（6.2）所示：

$$m_0(q_s, x_s, q_t, x_t) = \frac{d_0^t(q_t, x_t)}{d_0^s(q_s, x_s)}\left[\frac{d_0^s(q_t, x_t)}{d_0^{t'}(q_t', x_s)} \times \frac{d_0^{t'}(q_t', x_t')}{d_0^t(q_s, x_s)}\right]^{1/2} \qquad (6.2)$$

从公式（6.2）我们可以看出，方括号外面的比值是测算在 s 时期和 t 时期之间技术效率变化，就是说，技术效率变化指数等价于技术效率在 t 时期和 s 时期的比值。方括号里的部分表示的是技术进步变化指数的测算。所以公式（6.2）的两个部分又可以分别表示为公式（6.3）、公式（6.4）和公式（6.5）。

技术效率变化指数　$\text{ECH} = \dfrac{d_0^t(q_t, x_t)}{d_0^s(q_s, x_s)}$ $\qquad (6.3)$

技术进步变化指数　$\text{TCH} = \left[\dfrac{d_0^s(q_t, x_t)}{d_0^t(q_t, x_t)} \times \dfrac{d_0^s(q_s, x_s)}{d_0^t(q_s, x_s)}\right]^{1/2}$ $\qquad (6.4)$

全要素生产率　$\text{TFP} = \text{ECH} \times \text{TCH}$ $\qquad (6.5)$

在规模报酬可变 VRS 的假设前提下，技术效率变化指数 ECH 还可以进一步分解为纯技术效率变化指数和规模效率变化指数，如公式（6.6）、公式（6.7）和公式（6.8）所示：

纯技术效率变化指数　$\text{PECH} = \dfrac{\mathrm{d}_{0v}^{t}(q_t, x_t)}{\mathrm{d}_{0v}^{t}(q_s, x_s)}$　　　　　　　　　(6.6)

规模效率变化指数

$$\text{SECH} = \left[\frac{\mathrm{d}_{0v}^{t}(q_t, x_t)/\mathrm{d}_{0c}^{t}(q_t, x_t)}{\mathrm{d}_{0v}^{t}(q_s, x_s)/\mathrm{d}_{0c}^{t}(q_s, x_s)} \times \frac{\mathrm{d}_{0v}^{s}(q_t, x_t)/\mathrm{d}_{0c}^{s}(q_t, x_t)}{\mathrm{d}_{0v}^{s}(q_s, x_s)/\mathrm{d}_{0c}^{s}(q_s, x_s)}\right]^{1/2} \text{(6.7)}$$

技术效率变化指数 $\text{ECH} = \text{PECH} \times \text{SECH}$　　　　　　　(6.8)

公式（6.7）的规模效率变化实际是两种规模变化测算值的几何平均。第一部分是相对于 t 时期的技术，第二部分是相对于 s 时期的技术。附加的下标 v 和 c，它们分别是相对于规模报酬可变 VRS 技术与规模报酬不变 CRS 技术。综上可得公式（6.9）：

$\text{TFPCH} = \text{PECH} \times \text{SECH} \times \text{TCH}$　　　　　　　(6.9)

当 Malmquist 指数大于 1 时，说明全要素生产率 TFP 提高，生产效率得到改善；当技术进步变化指数大于 1 时，说明技术进步，反之，说明技术退步；当纯技术效率变化指数大于 1 时，说明纯技术效率得到提升；当规模效率变化指数大于 1 时，表明规模效率得到改善；当构成 Malmquist 指数的技术进步变化指数和技术效率变化指数都比 1 大时，表示其是促进 TFP 增长的主要因素；另外，规模效率变化指数和纯技术变化效率指数的高低反映了其对技术效率变化指数的影响程度。

2. 数据来源

本部分使用的数据是 2000—2014 年淮河流域安徽、江苏、河南、山东四省共 38 个地市的农业投入和产出的面板数据，数据来源于 2001—2015 年《安徽省统计年鉴》《江苏省统计年鉴》《河南省统计年鉴》《山东省统计年鉴》和《中国城市统计年鉴》以及《中国区域经济统计年鉴》。

评价指标体系的建立是进行效率评价的第一步。评价指标体系应遵循以下选取原则。（1）简单性，指标宜简不宜繁，关键在于评价指标在评价过程中所起作用的大小；（2）独立性，同一层次的各个指标之间不能相互重叠且不存在因果关系；（3）代表性，每个指标都要与评价对象相关且能较好地反映对象的某些特征；（4）可行性，指标要符合客观实际且有稳定的数据来源。

本部分基于农业投入和产出的特征以及评价指标的选取原则，在充分考虑了农业生产过程中各生产要素的相对重要性和数据的可得性，最终选取农林牧渔业总产值（万元）、农民人均年纯收入（元）为产出指标，农林牧渔业从业人员（人）、农作物播种面积（公顷）、有效灌溉面积（千公顷）、化肥施用量（吨）、农业机械总动力（万千瓦）以及农村用电量（万千瓦时）六个变量为投入指标。

（二）实证结果与分析

1. 全要素生产率

本部分基于淮河流域 38 个地市 2000—2014 年农业投入和产出的面板数据，通过运用 deap2.1 测算了农业生产的 Malmquist 指数及其构成指数。为了进一步分析淮河流域 2000—2014 年农业发展方式的转变绩效，本部分采用的是顾海兵、沈继楼（2006）的计算方法，并参考刘燕妮（2011）改进的转变绩效指标的计算公式，如（6.10）：

$$S = \frac{X - X\,[L]}{X\,[M] - X\,[L]} \times 100\% \tag{6.10}$$

其中，S 为转变绩效指标，X 为报告期指标的当前数值，$X\,[L]$ 为指标数值所在区间的最小值，$X\,[M]$ 为指标实际数值所在区间的最大值。通过该指标我们可以对淮河流域农业发展方式转变的效果即粗放度进行评价，其测算结果如表 6—1 所示：

表 6—1　2000—2014 年淮河流域农业 Malmquist 生产率指数及其构成的变化

年份	技术效率	技术进步	纯技术效率	规模效率	TFP	转变绩效
2000—2001	0.989	1.010	0.991	0.998	0.998	29.91
2001—2002	0.985	0.883	0.988	0.997	0.870	0
2002—2003	1.013	1.172	1.005	1.009	1.187	74.07
2003—2004	1.006	0.991	1.010	0.997	0.997	29.67
2004—2005	1.007	1.225	1.007	1.000	1.234	85.05
2005—2006	0.994	0.901	0.997	0.996	0.896	6.07
2006—2007	0.997	1.069	1.001	0.996	1.065	45.56

年份	技术效率	技术进步	纯技术效率	规模效率	TFP	转变绩效
2007—2008	0.997	1.140	0.991	1.006	1.137	62.38
2008—2009	0.990	1.045	0.988	1.002	1.034	38.32
2009—2010	0.991	1.309	0.994	0.998	1.298	100
2010—2011	0.987	1.055	1.002	0.985	1.041	39.95
2011—2012	0.991	0.986	0.994	0.998	0.978	25.23
2012—2013	1.004	1.078	1.003	1.001	1.082	49.53
2013—2014	0.980	1.102	0.991	0.990	1.080	49.07
平均	0.995	1.063	0.997	0.998	1.058	43.93

从表6-1我们可以看到：（1）整体上看来，淮河流域在2000—2014年这15年间农业全要素生产率的平均增长率为5.8%，而同期淮河流域农业年平均增长率为9.46%，可以看出淮河流域农业年均增长率的61.31%是由农业全要素生产率的提高带来的。另外，从农业全要素生产率的结构上来看，淮河流域在2000—2014年农业技术进步的平均增长率为6.3%，而农业技术效率的平均增长率为负，减少了0.5%，同时，构成农业技术效率的纯技术效率和规模效率均表现为负增长，但下降幅度较小。可见，农业技术进步是推动淮河流域农业全要素生产率提高的主要原因，而农业技术效率发挥作用的滞后性、农业管理体制不健全以及农业技术推广不到位阻碍了淮河流域农业生产效率的改善，农业TFP的增长属于技术诱导型的增长模式。

（2）从纵向上来看，淮河流域农业全要素生产率在这15年间表现出在波动中增长的动态特征。从2000—2014年，除了2000—2002年、2003—2004年、2005—2006年以及2011—2012年农业全要素生产率表现为负增长外，其他年份都保持着正向增长，其中2009—2010年农业TFP指数增长最快，平均增长率为29.8%，农业技术进步对其增长贡献最大，平均增长率达到30.9%。虽然2009年农业深受自然灾害和金融危机的影响，但是政府为了稳定农业发展和保持农民增收，扩大了农业补贴规模，向农民发放的粮食直补、农资综合补贴、良种补贴和农机具购置补贴达到 1230.8 亿元，比上年增长 19.4%。同时，国家实施粮食最低收购价政策，采取粮食临时收购措施，粮食市场价格稳中有升，这些惠农政策在很大程度上减轻了农民的负担，极大地激发了农民的种粮积极性。淮河流域农业技术进步变化指数除了个别年份出现小于 1 的情况外基本上都保持着正向增长，而农业技术效率变化指数除了在 2002—2005 年和 2012—2013 年出现大于 1 外其他年份都是小于 1，当技术进步促进农业 TFP 上升的时候，总会有农业技术效率下降制约着 TFP 增长，导致农业 TFP 增长缓慢甚至是停滞不前，这说明淮河流域农业技术推广工作还有待提高，对农民的技术培训不足。另外，也说明了技术进步对技术效率的发挥存在滞后效应。

另外，我们根据表 6—1 的数据继续分析淮河流域在这 15 年间的农业生产效率变动情况，具体如图 6—1 所示。从图 6—1 淮河流域农业 TFP 指数及其构成中可以看出，淮河流域农业 TFP 指数在 2000—2014 年波动幅度较大，尤其是 2000—2006 年，波动幅度达到 36.4%。2006—2010 年，农业 TFP 指数出现了一个阶梯式的递增阶段，农业全要素增长率在 2009—2010 年达到最高值 29.8%，在出现了一个较大幅度的下降之后，农业 TFP 指数开始趋于平稳上升。另外，从图中还可以看到，淮河流域农业 TFP 指数和技术进步变化指数的变化趋势保持高度的一致性，几近重合，这也说明了淮河流域农业技术进步是推动其农业全要素生产率增长的主要原因。因为技术进步可以节约农业生产成本，提高农业的边际产出，实现规模化生产，从而提高农业的产出水平。而技术效率变化指数的变动趋势不明显，基本保持在 1 的水平上，技术效率变化指数随着技术进步指数的变化发生幅度很小的波动。

我们参考刘燕妮、任宝平（2012）对我国农业发展方式的评价，把农业发展方式按照粗放度划分为四个阶段：高度粗放型、中度粗放型、低度粗放型和集约型。通过计算淮河流域 2000—2014 年农业发展方式转变的绩效指数并按照粗放度进行分类，如表 6—2 所示。我们可以发现淮河流

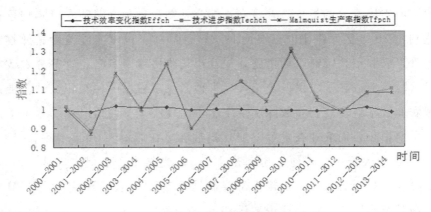

图 6—1　淮河流域农业 TFP 及其构成

域农业全要素生产率在这 15 年间呈现出阶段性特征，其中，有 1 个时间段，即 2005—2006 年处于高度粗放型，3 个时间段处于中度粗放型，有 6 个时间段处于低度粗放型，4 个时间段处于集约型，淮河流域农业发展方式仍然保持着粗放型的增长方式。可见，淮河流域农业生产的发展在很大程度上还是依赖于农业生产要素投入的增加，而不是农业全要素生产率的提高。

表 6—2　淮河流域农业发展方式的粗放度的分类

指标	高度粗放型	中度粗放型	低度粗放型	集约型
S	0<S≤15	15<S≤35	35<S≤50	50<S≤100
时间段个数	1	3	6	4

2. 各地区农业全要素生产率变动与差异

为了更加清楚地反映淮河流域农业 TFP 指数的地区差异性，我们对 38 个地市和 4 个省份分别进行了对比分析，如表 6—3 和图 6—2 所示。

从表 6—3 中 2000—2014 年淮河流域各市农业 TFP 指数及其构成变化情况我们可以看到，淮河流域 38 个地市在这 15 年间农业全要素生产率都大于 1，这说明淮河流域各市农业生产效率在不断提高，农业生产结构

在不断优化，可持续发展能力在不断提高。另外，技术进步指数也都大于
1，这说明淮河流域各市都很重视农业技术的研发，农业技术在不断得到
改进和进步。其中，农业 TFP 排名前 5 的地市有济宁、淄博、泰安、南
京和镇江，分布于山东省和江苏省，排名前 10 的地市有 6 个属于山东省，
3 个属于江苏省，1 个属于河南省，而安徽省排名最靠前的是蚌埠市，排
在第 17 位。排名最后 10 名中，河南省有 7 个，安徽有 2 个，江苏有 1
个。38 个地市中，山东省的济宁农业 TFP 指数最高，平均增长率为
13.6%，河南省的商丘的 TFP 指数最低，平均增长率仅为 1%。通过对淮
河流域 38 个地市的农业 TFP 指数和排名分析，我们发现淮河流域农业全
要素增长率存在显著的地区差异性。

表 6—3　2000—2014 年淮河流域各市农业 Malmquist 生产率指数及其构成的变化

地　市	技术效率	技术进步	纯技术效率	规模效率	TFP	排名
济　宁	1.026	1.107	1.019	1.007	1.136	1
淄　博	1.004	1.120	1.002	1.002	1.124	2
泰　安	1.002	1.112	1.001	1.000	1.114	3
南　京	1.000	1.113	1.000	1.000	1.113	4
镇　江	1.000	1.107	1.000	1.000	1.107	5
枣　庄	1.007	1.094	1.007	1.000	1.101	6
临　沂	0.997	1.099	1.001	0.996	1.095	7
徐　州	1.018	1.068	1.009	1.008	1.087	8
菏　泽	0.990	1.097	1.003	0.987	1.086	9
洛　阳	1.003	1.079	1.000	1.003	1.083	10
淮　南	1.000	1.080	1.000	1.000	1.080	11
淮　北	1.000	1.079	1.000	1.000	1.079	12
扬　州	0.999	1.080	1.000	0.999	1.079	12
日　照	1.000	1.073	1.000	1.000	1.073	14
泰　州	0.996	1.073	0.997	0.999	1.068	15
南　通	0.995	1.066	1.000	0.995	1.061	16
蚌　埠	0.997	1.063	1.004	0.993	1.060	17

续表

地　市	技术效率	技术进步	纯技术效率	规模效率	TFP	排名
合　肥	1.011	1.048	1.000	1.011	1.059	18
郑　州	0.965	1.093	0.991	0.973	1.055	19
安　庆	0.996	1.053	1.003	0.993	1.049	20
盐　城	0.999	1.049	1.000	0.999	1.048	21
连云港	0.993	1.054	0.996	0.997	1.047	22
滁　州	0.992	1.054	0.990	1.002	1.045	23
漯　河	1.000	1.038	1.000	1.000	1.038	24
宿　迁	0.978	1.061	0.980	0.998	1.038	24
许　昌	0.998	1.039	0.998	0.999	1.037	26
阜　阳	0.984	1.054	0.983	1.001	1.037	26
亳　州	0.984	1.047	0.989	0.995	1.030	28
驻马店	0.993	1.037	0.997	0.996	1.029	29
开　封	1.000	1.027	1.000	1.000	1.027	30
六　安	0.970	1.055	0.974	0.996	1.023	31
信　阳	1.000	1.023	1.000	1.000	1.023	31
平顶山	0.985	1.036	0.987	0.998	1.020	33
周　口	0.997	1.022	0.997	1.000	1.019	34
宿　州	0.989	1.029	0.990	0.999	1.018	35
南　阳	0.990	1.028	0.995	0.994	1.017	36
淮　安	0.995	1.019	0.996	0.999	1.013	37
商　丘	0.967	1.035	0.981	0.986	1.001	38
平　均	0.995	1.063	0.997	0.998	1.058	

　　从图6-2中我们可以看到，山东省的农业 TFP 指数最高，其次是江苏省、安徽省，河南省农业 TFP 指数最低。4 个省份技术进步变化指数与 Malmquist 生产指数都大于 1，均保持相近水平，这说明 4 个省份的农业技术进步是推动农业生产效率改善的主要原因，而各个省份的农业技术进步速度不同，导致了淮河流域农业全要素生产率地区差异较大。另外，只有山东省农业技术效率变化指数大于 1，除了农业技术进步，山东省还有

农业技术效率对 TFP 增长有贡献，而江苏省、安徽省和河南省的农业技术效率变化指数均小于 1，农业技术效率制约了农业 TFP 的增长。可见，江苏省、安徽省和河南省在注重农业技术研发的同时，还要加大对农业技术的推广力度以及对农民教育的投入。

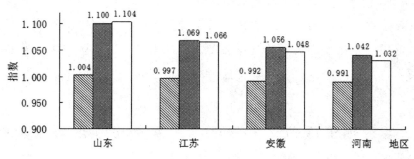

图 6-2　淮河流域各省份农业 TFP 及其构成

（三）结论

本部分运用 Malmquist 指数法，研究了 2000—2014 年淮河流域 38 个地市的农业全要素生产率及其构成的变化特征，以及农业发展方式的转变绩效，得出的主要结论为淮河流域农业全要素生产率在这 15 年间平均增长率为 5.8%，农业年均增长率的 61.31% 是由农业全要素生产率的提高带来的。农业 TFP 增长的主要原因是农业技术进步，而不是农业生产效率的改善。农业技术进步变化指数和农业 Malmquist 指数的变化趋势几近重合，农业技术进步对农业全要素生产率的贡献率为 6.3%，表明淮河流域农业生产还是依赖于农业技术的支撑，属于技术诱导型。另外，通过对淮河流域 2000—2014 年农业发展方式转变绩效的计算，我们发现淮河流域农业全要素生产率在这 15 年间呈现出阶段性特征，农业生产的发展更多的还是依靠农业生产要素投入的增加，农业发展方式仍然保持着粗放型的增长模式。通过比较淮河流域四个省份的农业全要素生产率，发现各个地区的农业生产效率呈现明显的地区差异性，其中，山东省的农业 TFP

指数最高，其次是江苏省、安徽省，而河南省的农业 TFP 指数最低，农业技术进步速度的不同是导致淮河流域农业全要素生产率地区差异性的主要原因。

由以上结论可知，淮河流域各地区政府在注重农业技术研发的同时，还要加大对农业技术的推广和对农业生产的政策支持，提高农民的科学文化知识水平，让农业技术更加有效地转化为农业生产力，推动农业发展方式的根本性变革。另外，还要注重各个地区之间的统筹协调发展，对农业生产落后的地区要加大财政支持力度，积极引进先进地区的农业发展经验和技术，加强各个地区的农业交流，缩小地区农业发展差距。

二、水资源约束对淮河流域农业发展方式转变的影响研究

水乃生命之源，水资源更是和农业生产紧密相关，是农业生产必不可少的重要元素，水资源的短缺严重制约着农业生产的可持续性和农业发展方式的转变。淮河流域作为我国重要的粮食生产基地，虽然比邻淮河，在农业用水方面具有天然的生产优势，但是近年来，随着人口增加、环境污染和水资源浪费现象越发严重，农业生产中的水资源危机也越来越突出，所以，课题这部分着重研究水资源约束对淮河流域农业发展方式转变的影响。

通过查阅 2000—2015 年《中国城市统计年鉴》《中国区域经济统计年鉴》和各省市的省统计年鉴、农业统计年鉴、市国民经济发展统计公报以及治淮会刊、水资源统计公报，并通过到安徽省、江苏省、山东省和河南省统计局、农业厅、水利厅等地进行数据调研，我们发现江苏省、山东省和河南省大部分地市和年度的农业用水量、水资源总量和农作物受灾面积这三个指标数据不能获得，而安徽省 2000—2004 年这三个指标数据也是缺失。所以，鉴于数据的可获取性和指标体系的完整性，本部分以淮河流域中的安徽省为例，通过测算安徽省 2005—2014 年农业全要素水资源效

率，并建立安徽省农业全要素生产率的动态面板模型，运用 Hansen 门槛模型研究了安徽省农业水资源利用效率对农业生产方式转变的影响。

从现有的文献来看，对淮河流域农业生产与资源环境相结合的研究较多，但是对于在水资源约束下对淮河流域农业发展方式转变的研究却很少。周亮（2013）在粮食增产的背景下和水资源的约束下，对 2000—2011 年淮河流域农业生产效率的时空变化进行了分析，通过运用 DEA 和 GIS 空间分析方法，研究发现淮河流域农业生产效率较高，但是流域农业生产区域差异较大，而且大部分地市都属于综合效率持续不变的类型。胡韵菲（2016）运用特尔斐法对淮河流域 35 个地市 2008—2012 年农业生产水平、资源环境保障度以及农业生产和资源环境保障度之间的协调度进行了实证分析，发现淮河流域在这五年间农业生产水平在不断提高，但是资源环境保障度却滞后于农业生产水平，二者之间协调度出现明显的恶化态势。孟德锋（2011）通过对淮河流域进行农户调查并收集数据，研究了参与式灌溉管理对淮河流域农业生产以及农民收入的影响，发现参与式灌溉管理可以优化水资源配置，增加农作物的产量，但是在不同农作物之间的增产效果具有较大差别而且更加有利于低收入的农民实现增收。

（一）模型、变量与数据

1. 模型

（1）农业全要素水资源效率

DEA 模型已经在第一节介绍过，这部分主要选用投入不变的 CRS 模型对安徽省淮河流域农业全要素水资源效率进行测算。测算公式如下：

$$\text{TFWE} = \frac{\text{目标用水量}}{\text{实际用水量}} = \frac{\text{实际用水量} - \text{松弛量}}{\text{实际用水量}} = 1 - \frac{\text{松弛量}}{\text{实际用水量}} = 1 - \beta^{*}_{\text{water}} \quad (6.11)$$

上式中，β^{*}_{water} 是农业水资源的最优投入，可以发现，农业全要素水资源效率 $0 < \text{TFWE} < 1$，TFWE 值越大，说明农业水资源投入越是合理，水资源生产效率越高。如果 $\text{TFWE} = 1$，则说明农业生产过程中不存在水资源投入冗余和不足现象，此 DMU 刚好处于生产前沿面上。

（2）门槛模型

为了进一步研究农业用水效率对农业全要素生产率的影响，本部分采用 Hansen 的门槛面板模型对其进行实证研究。

自 Tong（1978）提出门限自回归模型后，这种非线性时间序列模型在经济和金融领域就得到了广泛应用，后来这一模型也发展到研究面板数据。在进行门限回归时，Hansen（1999）建议采用"自体抽样法"（Bootstrap）来检验变量的渐进分布和门限效应是否显著。

单一门槛模型如下：

$$y_{it}=u_i+x_{it}\alpha_1 \cdot I\ (q_{it}\leqslant\gamma)\ +x_{it}^{'}\alpha_2 \cdot I\ (q_{it}>\gamma)\ +\varepsilon_{it} \qquad (6.12)$$

其中，$i=1,2,3,\cdots,N$ 表示各个截面个体，$t=1,2,3,\cdots,T$ 表示时间，q_{it} 为门槛变量，y_{it} 和 x_{it} 分别表示被解释变量和解释变量。I（·）为一个指标函数，当条件成立时取 1，不成立时取 0。μ_i 为个体效应，ε_{it} 为随机干扰项。

双重门槛模型如下：

$$y_{it}=u_i+x_{it}\alpha_1 \cdot I\ (q_{it})\ \leqslant\gamma+x_{it}\alpha_2 \cdot I\ (\gamma_2\geqslant q_{it}>\gamma_1)\ +x_{it}^{'}\alpha_3 \cdot I$$
$$(q_{it}>\gamma_2)\ +\varepsilon_{it} \qquad (6.13)$$

其中，$\gamma_1<\gamma_2$，变量含义与单一门槛模型相同。

2. 变量与数据说明

（1）农业全要素水资源效率

本部分选取 2005—2014 年安徽省淮河流域各个地市的农林牧渔业总产值为产出指标，农业从业人数、化肥施用量、农业机械总动力、农业用水量和农作物播种面积为投入指标。数据均来自 2006—2015 年安徽省统计年鉴。

（2）门槛模型

①被解释变量。选取安徽省淮河流域各个地市的农业全要素生产率指数（tfp）为被解释变量，衡量安徽省农业生产效率，反映安徽省农业发展方式的转变。

②解释变量。选取安徽省淮河流域各个地市的农林牧渔业增加值与农业用水量的比值（tfwe）和农业技术进步指数（tech）为解释变量。农林牧渔业增加和农业用水量的比值可以用来反映农业用水的生产效率。从第

一节的淮河流域农业发展方式转变的实证研究中我们可以看到，技术进步是推动农业全要素生产率提高的主要原因。

③门槛变量。选取安徽省农林牧渔业增加值与农业用水量的比值（tf-we）作为门槛变量。由于农业水资源要素生产率指标模型回归效果不理想，所以本部分选取替代指标农林牧渔业增加值和农业用水量之间的比值衡量安徽省淮河流域农业用水效率。

④控制变量。选取财政支出中农林水务事业支出占财政总支出的比重（sup）来反映政府对农业生产的财政支持力度。政府对农业的财政支持是促进农业增产和提高农民生活水平的重要保证。选取农作物受灾面积占农作物总播种面积的比重（envi）来衡量农作物的受灾率，反映环境因素的变化对农业生产效率的影响。农业生产脆弱，很容易受到自然环境的影响，自然灾害和环境污染会导致农业生产效率降低。选取粮食播种面积占农作物总播种面积的比重（stru）来反映农业的种植结构。中国农业人口众多，不同的农作物对劳动力需求不同，农业的种植结构对农业生产效率也会有很大的影响。选取乡村从业人员数占总人口的比重（pop）来衡量农业生产中的劳动力投入力度。农业属于劳动密集型产业，劳动力的投入会影响农业要素生产率。

（二）实证研究

1. 农业全要素水资源效率

农业水资源效率受到很多因素的影响，当前，已经有很多学者采用不同的分析方法在这方面做了研究。刘渝（2012）通过运用全要素水资源调整目标比率和 DEA 的测算方法，基于全国的一个平衡面板数据，对我国农业水资源利用效率进行了实证分析，发现农业水资源利用效率的区域差别较大，而且农业用水效率越高的地区效率改善的速度越快。侯新（2011）通过运用主成分投影评价模型，构建了农业水资源高效利用评价指标体系，对川中丘陵地区的农业水资源利用效率进行了评价分析。本部分采用 DEA 的投入不变的 CRS 模型对安徽省淮河流域 2005—2014 年的投入产出面板数据进行实证分析，并结合农业全要素水资源效率计算公式，测算出安徽省淮河流域2005—2014年各个地市的农业全要素水资源效率，具体结果如表6—4所示。

表6—4 2005—2014年安徽省淮河流域各个地市的农业全要素水资源效率

年份 地区	2005	2006	2007	2008	2009	2010	2011	2012	2013	2014	均值
合　肥	1.000	1.000	1.000	1.000	1.000	1.000	1.000	1.000	1.000	1.000	1.000
淮　北	0.808	0.815	0.754	0.735	0.820	0.784	0.827	0.788	0.812	0.792	0.794
亳　州	0.610	0.904	0.749	0.794	0.835	0.793	0.830	0.836	0.861	0.827	0.804
宿　州	1.000	1.000	1.000	1.000	1.000	1.000	1.000	1.000	1.000	1.000	1.000
蚌　埠	1.000	1.000	0.887	0.827	0.760	0.753	0.888	0.842	0.860	0.867	0.863
阜　阳	0.967	0.950	0.968	1.000	0.984	0.907	1.000	1.000	1.000	1.000	0.978
淮　南	0.493	0.974	0.781	0.746	0.578	0.444	0.686	0.649	0.733	0.623	0.671
滁　州	1.000	1.000	0.788	0.800	0.751	0.667	0.859	0.765	0.851	0.759	0.824
六　安	0.108	0.610	0.607	0.699	0.558	0.498	0.700	0.651	0.687	0.542	0.566
安　庆	1.000	1.000	1.000	1.000	1.000	1.000	1.000	1.000	1.000	1.000	1.000

从表6—4中可以发现，从整体上看，在这10年间，合肥、宿州、安庆和阜阳的农业全要素水资源生产效率都接近于1，农业水资源生产效率高，农业用水配置合理，不存在配置冗余和不足情况，蚌埠、滁州、亳州和淮北的农业全要素水资源效率指数为0.8左右，农业用水效率也较高，而六安和淮南的农业全要素水资源效率指数为0.7以下，农业全要素水资源效率较低，在农业生产过程中，存在着农业用水配置不合理现象。纵向上来看，合肥、安庆和宿州在这10年间，每年的农业全要素水资源效率指数都是1，这说明合肥、安庆和宿州农业用水管理体制成熟健全，农业生产用水效率已经达到了生产前沿面，农业节水量大。另外，其他地市的用水效率也在不断改善，尤其是六安，水资源效率指数从2005年的0.108上升到2014年的0.504，接近于2005年的5倍效率，可见，安徽省淮河流域农业水资源效率还有很大的提升空间。

2. 门槛模型

前面的农业全要素水资源效率模型对安徽省淮河流域10年间的农业

用水效率进行了分析，但是水资源是如何影响农业发展方式转变和农业全要素生产率的并没有说明，所以，这部分将继续运用 Hansen 门槛模型对在水资源约束下，农业用水是如何影响安徽省淮河流域农业全要素生产率进行深入分析。模型所用变量的描述性统计如表 6—5 所示。

表 6—5　变量的描述性统计

变量	观测值	平均值	标准差	最小值	最大值
农业全要素生产率（tfp）	100	1.102	0.129	0.724	1.622
技术进步（tech）	100	1.106	0.129	0.724	1.622
农业用水效率（tfwe）	100	182.320	172.504	40.449	1221.801
财政支农力度（sup）	100	0.099	0.042	0.030	0.189
受灾率（envi）	100	0.235	0.164	0.002	0.788
劳动力（pop）	100	0.437	0.069	0.306	0.554
农业种植结构（stru）	100	7.454	24.890	0.537	147.621

（1）门槛效应检验

首先对面板模型进行门槛效应检验，从而确定门槛模型的门槛数量和具体的模型选定，运用 STATA14 软件对数据进行 Bootstrap 检验，检验结果如表 6—6 所示。

表 6—6　门槛存在性检验结果

模型	F 值	P 值	BS 次数	临界值		
				1%	5%	10%
单一门槛	2.941**	0.020	100	3.911	2.651	2.114
双重门槛	2.924**	0.030	100	5.630	2.284	1.932
三重门槛	0.000	0.330	100	0.000	0.000	0.000

注：＊＊5％的水平上显著。

从表 6—6 可以看出，单一门槛和双重门槛都通过了在 5％显著性水平上的显著性检验，而三重门槛没有通过显著性检验，所以，我们认为此模型存在两个门槛，并采用双重门槛模型进行实证分析。

（2）门槛估计值和区域划分

另外，为了更加直观地反映两个门槛值的估计和门槛值置信区间的构造过程，利用最小二乘似然比统计量 LR 识别门槛值，如表 6－7 和图 6－3 所示：

表 6－7   两个门槛估计值及其 95％置信区间

检验	估计值	95％的置信区间
门槛值 1	103.149	［96.205，118.013］
门槛值 2	181.149	［151.370，343.781］

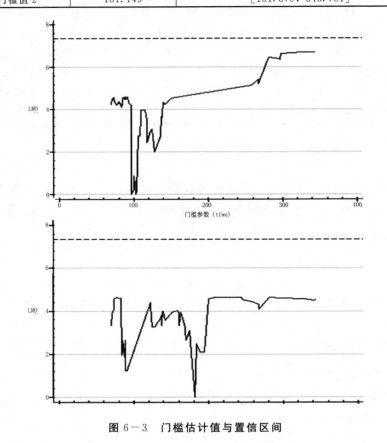

图 6－3   门槛估计值与置信区间

根据门槛面板模型，在95％的显著性水平下的临界值为7.35，即为图中虚线位置。门槛估计值在95％的显著性水平下的置信区间就是门槛变量所在的区间。我们可以看到，第一个门槛估计值在95％的显著性水平下的置信区间为［96.205，118.013］，第二个门槛估计值在95％的显著性水平下的置信区间为［151.370，343.781］，所以，模型的两个门槛值估计是有效估计。

（3）门槛模型回归结果及其分析

接着，我们依据门槛模型的回归结果对门槛面板模型的变量系数进行估计，具体结果如表6－8所示。

表6－8　门槛面板模型的变量系数估计

变量	系数	标准误差	t统计量	P＞｜t｜	95％的置信区间	
tech	0.9048	0.0387	23.3900	0.0000	0.8279	0.9817
sup	0.0931	0.1395	0.6700	0.5060	−0.1841	0.3704
envi	0.0796	0.0279	2.8500	0.0050	0.0241	0.1351
stru	0.0004	0.0002	2.2900	0.0250	0.0001	0.0008
pop	−0.0674	0.0909	−0.7400	0.4610	−0.2481	0.1134
tfwe_1	0.0004	0.0002	1.9900	0.0490	0.0000	0.0008
tfwe_2	0.0002	0.0001	1.6500	0.1030	−0.0000	0.0004
tfwe_3	0.0001	0.0000	0.8600	0.3910	−0.0000	0.0001
_cons	0.0764	0.0584	1.3100	0.1940	−0.0397	0.1926

从门槛面板模型的变量系数估计表中可以看到，农业用水效率的改善有利于农业全要素生产率的提高，当农业用水效率低于第一个门槛值（103.149）时，农业用水效率对农业全要素生产率的影响为0.0004，当农业用水效率介于第一个门槛值和第二个门槛值之间（103.149～181.149）时农业用水效率对农业全要素生产率的影响为0.0002，当农业用水效率大于第二个门槛值时，农业用水效率对农业全要素生产率的影响为0.0001，可见，随着农业用水效率的提高，其对农业生产效率的影响是越来越小的。

另外，农业技术进步的回归系数为正，而且接近于1，这也验证了第一节中农业技术进步是淮河流域农业生产方式转变的主要原因的结论。农业技术进步,将会大大地提高农业生产的效率,促进农业增收和改善农民生活。财政支农力度的回归系数也是正的,但不显著,这说明国家财政政策对农业生产的倾斜有利于促进农业生产效率提高,但是作用不是很明显。农业生产中的受灾率和农业全要素生产率的回归系数也是正相关,这似乎与我们的现实情况不相符合,但是通过查阅大量文献资料发现,农作物受到自然灾害毁坏面积越大,受灾率越高,政府对农业补贴的越多,而且政府对粮食安全很重视,所以对农业受灾补贴的力度可能会大于农业生产的产值,从而出现农业生产效率改善的假象。农业种植结构也与农业生产效率显著正相关,我国自古就是农业大国,主要的农作物就是粮食作物,在农业生产方面具有先天禀赋和优势,所以粮食种植面积越大,会对生产效率的改善起到重要作用。而农业从业人数比和农业生产效率的回归系数为负,但是作用不显著。这是由于我国农业生产已经由原来的劳动密集型产业向技术密集型转变,农业生产不再是完全依赖劳动力,而是依靠机器设备,农业机械的生产效率远远高于单纯的劳动力生产效率。

(三) 研究结论

通过对安徽省淮河流域 2005—2014 年农业全要素水资源效率进行测算,并结合 Hansen 门槛面板模型分析,我们得出以下结论:

(1) 安徽省淮河流域各个地市在这 10 年间的农业全要素水资源效率在不断提高,尤其是合肥、安庆和宿州,农业水资源配置效率很高,一直处于生产前沿,农业用水基本不存在冗余和不足现象。但是从总体来看,安徽省淮河流域的农业全要素水资源效率区域差异较大,六安、淮南的农业用水效率还有很大的提升空间。

(2) 通过门槛面板模型分析,我们发现水资源对农业全要素生产率具有双重门槛效应,农业用水效率的提高有利于农业生产效率的改善和生产方式的转变,但是其影响力会随着农业用水效率的提高越来越小。另外,农业技术进步对农业生产效率的影响很大,和第一节农业技术进步是农业全要素生产效率改善的主要原因的结论保持一致。

三、淮河流域农业可持续发展能力研究

转变农业发展方式是淮河流域实现经济发展方式转变的重要任务，而农业发展方式转变的最终目标就是实现农业的可持续发展。淮河流域作为我国重要的粮食生产基地，在我国粮食生产中具有举足轻重的地位，但近年来耕地退化、农业劳动力外流、农业面源污染恶化、土壤肥力下降等问题越发严重，导致淮河流域农业发展难以实现规模化经营、集约化生产、市场化运作，进而直接严重阻碍淮河流域农业可持续发展能力的提高。由此，本部分基于淮河流域农业发展的现状以及目前国内学者对淮河流域农业可持续发展能力研究存在的不足而展开进一步的研究，在淮河流域农业可持续发展能力指标体系的基础上，利用淮河流域2000—2014年的数据，采用综合指数评价方法对淮河流域农业可持续发展能力和水平进行客观评价。此外，本部分进一步运用灰色关联度分析法，对影响和约束淮河流域农业可持续发展能力提高的因素进行了实证分析，以期能够科学评价目前淮河流域的农业可持续发展能力和水平并找出阻碍提高农业可持续发展能力的影响因素。

（一）淮河流域农业可持续发展能力指标体系设计

1. 指标选取和权重方法的确定

指标的选取应该遵循科学性、系统性、可得性等原则，本部分基于指标的选取原则，并结合淮河流域农业发展的现状和特征，从经济、社会、生产、生态环境和水资源利用五个方面建立了淮河流域农业可持续发展水平的指标体系，以对淮河流域农业可持续发展能力进行客观评价。为了能够反映淮河流域农业可持续发展能力的指标权重的客观性，我们选择的是客观赋权法中的变异系数法，而该种方法相比主观赋权法来说客观性更强。

2. 评价指标体系的构建和数据来源

根据农业可持续发展能力指标体系构建原则，结合淮河流域农业发展的实际情况，我们构建了淮河流域农业可持续发展能力指标体系，整个指

标体系分为 5 个子系统，共 26 项指标。其中，淮河流域农业可持续发展能力指标体系的目标层为农业可持续发展能力，基准层分别设置为生产可持续、经济可持续、水资源可持续、社会可持续、生态环境可持续 5 个子系统，指标层设置 26 个具体指标，如表 6－9 所示。

表 6－9　淮河流域农业可持续发展能力指标体系及其计算公式

目标层	基准层	指标层	计算公式
农业可持续发展能力 A	生产可持续 B_1	C_1 人均农业生产总值	农业总产值/总人口
		C_2 人均粮食产量	粮食总产量/总人口
		C_3 人均棉花产量	棉花总产量/总人口
		C_4 人均油料产量	油料总产量/总人口
	经济可持续 B_2	C_5 农民人均年纯收入	利用统计年鉴获取
		C_6 单位耕地面积农机总动力	农机总动力/耕地面积
		C_7 农用耕地生产率	农林牧渔业增加值/耕地面积
		C_8 农业劳动生产率	农林牧渔业增加值/农林牧渔业人员
	水资源可持续 B_3	C_9 农业人口人均水资源量	水资源总量/农业人口
		C_{10} 有效灌溉面积	利用统计年鉴获取
		C_{11} 农田灌溉亩均用水量	农业用水总量/耕地面积
		C_{12} 水旱成灾面积	利用统计年鉴获取
		C_{13} 旱涝保收面积	利用统计年鉴获取
		C_{14} 节水灌溉面积	利用统计年鉴获取
		C_{15} 人均废污水排放量	废污水排放量/农业人口
	社会可持续 B_4	C_{16} 农民恩格尔系数	利用统计年鉴获取
		C_{17} 城乡居民收入差异系数	城镇居民家庭人均可支配收入/农村居民家庭人均年收入
		C_{18} 农民人均住房面积	利用统计年鉴获取
		C_{19} 乡村从业者中农业劳动力比例	农林牧渔业劳动力/乡村从业人口总数
		C_{20} 平均每千农业人口村卫生室人员数	村卫生室人员数/农业人口
		C_{21} 土地复种指数	农作物总播种面积/年末耕地面积
	生态环境可持续 B_5	C_{22} 森林覆盖率	利用统计年鉴获取
		C_{23} 水土流失已治理面积	利用统计年鉴获取
		C_{24} 化肥使用强度	化肥使用数量/耕地面积
		C_{25} 农药使用强度	农药使用数量/耕地面积
		C_{26} 农膜使用强度	农膜使用数量/耕地面积

由于本部分选取的淮河流域主要包括河南、安徽、山东以及江苏四个省份，共 38 市（地级）（由于湖北省两个地级市占据面积很小，所以不列入研究范围）。因此，指标层中淮河流域的指标数据，有些在《治淮汇刊》中可以找到，有些则只能在这四个省的统计年鉴中查找属于淮河流域地区数据，然后求它们之和的平均值作为淮河流域的指标数据。具体数据来源于《淮河片水资源公报》（2000—2014 年）和 2000—2015 年的《中国统计年鉴》《治淮汇刊》《河南统计年鉴》《安徽统计年鉴》《山东统计年鉴》《江苏统计年鉴》以及淮河水利委员会等相关网站。

3. 指标权重及其无量纲化处理

$$\mathrm{var}_i = \frac{s_i}{x} \quad (i = 1, 2, 3, \cdots, n) \tag{6.14}$$

其中，s_i，x 分别是第 i 项指标的标准差和平均值，从而各指标的权重为：

$$w_i = \frac{\mathrm{var}_i}{\sum_{1}^{n} \mathrm{var}_i} \tag{6.15}$$

在各指标体系原始数据的基础上，利用公式（6.14）、（6.15）计算出指标的权重。接下来，对农业可持续发展能力的各个指标进行无量纲化处理，成本型与效益型指标无量纲化的具体方法如下：

成本型指标 $Y_{it} = 1 - (x_{it} - \min(x_{it})) / (\max(x_{it}) - \min(x_{it}))$

$$\tag{6.16}$$

效益型指标 $Y_{it} = (x_{it} - \min(x_{it})) / (\max(x_{it}) - \min(x_{it}))$

$$\tag{6.17}$$

（二）淮河流域农业可持续发展能力评价研究

1. 实证分析

目前，关于综合评价的研究方法主要有两种（综合指数评价法和模糊综合评价法）。鉴于综合指数评价法相对于模糊综合评价法来说更加系统全面，故我们将运用综合指数评价法来更加客观地对该流域农业的可持续发展能力进行评价。

（1）计算基准层中各子系统的综合评价值 B_j

$$B_j = \sum_1^n W_{ij} Y_{ij} \qquad (6.18)$$

在公式（6.18）中，B_j 是基准层中第 j 个子系统的综合评价值；Y_{ij} 是第 j 个子系统中的第 i 个指标的评价值；W_{ij} 是第 j 个子系统中的第 i 个指标的权重；n 是第 j 个子系统中的评价指标个数。如果后一期的 B 值大于前一期的 B 值，则在一定程度上可以说农业的发展是可持续的。因此，基准层的综合评价值见表 6—10 和图 6—4。

表 6—10　淮河流域 2000—2014 年农业可持续发展能力基准层的综合评价值

基准层	B_1	B_2	B_3	B_4	$B5$
2000	0.03	0.00	0.07	0.03	0.07
2001	0.05	0.01	0.10	0.02	0.07
2002	0.06	0.00	0.17	0.04	0.07
2003	0.00	0.02	0.13	0.02	0.07
2004	0.05	0.04	0.19	0.02	0.07
2005	0.05	0.05	0.21	0.01	0.09
2006	0.10	0.05	0.23	0.04	0.09
2007	0.06	0.07	0.22	0.04	0.06
2008	0.08	0.10	0.21	0.05	0.06
2009	0.07	0.11	0.19	0.06	0.07
2010	0.09	0.14	0.21	0.07	0.07
2011	0.08	0.16	0.20	0.08	0.05
2012	0.10	0.19	0.21	0.09	0.05
2013	0.11	0.21	0.21	0.11	0.03
2014	0.12	0.18	0.22	0.10	0.05

（2）计算综合评价值 A

$$A = \sum_1^n W_i C_i \qquad (6.19)$$

上述公式中，A 为农业可持续发展能力评价值；C_i 为第 i 个指标的评价值；W_i 为第 i 个指标的权重。淮河流域 2000—2014 年农业可持续发展能力指数（A）如图 6—5 所示。

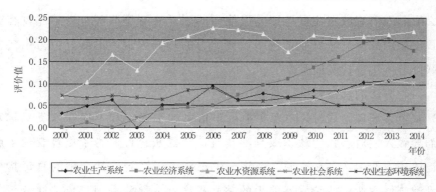

图 6—4　淮河流域 2000—2014 年农业可持续发展能力趋势图

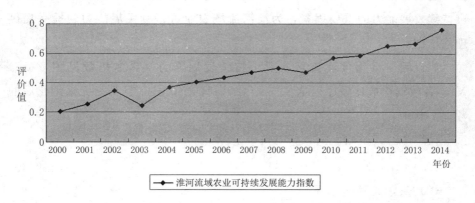

图 6—5　2000—2014 年淮河流域农业可持续发展能力指数趋势图

2. 评价结果

从图 6—5 可以看出，淮河流域农业可持续发展能力指数波动性较大，发展趋势不太稳定。在 2000—2014 年的 15 年间，2003 年和 2009 年的指数处在谷底，即在发展趋势中这两年的农业可持续发展能力指数较低。这也意味着该地区农业对水资源的依赖性较大。从图 6—5 还可以看出，近 15 年来，由于国家政策的支持以及科学技术的进步，该地区农村经济社会实现了较好的发展。

3. 淮河流域农业可持续发展能力的影响因素分析

通过上面的分析，我们知道淮河流域农业可持续发展能力普遍较低，那么影响淮河流域农业可持续发展能力的因素又有哪些呢？为了比较客观地找出制约淮河流域农业可持续发展能力的影响因素，本部分拟采用灰色关联度分析法进行实证研究。

（1）方法的选择和指标说明

灰色系统理论认为，在现实中由于信息的不确定和不完全（不对称），从而导致人们对事物的认识或判断具有广泛的灰色性。为了更客观地了解淮河流域农业生产、水资源、经济、生态环境子系统、社会中的具体指标与淮河流域农业可持续发展能力的关联程度，本部分采用灰色关联分析方法。进而在淮河流域五大子系统中找出哪些具体指标是影响淮河流域农业可持续发展能力的重要因素，为淮河流域农业可持续发展能力的提高提供理论依据。

假设因变量为淮河流域农业可持续发展能力（具体指数见图 $6-5$）X_0，各数据构成比较序列 X_i（$i=1$，2，3，…，n），且都是无量纲化后的数据。其中，

$\{X_0 (k)，k=1，2，…，11\}$

$\{X_i (k)，k=1，2，…，11\}$　　　　$i=1，2，…，26$　　　　(6.20)

（2）灰色关联度分析

①求差序列、最大值、最小值。

为了便于比较，在进行灰色关联分析时，一般也是先进行无量纲化处理。根据公式（6.21）求得最大值和最小值，

$\Delta_0 (k) = \mid x_0 (k) - x_i (k) \mid$（$i=1$，2，…，26，$k=1$，2，…，11）　　　　(6.21)

分别记为：

$M = \max_i \max_k \Delta_i (k)$　　　　(6.22)

$m = \min_i \min_k \Delta_i (k)$　　　　(6.23)

利用无量纲化后得到的数据，利用公式（6.21）（6.22）（6.23），可以得出，$\Delta_{\min} = 0.001$，$\Delta_{\max} = 0.7835$。

②关联系数和关联度的计算。

至于关联系数，我们可以用以下计算公式表示：

$$\eta_{oi}(k) = \frac{m + \lambda M}{\Delta_{ik} + \lambda M} \tag{6.24}$$

其中，$\lambda \in (0，1)$，$k = 1，2，\cdots，11$，$i = 1，2，\cdots，26$；λ 为分辨系数。一般取 $\lambda = 0.5$，若关联度大于 0.6，则二者关联性较强。

为了便于比较，一般都要对关联信息应用平均值进行处理。关联度则是在关联系数的基础上，根据公式（6.25）计算得出。

$$\eta_{0i} = \frac{1}{n} \sum_{k=1}^{n} \eta_{0i}(k) \tag{6.25}$$

（3）结果分析

依据计算结果可以按照灰色关联度的大小进行排序 $\eta_{14} > \eta_{16} > \eta_{02} > \eta_{10} > \eta_{18} > \eta_{20} > \eta_{06} > \eta_{11} > \eta_{19} > \eta_{07} > \eta_{01} > \eta_{08} > \eta_{05} > \eta_{22} > \eta_{04} > \eta_{13} > \eta_{03} > \eta_{25} > \eta_{15} > \eta_{23} > \eta_{17} > \eta_{12} > \eta_{09} > \eta_{26} > \eta_{21} > \eta_{24}$。由结果可见，大多数的影响因素的关联性均大于 0.6，即与淮河流域农业可持续发展能力的关联性显著，只有 6 个影响因素的关联度小于 0.6。这里，关联度小于 0.6 的影响因素称为弱影响因素，关联度介于 0.6 和 0.7 之间的影响因素称为显著影响因素，关联度大于 0.7 的影响因素称为强影响因素。具体影响因素分类如表 6—11 所示。

表 6—11 淮河流域农业可持续发展能力影响因素分类

影响因素程度	影响因素分类（关联度数值）
强影响因素	节水灌溉面积（0.7607）、农民恩格尔系数（0.7605）、人均粮食产量（0.7567）、有效灌溉面积（0.7465）、农民人均居住面积（0.7399）、平均每千农业人口村卫生室人员数（0.7340）、单位耕地面积农机总动力（0.7216）、农田灌溉亩均用水量（0.7007）、乡村从业者中农业劳动力比例（0.7002）
显著影响因素	农用耕地生产率（0.6920）、人均农业生产总值（0.6865）、农业劳动生产率（0.6759）、农民人均纯收入（0.6736）、森林覆盖率（0.6436）、人均油料产量（0.6341）、旱涝保收面积（0.6323）、农药使用强度（0.6201）、人均棉花产量（0.6232）、人均废污水排放量（0.609）、水土流失已治理面积（0.6057）
弱影响因素	城乡居民收入差异系数（0.5926）、水旱成灾面积（0.5659）、农膜使用强度（0.5459）、农业人口人均水资源量（0.5577）、土地复种指数（0.5447）、化肥使用强度（0.5388）

从表 6-11 的分析，可以发现，节水灌溉面积与淮河流域农业可持续发展能力的关联度最大达到 0.7607，这也反映了淮河流域农业可持续发展能力的提高主要靠水资源的合理利用，此外，农业水资源子系统中还有两个显著影响因素。农业社会子系统中的农民恩格尔系数、乡村从业者中农业劳动力比例、平均每千农业人口村卫生室人数和农民人均居住面积四个因素也是影响淮河流域农业可持续发展能力的主要因素，或者说，淮河流域农业可持续发展能力的提高要通过农村社会发展方面的改善，如教育、住房、基础设施、卫生等。人均农业生产总值和农业生产子系统中的人均粮食产量两个因素与淮河流域农业可持续发展能力的关联度都在 0.7 左右，这也表明了农民的农业收入和粮食生产能力是淮河流域农业可持续发展能力不断提高的基础。再者，农业经济子系统中的单位面积农机总动力和农民人均纯收入两个因素与淮河流域农业可持续发展能力的关联度也相对较高。由表 6-11 还可见，农业生态环境子系统中（弱影响因素有 3 个），除水土流失已治理面积和森林覆盖率外，其他的影响因素与淮河流域农业可持续发展能力的关联度较小，这也说明淮河流域农业生态环境子系统对于淮河流域农业可持续发展能力的提高影响相对较小。

总之，淮河流域的水资源系统对于淮河流域农业可持续发展能力的提高具有关键性作用，农业社会子系统和农业生产子系统的改善对于淮河流域农业可持续发展能力的提高同样具有重要作用，而农业经济子系统和农业生态环境子系统，相对而言对于淮河流域农业可持续发展能力的提高影响较小。

4. 研究结论

本部分通过构建淮河流域农业可持续发展能力指标体系，利用淮河流域 2000—2014 年数据，采用综合指数评价方法对淮河流域农业可持续发展能力水平进行客观评价。结果表明，淮河流域农业可持续发展能力虽然呈逐年上升趋势，但是总体发展能力仍然较低。本部分进一步运用灰色关联度分析法，对制约淮河流域农业可持续发展能力提升的影响因素进行实证分析。研究发现，淮河流域的水资源系统对于淮河流域农业可持续发展能力的提高具有关键性的作用，而农业经济子系统和农业生态环境子系统对其农业可持续发展能力的提高影响相对较小。因此，本部分认为，提升淮河流域农业可持续发展能力的关键在于实现淮河流域水资源的高效利用以及减少水污染。同时，还需要从淮河流域农业社会子系统、农业生产子系统、农业经济子系统以及农业生态子系统等方面采取有效措施不断提升淮河流域农业可持续发展能力，最终实现淮河流域农业可持续发展。

四、结论与研究展望

（一）研究结论

本部分对淮河流域农业发展方式转变和可持续发展进行了实证研究，研究结论如下。

首先，运用 Malmquist 指数法测算了淮河流域 38 个地市 2000—2014 年的农业全要素生产率，对淮河流域农业生产效率进行了动态评价，并对淮河流域农业发展现状作了分析。我们发现淮河流域农业全要素生产率在这 15 年间不断提高，平均增长率为 5.8%，农业年均增长率的 61.31% 是由农业全要素生产率的提高带来的，农业生产效率在不断改善，农业资源配置效率也在不断得到优化。其中，农业技术进步和发展是推动农业生产效率改善的主要原因。但是农业生产效率的区域差异较大，各个城市之间和省际差异比较明显。另外，通过对淮河流域 2000—2014 年农业发展方式转变绩效的计算，我们发现淮河流域农业全要素生产率在这 15 年间呈现出阶段性特征，农业生产的发展更多的还是依靠农业生产要素投入的增加，农业发展方式仍然保持着粗放型的增长模式。所以，淮河流域在以后的农业发展中，要继续加大对农业技术研发的支持，同时还要注重对农业技术的宣传和推广，加大对农村教育投入，提高农民的综合素质，让农业技术真正地转化为促进农业生产的生产力，加快农业生产方式转变，实现农业由粗放型生产向集约化生产转变。同时，淮河流域经济带作为我国的一个新的经济增长中心，应该更加注重区域内部的协调发展，各个地市和省际的农业发展要并驾齐驱，所以，淮河流域要增加区域之间的交流合作，缩小区域差距，统筹区域的协调发展。

其次，通过构建淮河流域农业可持续发展的综合指标体系，基于淮河流域38个地市的15年平衡面板数据，采用综合指标评价方法和灰色关联度分析法，对淮河流域农业可持续发展能力进行了客观评价并对其影响因素进行了实证分析。研究发现，淮河流域的农业可持续发展能力整体上呈现的是逐年稳步上升的增长态势，但是农业可持续发展能力还是较弱，农业可持续发展能力有很大的提升潜力。另外，淮河流域的水资源系统对于淮河流域农业可持续发展能力的提高具有关键性的作用，而农业经济子系统和农业生态环境子系统对其农业可持续发展能力的提高影响相对较小。所以，淮河流域农业发展要提高可持续发展能力、走可持续发展道路，首要任务就是要提高水资源的利用效率，保护生态环境，跨越水资源约束的门槛大关。同时，还要完善农业生产的基础设施和加大农用机械设备的投入，加快转变农业发展方式和实现农业现代化。

最后，为了进一步研究水资源约束对淮河流域农业发展方式转变的影响，本章以安徽省淮河流域为例，基于安徽省淮河流域10个地市2005—2014年的面板数据，运用DEA的投入不变的CRS模型和Hansen门槛面板模型，对安徽省淮河流域农业全要素水资源效率进行了测算并建立了其与农业全要素生产率之间的门槛回归模型。研究发现安徽省淮河流域各个地市在这10年间的农业全要素水资源效率在不断提高，尤其是合肥、安庆和宿州，农业水资源配置效率很高，一直处于生产前沿面上，农业用水基本不存在冗余和不足现象。但是从总体来看，安徽省淮河流域的农业全要素水资源效率区域差异较大，六安、淮南的农业用水效率还有很大的提升空间。通过门槛面板模型分析，我们发现水资源对农业全要素生产率具有双重门槛效应，农业用水效率的提高有利于农业生产效率的改善和生产方式的转变，但是其影响力会随着农业用水效率的提高越来越小。另外，农业技术进步对农业生产效率的影响很大，和第一节农业技术进步是农业全要素生产效率改善的主要原因的结论保持一致。

（二）研究展望

为寻求新的投资热点和经济增长点以及把淮河流域打造为我国继珠三角、长三角、环渤海地区之后的第四增长极，党和政府对淮河流域的整体发展很重视，但是，目前国内学者对淮河流域农业生产方式转变和可持续发展研究不多。所以，本章的研究为淮河流域农业生产方式转变做出了方向引导，也为政府对淮河流域的农业生产规划提供了理论依据，为淮河流域农业生产方式和可持续发展的进一步研究奠定了基础。不过本部分在研究过程中还存在以下问题和需要进一步完善的部分。

在对淮河流域农业发展方式进行动态评价中，鉴于数据的可得性，指标选取中的环境因素没有被充分考虑到。在以后的相关研究中，可以同时考虑"期望"产出和"非期望"产出的农业全要素生产率，也就是农业环境全要素生产率，这样实证结果可以更加准确反映现实情况。另外，可以进一步对影响淮河流域农业生产效率和发展方式转变的因素进行深入研究，依据C-D生产函数中的资本和劳动力这两个角度对农业生产效率进行分析。

在对水资源约束下淮河流域农业生产方式转变的影响研究中，以安徽省存在欠缺的地方为例进行分析。因为淮河流域的流域面积大，流经安徽、江苏、河南和山东四省，各个省份之间的经济发展水平、农业禀赋、自然环境和政府政策等方面有一定的差异。所以以安徽省为例研究水资源对淮河流域农业发展方式的影响的实证结果还有待商榷。所以，在数据条件允许的前提下，可以把研究领域拓展到整个淮河流域，这样可以更加客观和真实地对淮河流域农业发展方式进行分析。

第七章 资源环境约束下淮河流域转变经济发展方式的对策建议及其制度创新

　　本章作为本书研究的落脚点，旨在前面各章研究的基础之上，给出资源环境约束下淮河流域转变经济发展方式的对策建议，以期对淮河流域又好又快发展提供决策参考，从而实现本书研究的最终目标。但是，对于淮河流域来说，转变经济发展方式是个大问题，更是个庞大的系统工程，因此从全局上看淮河流域转变经济发展方式更加需要一个完善的制度体系，同时在运用政策时还需要注意政策组合问题，只有这样才能更加有效地推进淮河流域转变经济发展方式。为此，作为课题研究的有益补充，本章将在后面两部分分别探讨淮河流域转变经济发展方式的制度体系设计以及政策组合运用问题，进而为有力推进淮河流域经济发展方式转变提供更广阔的操作空间，当然也为以后的研究提出更多的科学命题。

一、基于本书研究的淮河流域转变经济发展方式的对策建议

　　总体来说，本书对淮河流域为什么要转变经济发展方式、应该怎样转变经济发展方式以及转变的具体任务是什么三个问题进行了比较系统深入的理论和实证研究。通过研究，我们发现了淮河流域经济发展方式转变实践中的一系列问题、规律、途径和具体任务，并在此基础之上，科学有效地找到了在资源环境约束下，加快转变经济发展方式，实现淮河流域又好又快发展的对策建议。具体对策包括以下几个方面。

　　（1）从约束层面论证资源环境约束下淮河流域转变经济发展方式必要

性的主要观点为：2006 年以前淮河流域资源环境承载力呈下降趋势，2006—2014 年基本呈上升趋势，且上升的主要因素为经济的快速发展，而资源、环境承载力水平呈震荡趋势；基于传统的环境库兹涅茨模型得出淮河流域主要污染物和经济增长之间呈现出倒 "U" 形曲线关系，但相关随机趋势模型下经济增长与环境污染之间并没有显著的相关关系；在 10% 的显著性水平下，"资源诅咒" 命题在淮河流域市级层面上成立。主要建议：第一，在扩大经济活动总量、提高人民收入的同时优化产业结构，并建立区域协调机制，深化分工与合作，促进要素在区域间的合理配置，加快资源型城市的转型与升级。第二，优化产权制度安排，建立统一的权威资源管理机构，加强监督和控制，保存地区资源和保护环境，使经济资源环境走上可持续发展之路。第三，创新技术发展，提高资源利用效率，积极关注新能源技术的开发和循环经济的发展，优化能源消费结构，倡导节约型社会。第四，厘清发展与污染之间的关系，贯彻执行保护环境的基本国策，控制污染排放，加大环境治理力度。

（2）从评价层面论证资源环境约束下淮河流域转变经济发展方式必要性的主要观点为：整体上看，淮河流域经济发展方式转变并不理想。这是因为全要素能源效率在 2003—2013 年的绝大部分时间里持续走低，说明各地区并没有重视资源利用效率在经济增长中的重要作用；落后的经济发展方式给淮河流域的资源环境带来极大的负担。这是因为淮河流域中各市的经济发展综合水平与资源消耗情况基本一致，即综合发展水平越高，消耗的资源就越多；淮河流域的经济发展仍然采取依赖经济增长的路径。这是因为地区生产总值是能够直接影响淮河流域经济发展方式转变的因素。主要建议：第一，推动科技的进步以及在实践中的应用，在区域内建立合适的技术共享机制，提高区域整体科技水平。第二，大力保护生态环境，积极治理地区污染，拒绝用牺牲环境来换取经济增长。第三，转变发展观念，重视发展质量，避免盲目追求 GDP 增长，阻碍经济发展方式的转变。

（3）探寻资源环境约束下淮河流域经济发展方式转变途径的主要观点为：环境质量与产业结构之间存在着 "N" 形曲线特征，即随着产业结构的优化升级，环境质量先上升后下降再上升的"N"形曲线形状；产业结构的优化对淮河流域资源利用效率的提升具有积极的正向影响，当产业结构的综合评价指数提高 0.1 时，资源的利用效率提升 0.0156；产业结构的优化对淮河流域经济发展方式转变效率的提升具有积极的正向影响，当产业结构的综合评价指数提高 0.1 时，经济发展方式转变效率也就是 TFP 值提升2.0908。主要建议：第一，产业结构优化是淮河流域经济发展方式转变的途径。第二，淮河流域要达到改善环境质量、提升资源利用效率的目标，根本途径就是产业结构的优化，产业结构的优化可以分为产业间转型、产业内转型以及产业的升级。第三，承接东南沿海地区的产业转移提供优惠措施和鼓励地区内部通过科技创新使产业得以升级，是该地区政府制定产业政策的主要内容。

（4）研究资源环境约束下淮河流域承接产业转移理应选择的主要观点为：2003—2014 年科技进步对淮河流域经济增长的贡献率呈现上升的趋势，说明淮河流域的科技进步对于经济增长的作用越来越重要，想要发展淮河流域的经济，首要任务是提升其科技水平；淮河流域除了漯河、亳州、宿迁、南通、日照五市科技资源配置达到有效的状态，其余城市均为非 DEA 有效，科技资源配置效率相对较低；科技投入对淮河流域三大产业的增长发挥积极的作用，所以加大科技投入对产业经济增长和转变经济增长方式具有重要的意义；科技投入对第二和第三产业的促进作用更为明显，农业方面的科技投入主要以科技人员为主。因此，从科技投入的效率而言，淮河流域应该接受和引进高技术产业的转移。主要建议：第一，淮河流域承接产业转移必须进行整体规划，寻找出适合淮河流域重点发展的优势产业和主导产业，按照科技比较优势状况和地区分工原理，合理安排工业生产布局，实现产业结构的优化升级和产业转型。第二，淮河流域在围绕优势产业，吸引更多的产业进入的同时，还需要特别注重发展本流域的高新技术产业。第三，虽然劳动力资源丰富以及劳动力价格低廉是淮河流域的优势之一，但是随着承接产业转移不断发展，对技术水平有了更高的要求，因此，淮河流域基于科技优势承接产业转移应当更加注重转入地区劳动者素质的提升。

（5）实证分析淮河流域矿产资源开发利用与资源型产业转型的主要观点为：矿产资源开发利用效率 DEA 有效表明周口市、南通市和济宁市三个城市的矿产资源开发利用实现了人均 GDP 等 2 个指标产出水平下最小化了采矿业从业人员等 3 个指标投入，而其他非开发效率有效市则需要通过改变其投入与产出才能达到矿产资源开发利用效率的 DEA 有效；除了山东省淄博市和枣庄市的生态环境状况有较小的改善之外，其他几个城市的生态环境状况基本上都具有逐渐恶化的趋势，且济宁市和临沂市的恶化趋势较为明显。由此推测，淮河流域整体的生态环境状况不容乐观，有待保护和改善；淮河流域各个城市经济的增长过于依赖第二产业，而第二产业又过于依赖矿产资源型产业，由此粗略推断淮河流域各个城市的经济增长过度依赖其矿产资源，当矿产资源消耗殆尽其他产业又发展不足时，各城市经济将急速衰退，我们必须要通过调整和优化产业结构来促进淮河流域各地市的稳定发展。主要建议：第一，除周口市、南通市和济宁市三个地区外的其他非开发效率有效市要通过改变其投入与产出比来提高其矿产资源开发利用效率。第二，针对淮河流域的生态环境，政府相关环保部门要因地制宜，采取必要的环保措施，以缓解和改善由矿产资源开发和资源型产业发展带来的生态问题。第三，淮河流域各个地市的经济发展过度依赖矿产资源型产业，当矿产资源消耗殆尽其他产业又发展不足时，各地市经济将急速衰退，务必要通过调整和优化产业结构来解决这种过度依赖问题，以促进淮河流域各地市的稳健发展。

（6）探讨在资源环境约束下，淮河流域如何加快农业发展方式转变和实现农业可持续发展的主要观点为：目前，淮河流域农业生产方式属于粗放型，农业生产效率的提高在很大程度上依靠农业技术的进步，农业技术水平不同导致淮河流域农业生产效率区域差异较大；安徽省淮河流域的农业全要素水资源效率区域差异较大。水资源对农业全要素生产率具有双重门槛效应，农业用水效率的提高有利于农业生产效率的改善和生产方式的转变，但是其影响力会随着农业用水效率的提高而越来越小；淮河流域农业可持续发展能力虽然呈逐年上升趋势，但是总体发展水平较低。其中，淮河流域的水资源系统是制约农业可持续发展能力提升的关键因素，而农业经济子系统和生态环境子系统对农业可持续发展的阻碍较小。主要建议：第一，淮河流域各地区政府在注重农业技术研发的同时，还要加大对农业技术的推广和对农业生产的政策支持，提高农民的科学文化知识，让农业技术更加有效地转化为农业生产力，推动农业发展方式的根本性变革。第二，提升淮河流域农业可持续发展能力的关键在于提高水资源利用率和农业用水效率，实现淮河流域水资源的高效利用以及减少水污染。第三，淮河流域要从农业社会、生产、经济以及生态等方面采取有效措施，提高用水效率和农业机械化水平，加大对生态环境的保护，减少水污染，提高淮河流域资源环境承载力，以不断提升淮河流域农业可持续发展能力，最终实现淮河流域农业可持续发展。

二、淮河流域加快转变经济发展方式的制度体系设计

本章前面部分已经对资源环境约束下淮河流域转变经济发展方式的对策建议进行了研究，但是对淮河流域经济发展方式转变来说仍然是不够的。同时，经济发展方式的转变本身也要求加快转换政府职能，需要有一套完整的制度体系与之相适应。也就是说，制度体系建设是淮河流域经济发展方式转变的重要前提和基础。因此，以下部分将对在资源环境约束下淮河流域转变经济发展方式的制度体系构建进行拓展研究，以期对淮河流域转变经济发展方式的制度体系建设提供更加广阔的理论指导。

(一) 淮河流域转变经济发展方式制度创新的必要性

经济发展方式的内涵就是可以实现经济发展的模式、方法和手段。加快淮河流域经济发展方式转变实质上就是推动淮河流域经济以更高的效率运行，实现绿色和可持续发展。从课题之前的研究可以看到，淮河流域在近十几年来，虽然经济发展水平在不断提高，但是在经济发展过程中伴随着严重的环境污染和资源浪费，这是一种不可持续和低效率的发展模式。

而国内的大部分研究都是从优化产业结构这一角度来寻求转变淮河流域经济发展方式的途径，这显然是不全面的。因为经济发展方式转变和制度创新二者是相伴而生的关系，在经济发展过程中，二者是不断磨合与适应的。所以，对淮河流域转变经济发展方式的制度创新和建设进行研究很有必要。

首先，经济发展方式的转变过程归根结底就是制度变迁的过程。新制度经济学强调，制度就是一个社会的规则体系和组织体系，构成了人们在政治、经济和社会等方面进行交易的激励机制。制度是由经济发展内生的一个变量，新制度经济学认为经济发展不仅仅是一个简单的经济现象，实际上，经济发展受到很多如法律、政治和环境等因素制约。没有与之相适应的制度，转变经济发展方式无从谈起，也就不可能存在市场经济和实现可持续发展。所以，在经济发展方式转变的过程中，制度变迁和创新发挥着至关重要的作用。另外，从制度变迁的实质来看，制度变迁实际上就是一种高效率的制度取代一种低效率的制度的过程，并决定了经济发展和社会变迁。所以，要实现淮河流域经济发展的高效运行，就必须要加快制度创新。

其次，经济发展方式转变要求制度更加有效。经济发展方式转变是会涉及社会、政府、环境，还有人等在内的多层次、多领域的一个问题，而经济发展方式转变就需要更加完善和更加有效的社会制度、政府体制和法律制度等来与之相适应。所以，要通过制度创新，构建一个充满活力、富有效率、更加开放、更加有利于可持续发展的制度体系，从而加快形成推进经济发展方式转变的制度保障。所以，加快淮河流域经济发展方式转变，就要着重创新并构建覆盖政府、社会、环境等多个方面的高效的制度体系，以满足经济发展方式转变的需要。

最后，经济发展方式转变要求破除制度障碍。虽然经济在不断发展，制度在不断革新，但是现在很多的制度都是从之前的旧制度改革过来，仍然带有旧的经济发展方式的色彩。尤其是在效率优先于公平的影响下，制度更加注重经济效益而忽视经济质量以及经济发展对环境和对人的影响，这些制度会导致公平的法律制度难以实施，高效的社会制度和政府体制难以实现，最终会阻碍经济发展方式转变。所以，要加快淮河流域经济发展方式转变，就必须从制度体制着手，完善法律制度，破除阻碍经济发展的旧制度，推进制度创新。

（二）淮河流域加快转变经济发展方式的制度体系框架

长期以来，党和国家为了推动经济发展，转变经济发展方式，对制度创新一直很重视，淮河流域各个省份在经济社会发展过程中，在制度创新方面也作了很多努力和工作并取得了一定的效果，制度内容越来越充实，制度体系也日趋完善。但是，淮河流域现有的制度方面仍然存在很多问题。

经济社会在不同的发展阶段，需要相适应的制度作为保障。随着经济的发展，经济运行的各个方面和环节都对制度体系提出了更高和更加严格的要求。近些年来，淮河流域经济发展迅速，人们生活水平也有了较大提高，市场需求也是纷繁复杂，但是伴随着经济发展，环境污染和资源浪费问题也日益突出。市场作为提供生产商品和劳务的交换场所，不仅对经济发展具有重要作用，更对资源分配有着关键作用。经济的发展要求合适的市场制度与之相适应，经济发展方式转变更是需要配套的市场制度作为保障。另外，政府过度追求经济发展，对一些经济指标如 GDP 和 GNP 过分依赖，甚至将这些指标直接作为考核官员工作的重要指标，从而导致投资快速增长，行政效率低下。虽然这样的追求在一定程度上促进了经济发展，但是这样的发展方式是以牺牲资源和环境为代价的。这就需要对政府的行政权力和行政制度加以规范和创新。在现在这个竞争开放的社会，公正透明的经济制度对所有的社会成员都起着支配作用，影响着所有社会成员的经济行为，从而影响了社会资源的配置。也就是说，制度对我们的行为具有导向作用，我们的行为会影响资源配置。而我们对资源配置一直都在讨论的就是如何提高资源的配置效率，落脚点在效率的问题上。但是从淮河流域当前的制度安排上来看，更多的还是在追求经济指标的层次上，这就需要规范和完善现有的激励制度，以正确的激励制度引导人们的生产和日常经营行为，进而实现经济发展方式的转变。我们的社会是一个法制社会，我们的所有行为都受国家法律法规的约束。淮河流域转变经济发展方式，必然受到法律法规的约束。但是，从淮河流域内各个省份现有的法律和法规来看，存在着法律责任主体和执法主体不明确的问题，尤其在资源环境方面，甚至存在着法律漏洞。有些法律虽然颁布并实施了，但是执行力度差。显然，当前的法律制度体系和经济发展方式之间的耦合度较差，法律对当前人们的生产经营行为的约束力不够。要想实现淮河流域经济发展方式的转变，必须要创新法律制度，以保障经济实现粗放型向集约型的成功转换。

而加快淮河流域经济发展方式转变是一项复杂、庞大的系统工程，必须要转变观念、注重创新、多领域、全方位地有效推进。所以，构建一个有效合理的制度体系、调整制度内容、以新的高效制度代替旧的低效制度是加快转变淮河流域经济发展方式的关键所在。本书通过阅读大量文献，总结国内外制度体系建设的经验，并根据淮河流域经济发展的现实情况以及当前的制度障碍，构建了以制度创新为核心，包括市场制度、激励制度、行政制度和法律制度在内的制度体系，以加快实现淮河流域经济发展方式的转变，具体如图7—1所示。

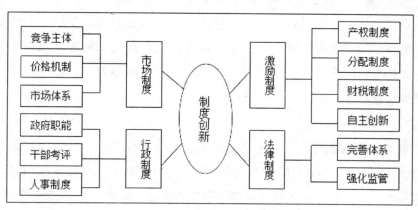

图7—1 资源环境约束下淮河流域转变经济发展方式的制度体系框架

其中，市场制度创新包括竞争主体、价格机制、市场体系三个方面。我国实行的是社会主义市场经济体制，市场在资源配置中应该发挥主导作用，政府应该注重宏观调控和做好公共服务，但是由于之前实行的是社会主义计划经济体制，政府对经济具有绝对的控制权，导致现在的社会主义市场经济体制中政府这只有形的手对经济干预过多，使得经济发展出现社会不公平和资源配置效率低下的现象。激励制度创新包括产权制度、分配制度、财税制度和自主创新四个方面。我国以前实行的是粗放型的生产方式，生产效率低下，资源浪费和搭便车现象严重，这导致我国目前的生产方式中仍然留有这些消极的历史痕迹，人们的搭便车心理较普遍，生产积极性不高，创新意识不强。激励制度创新可以提高市场主体生产和管理的自觉性，极大地激发市场主体的生产积极性，从而提高生产和管理效率。行政制度创新包括政府职能、干部考评和人事制度三个方面。政府作为市场的监督者和管理者，不应该过多干预市场，应该侧重于政府职能的发挥，保证市场在资源配置中起决定性作用。法律制度创新主要包括完善法律体系和强化监督两个方面。法律法规在实行过程中具有强制性，所以，法律制度是规范市场主体行为的有效工具。尤其是在资源环境方面，法律制度的约束往往比政府的宣传效果来得更加直接有效。

（三）淮河流域加快转变经济发展方式的制度内容设计

通过以上的分析可知，制度创新是淮河流域实现经济发展方式转变的根本所在。结合淮河流域发展的现实情况，我们认为淮河流域加快经济发展方式转变的制度创新内容主要包括市场制度、激励制度、行政制度和法律制度建设四个方面。

1. 市场制度创新

市场制度创新就是要充分发挥市场这只"无形的手"在资源配置中的决定性作用，由市场配置资源，提高资源的配置效率。市场制度创新主要从多元的竞争主体、有效的价格竞争和完善的市场体系三个方面来把握。

（1）多元的竞争主体是市场制度创新的关键所在。企业是市场竞争的主体，也是进行市场制度创新的主体。随着社会主义市场体制的日益健全，我国的市场竞争制度也越来越完善，但是淮河流域的国有企业和国家控股企业在市场竞争中仍然占据有利地位，而流域内的中小企业数量众多，发展潜力大，但是这些企业的市场竞争力量薄弱，发展缓慢。所以，要坚定不移地坚持以公有制为主体、多种所有制经济共同发展的基本经济制度，加快国有企业改革，形成有活力、有竞争力和多元化的市场竞争主体。同时，还要建立健全现代企业制度，提高中小企业的市场竞争力。

（2）有效的价格机制是市场制度创新的核心所在。价格机制是指价格调节社会经济生活的方式和规律，是指在竞争过程中，和供求互相联系、互相约束的市场价格的形成和运行机制。价格机制包括价格形成机制和价格调节机制两个方面。价格机制是市场正常运行的核心，也是转变经济发展方式的动力。市场机制要发挥作用，必须要通过价格机制才能够实现。有限的社会资源在价格规律的作用下，通过价格机制的传导，从低效率部门向高效率部门流动，从而提高了资源的利用效率，优化了资源配置。而当前，要加快经济发展方式转变，淮河流域的当务之急就是要在市场制度的基础之上，建立有效的价格机制，使得市场价格真正地能反映供求关系、资源的稀缺度以及环境成本等，从而避免盲目投资和经济过热的现象出现，充分发挥价格杠杆在经济发展和资源配置中的调节作用。

（3）完善的市场体系是市场制度创新的重要载体。市场体系是相互影响、相互关联的各种市场的有机统一的整体，市场经济是市场机制发挥作用从而实现资源配置的经济，而市场体系是市场机制发挥作用的必要条件，市场体系不健全，市场机制就无法发挥调节资源配置的作用。淮河流域大致包括4个省份，38个地市，区域内城市多，市场大，所以，流域内要加强交流，打破地域封锁、行业垄断和部门分割的现象和格局，加强市场监管，提高市场信息的透明度，加快建设统一开放、竞争有序的市场体系，形成企业自主经营、公平竞争，消费者自由选择、自主消费以及商品和要素自由流动、平等交换的现代市场体系。

2. 激励制度创新

转变经济发展方式，就必须要通过激励制度的创新，从而极大地激发市场主体的活力，在利益杠杆的诱导下，促使企业加强自主创新，提高生产和管理效率，使得资源配置达到帕累托最优状态，加快实现经济发展方式的转变。

（1）产权制度创新是激励制度创新的基础和根本。产权制度是一项基本的经济制度，产权制度的激励功能是指由于产权的明确使得产权主体产生努力积极行为的功能。产权一经明确，产权主体的权利和义务、利益和责任也就明确了，这就使得产权主体会积极利用产权来实现自身利益的最大化。同时，产权是持久的，使得产权主体更加倾向于追求长远利益。这样，一方面，产权制度会提高资源配置的效率；另一方面，产权制度也成为其他制度安排的基础。产权制度激发了产权主体的生产和管理活力，从而提高了经济社会的活力。可以看出，产权制度是加快经济发展方式转变的重要基础和动力。所以，淮河流域当务之急就是要进一步健全和完善现代企业产权制度、现代资源产权制度和现代环境产权制度，明晰产权、配置产权、保护产权，规范环境创造者、受益者和受损者之间的关系，保护生态环境，加快实现经济发展方式转变。

（2）分配制度创新是激励制度创新的直接手段。收入分配制度创新是经济体制改革的重要内容，也是经济发展和社会进步的重要体现及社会稳定的重要保证。合理的收入分配制度体现了社会公平，有利于社会稳定。收入越高，人们的消费需求也就越大，这有利于经济增长由原来的投资、进出口拉动向消费、投资、进出口"三驾马车"共同拉动转变。所以，淮河流域要实现经济发展方式转变，就要深化收入分配制度的改革，完善收入分配制度，建立健全企业职工工资的正常增长机制和收入保障机制，逐步提高居民收入在国民收入中的比重，提高劳动报酬在初次分配中的比重。效率优先，兼顾公平，正确处理好效率和公平的关系。同时，还要完善个人所得税制度，公共产权收入再分配制度，缩小收入分配差距，防止出现严重的两极分化现象，实现共同富裕。

（3）财税制度创新是激励制度创新的有效手段。财税制度包括财政和税收两个方面。财政作为宏观调控的重要工具和调节收入再分配的重要手段，在转变经济发展方式中具有重要作用。首先，财税制度创新要求流域内各个政府调整财政支出结构，控制对第二产业的投入，加大对第三产业和"三农"的支持力度，推动现代服务业发展和新农村建设以及新型城镇化发展。其次，各级政府要鼓励企业生产节能环保的绿色产品，鼓励各级政府采购绿色产品，正确引导消费。另外，给予生产绿色节能产品的企业信贷优惠，加大对这类企业的支持力度。最后，淮河流域内各政府要对生产绿色节能产品的企业给予税收优惠，减税甚至免税，鼓励使用节能设备，扶持节能产业发展。此外，还要改革资源税、完善进出口税收政策，改善资源品的价格扭曲和资源浪费现象。

（4）自主创新制度是激励制度的重要组成部分。增强自主创新能力有利于推动经济发展方式的转变，但是淮河流域当前仍然缺乏鼓励自主创新的环境，人们的自主创新意识不强，所以，要加快经济发展方式转变，就必须要加快建立和完善鼓励科学发展和自主创新的制度和环境，为自主创新和科技发展提供一个有利的外部环境。同时，还要加大对知识产权的重视和保护力度，加大财税政策对自主创新的支持力度，鼓励加快形成以企业为主体、市场为导向、产学研相结合的技术创新体系。

3. 行政制度创新

行政制度创新的重点在于政府服务职能的强化。政府在市场中应该扮演一个提供公共服务和宏观调控的角色，而不是市场的直接参与者。另外，我国的政绩考核基本上都是使用 GDP 作为主要的衡量指标，这会导致政府官员为了追逐短期的政绩，在职期间不计成本地提高经济增长指标，忽视环境和生态保护以及经济的长远发展，容易导致投资过热，市场价格扭曲。所以，为了加快淮河流域经济发展方式转变，就必须要加快行政制度的改革和创新。

（1）转变政府的职能。转变政府的职能主要是指改变政府在市场中的直接参与，强化政府提供社会管理和公共服务的职能，不断激发市场的经济活力，解决政府对经济发展服务不到位、监管不到位的问题，以保证经济的长期、健康、稳定发展。为加快淮河流域经济发展方式转变，就要规范并减少行政审批程序，公开市场准入标准，强化和激发企业保护环境、节约资源的意识和经济性，营造有利于经济发展、科技创新和保护生态的制度环境，强化政府的服务意识，提升政府的服务质量和效率，由管制型政府转换为服务型政府。

（2）完善政府官员考评指标。健全政府官员的政绩考核指标体系，首先就要改变原来的将 GDP、GNP 等作为导向的政府政绩考核指标，而应该把人民群众对政府工作的满意度作为衡量政府干部政绩的主要依据，包括以人为本、保护生态环境、节约资源和科学发展，建立科学合理的政府干部考评指标体系，从而推动淮河流域经济发展和经济发展方式的转变。

4. 法律制度建设

转变经济发展方式就要正确处理好经济发展和资源环境这一对矛盾关系。但是从目前淮河流域经济社会发展的现状来看，在处理这二者之间的关系时还存在很多问题，存在着人与自然的冲突，严重的环境污染和资源浪费，这就需要一整套健全和完善的法律体系来规范市场主体的行为，缓和人与自然的关系，人与自然和谐相处，减少因为经济发展给资源环境带来的负面影响，努力构建资源节约型、环境友好型社会，加快实现淮河流域经济发展方式的根本性转变。

（1）完善法律体系。完善法律法规体系，使得人们在处理人与自然矛盾时有法可依，这是依法规范市场主体行为的必要前提。健全的法律法规体系使得人们在政府的引导和法律的约束下，自觉地参与到治理污染、节约资源和保护环境的行动中去，增强人们保护环境，从我做起，从身边的小事做起的环保意识。在资源开采和利用方面，一定要坚持资源有偿开采和使用制度，使得资源利用的受益者和受损者共同承担资源开发的负面影响。同时，还要控制污染排放量，对超标排放的企业给予法律严惩。

（2）强化执法监管。在健全的法律体系下，市场主体和政府要真正做到有法可依、有法必依、执法必严和违法必究。同时，还要完善统计指标体系，建立科学的监督管理制度。在市场准入原则中，要加入企业的排放物、污染物、能源消耗以及质量、安全等指标，对污染重大的企业进行严格的审核和评估，从建设、生产、销售等各个环节牢牢把关，保证经济发展的质量和效益。此外，还要防止政府和相关法律部门因为盲目追求 GDP增长，而忽视资源环境污染而有法不依和执法不严的现象出现，加强执法监管，提高经济效益，从而实现淮河流域经济发展方式的真正转变。

三、淮河流域经济发展方式转变的政策组合研究

上一部分我们构建了淮河流域经济发展方式转变的制度体系框架。但是有了制度体系框架，并不等同于能够充分发挥效果，因为其中还涉及政策组合运用的问题。也就是说，在实践操作过程中，淮河流域需要一系列可以发挥其最大功效的政策组合，以满足其顺利转变经济发展方式的需要。如若不然，淮河流域经济发展方式转变将受到很大制约。因此，为了实现经济发展方式转变，对政策工具进行有效的组合，使其充分发挥作用，是十分必要的。为此，本部分将从必要性和实践中应当注意的问题两部分，对这一问题进行较为深入的探讨。

（一）淮河流域经济发展方式转变政策组合的必要性研究

政策组合的思想，来自英国著名经济学家詹姆斯·爱德华·米德（James Edward Meade）。由于当时的英国实行的是固定汇率制度，米德认为仅仅依靠单一的货币政策是无法令充分就业、物价稳定和国际收支平衡三者同时实现的，这也就是著名的米德冲突（Meade Conflict）。因此，米德的观点是只有将政策合理搭配，才可以解决这一问题。而"政策组合"一词最早在文献中出现，是来自蒙代尔20世纪60年代的一篇为国际货币基金组织所做的报告。蒙代尔认为，在浮动汇率的条件下，为了稳定经济，我们应当使用货币政策；而在固定汇率的条件下，货币政策将变得无效，我们就应当选择财政政策来稳定经济的运行，这也就是著名的"政策配合说"。在现在的大多数学术研究中，政策组合是指通过分析某一政策问题涉及的各个利益主体的利益诉求，在此基础上，选择多种政策工具并将之有效协调，形成一个系统化的政策合作架构，通过政策合力促进政策目标的实现。

虽然为了加快转变经济发展方式，近年来国家和地方政府出台了大量的政策措施。但是在转变经济发展方式实践的过程中，我们不难发现，这

些政策在运用时，并没有取得令人满意的效果。究其原因，主要是单一政策的局限性。对于淮河流域来说，这种状况也是存在的，因此，淮河流域转变经济发展方式需要政策组合。具体分析可知，淮河流域转变经济发展方式进程中，政策实施和运用可能会存在以下三类主要问题。

第一类问题在于淮河流域经济发展方式转变的政策领域和政策实施过程的碎片化较为严重。一个健康的经济发展方式需要统筹经济系统内部每个部门、每个环节的协调和平衡发展，而在实践中却经常出现政策的"碎片化"管理，即不同的政策之间没有相关性和承继性，导致某些需要长期计划的领域没有得到很好的规划和实施。向俊杰（2015）曾经就淮河流域水污染治理中出现的政策过程碎片化作出过详细研究并得出结论，认为在治理淮河流域的水污染的过程中，各项"碎片化"的政策使得淮河流域污染治理中的各环节无法形成一个有机的整体，各项政策的实践效果也不能令人满意。

第二类问题在于不同团体的利益冲突导致单一政策满足转变需求的能力不强。由于政府的政策涉及社会中不同的利益团体，比如企业、公益团体、普通群众还有政府自身等。淮河流域流域广、人口多，在转变经济发展方式的过程中遇到的问题必然比一般地区更加复杂。由于利益团体的不同会带来利益诉求的异化，这就必然导致对政策方案的不同选择。而且，各利益方在对自身利益进行博弈的过程中，会产生许多不必要的损耗和成本，也就造成了社会福利的损失，阻碍淮河流域经济发展方式转变的进程。

第三类问题在于淮河流域区域间政策的协调性不强。在大部分情况下，经济问题并不能由单一地区的某项政策行为得到妥善解决，如水污染治理、空气污染治理等，更多的是需要各城市、各省区之间的协调配合才可以完成。但是在现实中，由于行政管理体制条块化问题，省、市之间的配合难以完成，势必对淮河流域经济发展政策效果造成负面影响。

综上可以看出，面对这一复杂的政策图景，仅仅凭借某一项单独的政策行为是不能够有效推进淮河流域经济发展方式转变的。所以，设计一套能切实满足淮河流域经济发展方式转变的政策组合是十分必要的。

在前面的分析中我们已经知道，淮河流域经济发展方式的转型涉及能源部门、环保部门、产业部门、公众个体等多个利益主体，不同的利益主体均有其各自的利益诉求，而且不同的目标群体适用不同的政策工具，考虑到我国目前的公共政策工具主要以行政规制为主，市场化和社会化手段的运用并不是很成熟，根据目前的政策图景，有必要形成多项政策及多元政策工具组合，形成政策合力以促进经济发展方式转型。

首先，转变淮河流域经济发展方式的政策组合需要平衡各个利益主体的诉求，通过构建政策主体与客体之间的对话机制，协调政策主体与客体之间的政策信仰，实现政策目标的认同。其次，在政策组合中，应当以混合型工具为主，强制型政策工具为辅，不断发展自愿型的政策工具，实现政策工具的有机组合。最后，从价值链的角度提出在价值生产的过程中实现全过程的转变，通过生产环节、流通环节、销售环节、消费环节等多种政策领域相互配合和协调，形成政策合力。因此，需要淮河流域各地区之间的协调行动，构建一组协同有效的政策组合拳，有效促进淮河流域经济发展方式的转变。

（二）政策组合在淮河流域转变经济发展方式实施中应当注意的问题

从前面的论述我们已经知道，单一政策由于其自身缺陷，不能完全满足淮河流域经济发展方式转变中的需求。只有通过对政策进行合理组合，才能顺利实现转变经济发展方式这一政策目标。但是必须要注意的是，由于政策的组合是有机的，不同的政策在组合后会产生新的效应，对淮河流域经济发展方式的转变造成新的影响。这些效应主要可以分为三类，即反馈效应、倍增效应和差异效应。这些效应带来的结果有利有弊，不能一概而论。所以在实践中，我们必须对这些效应有着清楚的认识，趋利避害。因此，一般来说，基于政策组合效应，我们在运用政策组合时需要做到以下三点。

1. 善用正反馈效应

由于政策往往都具有很强的目的性，所以很多时候，某些单项政策是可以取得比较明显的效果的，而且政策的针对性越强，这种效果体现得就越明显。例如，对秸秆进行禁烧可以有效防止由于过度焚烧带来的剧烈的空气质量恶化；而加大对奶牛养殖业的补贴则会增加奶牛及其副产品的供给。但是，当一些政策作为组合出现时，其最终的作用效果就不一定会是简单的相加关系。由多个政策叠加产生的正反馈效应可以实现政策效果的进一步优化，而负反馈效应则相反，会带来与初衷相违背的结果。事实上，如果对同一目标制定了多个相关政策，反而可能会因为政策混乱而导致"1＋1＜0"的结果，反而造成淮河流域经济的倒退。

为了准确把握并利用正反馈效应，政策制定者需要尽可能细致地考察并分析政策执行的社会基础。在某些情况下，为了更好地了解一项政策组合的可行性，可以在一个较小的范围中进行一段时间的试验，观察政策的运行轨迹，收集过程中出现的问题，发现可能存在的危险，并及时考虑对策，对政策进行及时的修正。这样就可以有效地减少纠纷，降低社会混乱程度，提升经济发展水平。

2. 扩大倍增效应

倍增效应，就是在对诸多单个政策进行有机组合之后，该政策组合发挥的效用可以起到"1＋1＞2"的效果，使得淮河流域经济发展方式的转变效果可以成倍地向前推进。倍增效应的概念来自管理学中的管理协同理论体系，其中借鉴了协同论的思想与方法，强调各要素的有机结合，相互作用、协调配合，进而使系统整体功能发挥更大的作用。倍增效应的关键，在于政策组合实现整体性的协同之后，由于组合内部的各个子政策的相互配合，可以明显减少甚至实现完全克服在其作为单项政策出现时产生的一系列负面效果，并借此提高每项子政策在整个政策系统中的效率，从而达到放大整体政策组合效用的目的。而这一结果的实现，不能依靠各个子政策的简单叠加和机械堆砌，而是需要让它们紧密联系并且相互作用，强调"匹配"与"互补"。如淮南市地税部门通过投资环保设备抵免企业所得税和扩大生产减免土地使用税等一系列有利于结构调整和保障小微企业发展的政策组合，共减轻全市企业税收负担3000多万元。在该项政策组合中，企业为了增加对环保设备的投资，无可避免地就会增加对土地的需求。而另一项政策，指导企业通过扩大生产来减少所需缴纳的土地使用税，就可以有效地减少前一项政策对经济的负面效应。而且当企业的应交税费减少时，就有更多的资金投入生产经营活动中，形成良性循环。这就实现了政策组合的倍增效应。

从以上的内容我们可以看出，为了充分激发政策组合的倍增效应，在对有关经济发展方式转变的政策进行组合的时候，我们必须要从整体的角度进行考量，进行合理的规划和综合运用。同时，不断发展新的经济模型，对转变经济发展方式的政策组合在一致的框架内进行系统性评估，即时反映和检测相关信息，以适应不断进步的经济发展方式的转变需求。

3. 关注差异效应

在政策制定的过程中，我们一般都默认了一个假定，就是认为在政策作用的区域内，所有的经济要素都是同质的，比如劳动力的流动性、工厂所生产的产品种类以及道路交通的条件等。但是，这个假定会忽略掉很多信息，导致政策预期与实际结果出现一定程度的偏差。比如淮河流域在对水污染的治理过程中，由于流经地域面积很大，各地区的气候、水文、生活方式和经济发展水平都不一样，同样的一套政策组合，在不同省区中会产生不同的效果，也会影响淮河流域各地区水污染治理的最终效果。这就是政策组合的差异效应。

在转变淮河流域经济发展方式的过程中，决策者应该对每一套政策组合的差异效应给予足够的关注。这不仅能够使决策者更好地掌握区域内的政策运行情况，也使得决策者可以有的放矢，将政策组合精细化、明确化。避免由于政策的差异效应造成地区间经济发展水平落差的不断扩大，影响淮河流域整体的发展。

参考文献

一、中文参考文献

1. 安虎森、肖欢：《我国区域经济理论形成与演进》，《南京社会科学》2015 年第 9 期。

2.《安徽省地方税务局、安徽电台全省新闻联播头条：扎实推进供给侧结构性改革"专题报道：我省打出政策组合拳，千方百计为企业降成本、减负担》，见 http://www.ah-l-tax.gov.cn/portal/dsfc/mtkds/1470585600936888.htm。

3. 白林、万忠、罗其友等：《中国农业全要素生产率构成及区域趋同性分析：基于 1996—2010 年的 Malmquist 指数法》，《农业现代化研究》2012 年第 5 期。

4. 白涛：《文化资本与经济发展：理论分析与实证研究》，复旦大学，2013 年。

5. 白洋：《促进低碳经济发展的财税政策研究》，中国社会科学院研究生院，2014 年。

6. 包群、彭水军：《经济增长与环境污染：基于面板数据的联立方程估计》，《世界经济》2006 年第 11 期。

7. 卞有生：《大中型农场生态经济评价指标及评价方法》，《农村生态环境》1994 年第 2 期。

8. 蔡安宁：《淮河生态经济带建设构想》，《江苏师范大学学报》（自然科学版）2015 年第 3 期。

9. 蔡波、翁贞林、陈昭玖、傅青：《江西省农业可持续发展能力评价》，《江西农业大学学报》（社会科学版）2011 年第 4 期。

10. 蔡昉：《理解中国经济发展的过去、现在和将来——基于一个贯通的增长理论框架》，《经济学研究》2013 年第 11 期。

11. 曹成喜：《转变经济发展方式的国际经验及启示》，《经济特区》2010 年第 5 期。

12. 曹志宏、梁流涛、郝晋珉：《黄淮海地区社会经济空间分异及集聚发展模式》，《地理科学进展》2009 年第 6 期。

13. 曾刚、尚勇敏、司月芳：《中国区域经济发展模式的趋同演化——以中国 16 种典型模式为例》，《地理研究》2015 年第 11 期。

14. 曾硕勋、胡红霞、冯敏：《基于 DEA-Malmqusit 指数的甘肃科技资源配置效率研究》，《甘肃科技》2014 年第 21 期。

15. 曾贤刚：《我国工业 SO_2 排放趋势及影响因素分析》，《中国环保产业》2009 年第 10 期。

16. 钞小静、沈坤荣：《城乡收入差距、劳动力质量与中国经济增长》，《经济研究》2014 年第 6 期。

17. 钞小静：《试析经济发展方式转变中的创新驱动机制》，《黑龙江社会科学》2013 年第 4 期。

18. 陈刚、赵志耘、许端阳：《科技创新支撑经济发展方式转变的动力机制》，《中国科技论坛》2014 年第 6 期。

19. 陈华文、刘康兵：《经济增长与环境质量：关于环境库兹涅茨曲线的经验分析》，《复旦学报》（社会科学版）2004 年第 2 期。

20. 陈佳贵：《调整优化经济结构促进发展方式转变》，《经济管理》2010 年第 4 期。

21. 陈建宝、乔宁宁：《地方利益主体博弈下的资源禀赋与公共品供给》，《经济学》（季刊）2016 年第 2 期。

22. 陈昆亭、周炎、虞晓芬：《土地制度与长期福利分析》，《南开经济研究》2014 年第 6 期。

23. 陈明星、唐志鹏、白永平：《城市化与经济发展的关系模式——对钱纳里模型的参数重估》，《地理学报》2013 年第 6 期。

24. 陈清：《政府干预与经济发展方式转变——发达国家与地区的经验启示》，《中共福建省委党校学报》2010 年第 11 期。

25. 陈锐：《现代增长理论视角下的中国经济增长动力研究》，博士学位论文，中共中央党校，2013 年。

26. 陈天奇：《能源环境视阈下的安徽省城市效率研究》，硕士学位论文，合肥工业大学，2014 年。

27. 陈伟：《城镇化促进经济发展方式转变的理性思考》，《改革与开放》2011 年第 9 期。

28. 陈彦斌、陈小亮：《中国经济"微刺激"效果及其趋势评估》，《改革》2014 年第 7 期。

29. 陈玉英：《我国产业结构变动及其对能源利用效率的影响研究》，硕士学位论文，南京农业大学，2007 年。

30. 程必定、林斐、俞世伟：《淮河流域经济发展与社会、资源、环境相协调的战略模式》，《管理世界》2000 年第 1 期。

31. 程琳琳、李继欣、娄尚等：《矿产资源型城市矿业废弃地优化再利用对策：以北京市门头沟区为例》，《中国矿业》2013 年第 22 期。

32. 程言君、王鑫：《论加快转变经济发展方式的规律基础和历史使命——基于人的发展和人类产权的实现的视角》，《马克思主义研究》2011 年第 1 期。

33. 程志强：《资源诅咒假说：一个文献综述》，《财经问题研究》2008 年第 3 期。

34. 崔立涛：《浙江经济发展方式转变研究》，博士学位论文，浙江工商大学，2008 年。

35. 崔妍：《中国经济发展的文化动力探源》，博士学位论文，吉林大学，2013 年。

36. 戴玲、张卫：《演化视角下亚当·斯密经济发展理论的重构》，《经济学研究》2015 年第 3 期。

37. 戴亚南：《江苏省海岸带生态脆弱区循环经济发展模式》，《水土保持通报》2007 年第 6 期。

38. 邓丽：《基于生态文明视角的承接产业转移模式探索》，《吉林大学社会科学学报》2012 年第 5 期。

39. ［澳］蒂莫西 J. 科埃利、D. S. 普拉萨德·拉奥、克里斯托德·J. 奥唐奈等：《效率与生产率分析引论》（第二版），中国人民大学出版社 2008 年版。

40. 丁伯平：《适度宽松货币政策效应的差异性分析——以安徽省为例》，《金融纵横》2010 年第 10 期。

41. 丁恒龙、岳汉萍：《转变经济发展方式视域下的制度创新》，《兰州大学学报》2008 年第 6 期。

42. 丁继红、年艳：《经济增长与环境污染关系剖析——以江苏省为例》，《南开经济研究》2010 年第 2 期。

43. 杜江、刘渝：《城市化与环境污染：中国省际面板数据的实证研究》，《长江流域资源与环境》2008 年第 17 期。

44. 杜挺、谢贤健、梁海艳等：《基于熵权 TOPIS 和 GIS 的重庆市县域经济综合评价及空间分析》，《经济地理》2014 年第 6 期。

45. 樊纲、王小鲁、马光荣：《中国市场化进程对经济增长的贡献》，《经济研究》2011 年第 9 期。

46. 方福前、张艳丽：《中国农业全要素生产率的变化及其影响因素分析：基于 1991—2008 年 Malmquist 指数方法》，《经济理论与经济管理》2010 年第 9 期。

47. 方颖、纪衍、赵扬：《中国是否存在"资源诅咒"》，《世界经济》2011 年第 4 期。

48. 方竹正：《用科学发展观推进经济发展方式的转变》，《现代经济探讨》2009 年第 1 期。

49. 冯久田、尹建中、蒋红花：《山东 21 世纪经济与环境协调发展研究》,《中国人口资源与环境》2003年第3期。

50. 符永鑫:《资源环境约束下淮河流域产业结构调整与经济发展方式转变研究》,硕士学位论文,安徽财经大学,2014年。

51. 高波:《全球化时代的经济发展理论创新》,《南京大学学报》2013年第1期。

52. 高帆:《我国区域农业全要素生产率的演变趋势与影响因素:基于省际面板数据的实证分析》,《数量经济技术经济研究》2015年第5期。

53. 高峰:《国外转变经济发展方式体制机制经验借鉴》,《世界经济与政治论坛》2008年第3期。

54. 高红贵:《淮河流域水污染管制的制度分析》,《中南财经政法大学学报》2006年第4期。

55. 高鸿业:《西方经济学》 (第四版),中国人民大学出版社2007年版。

56. 高湘昀、安海忠、刘红红:《我国资源环境承载力的研究评述》,《资源与产业》2012年第6期。

57. 高颖飞:《中原经济区经济发展方式转变的制约因素与路径选择》,《地域研究与开发》2012年第5期。

58. 耿刚德:《我国经济发展方式及动力机制的制度分析》,博士学位论文,东北财经大学,2014年。

59. 辜胜阻、巍珊:《保持环境与经济协调发展的思考》,《武汉大学学报》(人文社会科学版) 2000年第3期。

60. 顾春林: 《体制转型期的我国经济增长与环境污染水平关系研究——环境库兹涅茨理论假说及其对我国的应用分析》,博士学位论文,复旦大学,2003年。

61. 顾钰民:《论加快转变经济发展方式的三大条件》,《毛泽东邓小平理论研究》2011年第1期。

62. 桂湖:《四川省承接东部转移工业的选择研究》,硕士学位论文,西南财经大学,2014年。

63. 郭步超、王博：《政府债务与经济增长：基于资本回报率的门槛效应分析》，《世界经济》2014 年第 9 期。

64. 郭晗、任保平：《经济发展方式转变的路径依赖及其破解路径》，《江苏社会科学》2013 年第 4 期。

65. 郭轲、王立群：《京津冀地区资源环境承载力动态变化及其驱动因子》，《应用生态学报》2015 年第 12 期，

66. 郭丽娟、邹洋：《产业升级与空间均衡视角下成渝经济区承接产业转移模式创新》，《经济问题探索》2015 年第 5 期。

67. 郭文慧：《淮河流域矿产资源开发与生态系统耦合机制研究》，硕士学位论文，合肥工业大学，2012 年。

68. 郭熙保、郑淇泽：《中国人口转型与经济增长：基于统一增长理论视角》，《江海学刊》2015 年第 1 期。

69. 郭亚军：《综合评价理论、方法及应用》，科学出版社 2007 年版。

70. 韩峰、王琢卓：《产业结构变迁对生态环境质量的影响研究——以湖南省为例》，《科技与经济》2010 年第 4 期。

71. 韩海彬、张莉：《农业信息化对农业全要素生产率增长的门槛效应分析》，《中国农村经济》2015 年第 6 期。

72. 韩艳红：《我国欠发达地区承接发达地区产业转移问题研究》，博士学位论文，吉林大学，2013 年。

73. 韩玉、顾时贵、陈源泉、高旺盛：《河北太行山区县域农业可持续发展能力系统评价与分析》，《三农问题研究》2007 年第 7 期。

74. 郝大江：《区域经济增长理论的异质空间回归——基于非正式约束视角》，《山西财经大学学报》2013 年第 8 期。

75. 郝东恒、王瑞科：《中等煤炭资源型城市的产业转型——以邢台市为例》，《资源与产业》2012 年第 14 期。

76. 郝颖、辛清泉、刘星：《地区差异、企业投资与经济增长质量》，《经济研究》2014 年第 3 期。

77. 何慧爽：《环境质量、环境规制与产业结构优化——基于中国东、

中、西部面板数据的实证分析》，《地域研究与开发》2015 年第 1 期。

78. 何兴强、王利霞：《中国 FDI 区位分布的空间效应研究》，《经济研究》2008 年第 11 期。

79. 何原荣、朱建军、龙四春等：《基于 VRMap 的矿区土地资源破坏三维可视化与分析模型集成系统》，《自然灾害学报》2014 年第 2 期。

80. 贺光烨、吴晓刚：《市场化、经济发展与中国城市中的性别收入不平等》，《社会学研究》2015 年第 1 期。

81. 洪开荣、浣晓旭、孙倩：《中部地区资源—环境—经济—社会协调发展的定量评价与比较分析》，《经济地理》2013 年第 12 期。

82. 洪银兴：《论创新驱动经济发展战略》，《经济学家》2013 年第 1 期。

83. 侯林春、李会琴、彭红霞：《中国区域农业生产可持续性评价研究》，《干旱区资源与环境》2008 年第 7 期。

84. 侯新、刘玉邦等：《农业水资源高效利用评价指标体系构建及其应用》，《中国农村水利水电》2011 年第 9 期。

85. 胡瑞、左其亭:《淮河流域水资源现状分析及承载能力研究意义》，《水资源与水工程学报》2008 年第 19 期。

86. 胡晓登：《贵州经济发展方式转变的重点领域、重点产业及对策体系构建》，《贵州社会科学》2014 年第 11 期。

87. 胡韵菲、尤飞、栗欣如：《淮河流域农业生产水平与资源环境协调度评价研究》，《农业现代化研究》2016 年第 5 期。

88. 胡志华：《淮河流域区域经济差异的影响因素与协调发展对策研究》，硕士学位论文，合肥工业大学，2010 年。

89. 湖北省委党校厅干班课题组、覃道明：《对湖北科技优势转化为创新发展优势的认知与思考》，《党政干部论坛》2015 年第 1 期。

90. 黄菁：《环境污染与城市经济增长：基于联立方程的实证分析》，《财贸研究》2010 年第 5 期。

91. 黄敬军、姜素、张丽等：《城市规划区资源环境承载力评价指标体系构建——以徐州市为例》，《中国人口·资源与环境》2015 年第 11 期。

92. 黄良、李靖：《水土保持型生态农业可持续性评价——以陕西省安塞县纸坊沟为例》，《中国水土保持科学》2007 年第 3 期。

93. 黄群慧、贺俊：《"第三次工业革命"与中国经济发展战略调整——技术经济范式转变的视角》，《中国工业经济》2013 年第 1 期。

94. 黄铁苗、蒋鑫：《基于管理视角下的经济增长质量和效益问题研究》，《学术研究》2013 年第 12 期。

95. 黄勇：《湖北省农业生产率增长、技术进步与效率变化研究》，《统计与决策》2013 年第 8 期。

96. 黄友均：《安徽省环境与经济发展协调度的初步分析》，《合肥工业大学学报》2007 年第 6 期。

97. 季民河、武占云、姜磊：《空间面板数据模型设定问题分析》，《统计与信息论坛》2011 年第 6 期。

98. 季民河、武占云、苏海龙、姜磊：《中国经济增长与制度变迁的空间面板数据分析》，《地域研究与开发》2011 年第 6 期。

99. 贾根良、李黎力：《"转变经济发展方式"研究的最新进展评述》，《山东经济》2011 年第 3 期。

100. 贾涛：《我国经济发展环境评价指标体系的建立及实证研究》，硕士学位论文，吉林财经大学，2011 年。

101. 简新华、李延东：《中国经济发展方式根本转变的目标模式、困难和途径》，《经济学前沿》2010 年第 8 期。

102. 简新华、罗钜钧、黄锟：《中国城镇化质量问题和健康发展》，《当代财经》2013 年第 9 期。

103. 江永红、刘冬萍：《安徽省资源、环境与经济协调发展综合评价》，《农业技术经济》2012 年第 7 期。

104. 姜国强：《我国经济发展方式转变的制度障碍及其跨越》，《社会科学界》2012 年第 5 期。

105. 姜均露：《经济增长中科技进步作用测算》，中国计划出版社 1998 年版。

106．姜长云：《中国农业发展的问题、趋势与加快农业发展方式转变的方向》，《江淮论坛》2015 年第 5 期。

107．金海年：《新供给经济增长理论：中国改革开放经济表现的解读与展望》，《财政研究》2014 年第 11 期。

108．晋盛武、吴娟：《腐败、经济增长与环境污染的库兹涅茨效应——以二氧化硫排放数据为例》，《经济理论与经济管理》2014 年第 6 期。

109．晋腾：《黄河三角洲高效生态经济区的产业结构与生态环境效应评价研究》，硕士学位论文，山东师范大学，2014 年。

110．景普秋、孙毅、张丽华：《资源型经济的区域效应与转型政策研究——以山西为例》，《兰州商学院学报》2011 年第 27 期。

111．景普秋、王清宪：《煤炭资源开发与区域经济发展中的"福"与"祸"：基于山西的实证》，《中国工业经济》2008 年第 7 期。

112．景普秋：《煤炭资源型区域经济发展方式转变及其路径选择》，《煤炭经济研究》2011 年第 9 期。

113．柯健：《安徽省资源、环境、经济协调发展研究》，《统计与信息论坛》2005 年第 20 期。

114．柯武钢、史漫飞：《制度经济学》，商务印书馆 2000 年版。

115．孔庆文、王绍先、戴明江：《基于能值理论的吉林省农业系统可持续性分析》，《安徽农业科学》2009 年第 6 期。

116．孔伟、郭杰、欧名豪：《不同经济发展水平下的建设用地集约利用及区域差别化管控》，《中国人口·资源与环境》2014 年第 4 期。

117．蓝晓宁：《欠发达地区经济发展方式转变路径研究》，《统计与决策》2013 年第 18 期。

118．雷勋平、邱广华：《基于熵权 TOPSIS 模型的区域资源环境承载力评价实证研究》，《环境科学学报》2016 年第 1 期。

119．雷战波、师泽远、贺红：《西安市科技优势及其利用策略研究》，《科学管理研究》2016 年第 1 期。

120．李爱民：《我国新型城镇化问题面临的突出问题与建议》，《城市发展研究》2013 年第 7 期。

121. 李忱、田杨萌：《科学技术与管理的协同关联机制研究》，《中国软科学》2001 年第 5 期。

122. 李崇阳：《试论经济增长与环境质量变和博弈》，《福建论坛》2002 年第 2 期。

123. 李翠：《科技进步对上海市经济增长作用的测算研究》，硕士学位论文，上海海事大学，2004 年。

124. 李栋华、王霄：《中国省际经济发展的"资源诅咒"——基于 Malmquist 和面板数据的分析》，《暨南学报》2010 年第 1 期。

125. 李福柱、赵长林：《中国经济发展方式的转变动力及其作用途径》，《中国人口·资源与环境》2016 第 2 期。

126. 李谷成、范丽霞、成刚等：《农业全要素生产率增长：基于一种新的窗式 DEA 生产率指数的再估计》，《农业技术经济》2013 年第 5 期。

127. 李国祥：《2009 年我国农业经济形势与 2010 年展望》，《中国经贸导刊》2009 年第 21 期。

128. 李红梅：《城镇化在转变经济发展方式中的作用刍议》，《前沿》2012 年第 3 期。

129. 李虹檠：《货币政策差异效应：研究现状及其引申》，《四川师范大学学报》（社会科学版）2010 年第 4 期。

130. 李俭国、肖磊：《创新驱动与我国经济发展方式转变》，《当代经济研究》2015 年第 8 期。

131. 李健：《不可再生资源型城市产业经济一定要推进延续性转型吗？——一个简单的理论分析框架》，《生态经济》（中文版）2007 年第 12 期。

132. 李俊峰：《江淮城市群空间联系及整合模式》，《地理研究》2010 年第 29 期。

133. 李立清、周贤君：《湖南各地市农业全要素生产率变动实证分析》，《湖南农业大学学报》（社会科学版）2010 年第 6 期。

134. 李鹏：《民族地区经济发展方式转变问题研究——以新疆维吾尔自治区为例》，《经济研究参考》2011 年第 21 期。

135. 李茜、胡昊、罗海红等：《我国经济增长与环境污染双向作用关系研究——基于 PVAR 模型的区域差异分析》，《环境科学学报》2015 年第 6 期。

136. 李茜、张建辉、罗海江：《区域环境质量综合评价指标体系的构建及实证研究》，《中国环境监测》2012 年第 9 期。

137. 李强、徐康宁、魏巍：《自然资源、地理位置与经济增长——基于 2000—2010 年省级面板数据的分析》，《东北大学学报》（社会科学版）2013 年第 3 期。

138. 李强、徐康宁：《资源生产、资源消费与经济增长：理论与实证——来自跨国面板数据的证据》，《世界经济研究》2013 年第 12 期。

139. 李庆玉：《淮河流域经济发展和环境改善协调探究》，《淮南职业技术学院学报》2013 年第 3 期。

140. 李善同：《环境与经济协调发展的经济学分析》，《北京工业大学学报》（社会科学版）2001 年第 3 期。

141. 李树、翁卫国：《我国地方环境管制与全要素生产率增长》，《财经研究》2014 年第 2 期。

142. 李思奇、姚程：《国家重点产业振兴规划对产业经济效率的影响——基于中国 2008—2010 年产业数据的实证分析》，《经济研究参考》2010 年第 71 期。

143. 李素清：《山西生态环境破坏对可持续发展的影响及对策研究》，《干旱区资源与环境》2005 年第 2 期。

144. 李天芳：《江苏省农业生产效率的 DEA 分析》，《农业经济与科技》2014 年第 25 期。

145. 李天籽：《自然资源丰裕度对中国地区经济增长的影响及其传导机制研究》，《经济科学》2007 年第 6 期。

146. 李小胜、宋马林、安庆贤：《中国经济增长对环境污染影响的异质性研究》,《南开经济研究》2013 年第 5 期。

147. 李晓宁、赵杭莉:《初次分配效率与公平的不同政策组合效应——"弓背历程"与"弓弦历程"的比较》,《经济体制改革》2011 年第 6 期。

148. 李娅:《国际产业链分工模式的延伸——我国东西部产业转移模式探讨》,《云南财经大学学报》2010 年第 5 期。

149. 李彦娅、何植民、张延珍:《公共政策低质化问题探讨》,《商业时代》2014 年第 4 期。

150. 李扬,张晓晶:《"新常态":经济发展的逻辑与前景》,《经济研究》2015 年第 5 期。

151. 李扬:《中国经济发展的新阶段》,《财贸经济》2013 第 11 期。

152. 李志兰、王林秀、余慕溪:《新常态下西部资源型城市工业转型升级的发展思路——以六盘水市为例》,《资源开发与市场》2016 年第 32 期。

153. 李智:《新常态下中国经济发展态势和结构动向研究》,《价格理论与实践》2014 年第 11 期。

154. 李中:《我国经济发展方式转变中的制度创新》,中共中央党校出版社 2012 年版。

155. 梁勤星、罗希:《地区差异对财政政策与货币政策组合的选择——基于 IS-LM 模型的分析》,《西南金融》2006 年第 12 期。

156. 梁学庆、刘德宏、宋戈:《黑龙江省农业可持续发展的目标及评价指标体系》,《国土与自然资源研究》2001 年第 3 期。

157. 林毅:《制度变迁对中国经济增长影响的实证研究》,博士学位论文,西南交通大学,2013 年。

158. 蔺雪芹等:《中国城镇化对经济发展的作用机制》,《地理研究》2013 年第 4 期。

159. 凌亢、王浣尘、刘涛:《城市经济发展与环境污染关系的统计研究——以南京市为例》,《统计研究》2001 年第 10 期。

160. 刘保民、高亚宾:《基于 RMIF 分析框架的资源型城市转型机制研究——以河南省为例》,《经济经纬》2008 年第 2 期。

161. 刘传庚、魏振宽、吴钢：《产业刚性与矿产资源城市转型分析》，《煤炭经济研究》2006 年第 6 期。

162. 刘丹、鲁永恒：《煤炭城市产业转型的三维体系研究——基于技术创新与制度创新协同驱动视角》，《科技进步与对策》2011 年第 28 期。

163. 刘红光、王云平、季璐：《中国区域间产业转移特征、机理与模式研究》，《经济地理》2014 年第 1 期。

164. 刘奂辰、张二震：《经济发展、信用膨胀与互联网金融"信用化"——基于熊彼特经济发展理论视角的分析》，《现代经济探讨》2015 年第 7 期。

165. 刘建民、王蓓、吴金光：《财政政策影响收入分配的区域差异效应研究——基于中国 29 个省级面板数据的 SVAR 模型检验》，《中国软科学》2015 第 2 期。

166. 刘骏民、刘晓欣：《经济增长与理论创新及其对中国经济的实践意义——兼论如何重开中国经济高增长之门》，《政治经济学评论》2016 年第 6 期。

167. 刘丽伟、高中理：《"互联网＋"促进农业经济发展方式转变的路径研究》，《世界农业》2015 年第 12 期。

168. 刘琴：《基于资源配置效率的沈阳市科技资源整合对策研究》，硕士学位论文，沈阳理工大学，2012 年。

169. 刘瑞明、赵仁杰：《国家高新区推动了地区经济发展吗？——基于双重差分方法的验证》，《管理世界》2015 年第 8 期。

170. 刘湘溶：《经济发展方式的生态化与我国生态文明建设》，《南京社会科学》2009 年第 6 期。

171. 刘向国：《近年来转变经济发展方式研究的主要进展》，《经济纵横》2013 年第 2 期。

172. 刘燕妮、任保平、高鹏：《中国农业发展方式的评价》，《经济理论与经济管理》2012 年第 3 期。

173. 刘英基、杜传忠、刘忠京：《走向新常态的新兴经济体产业转型升级路径分析》，《经济体制改革》2015 年第 1 期。

174. 刘瑛：《湖北省农业全要素生产率及其影响因素研究》，硕士学位论文，华中农业大学，2014 年。

175. 刘友金、吕政：《梯度陷阱、升级阻滞与承接产业转移模式创新》，《经济学动态》2012 年第 11 期。

176. 刘渝、王岌：《农业水资源利用效率分析——全要素水资源调整目标比率的应用》，《华中科技大学学报》2012 年第 6 期。

177. 刘宇、黄继忠：《辽宁省产业结构演变的环境效应分析》，《资源与产业》2013 年第 2 期。

178. 刘志彪：《经济发展新常态下产业政策功能的转型》，《南京社会科学》2015 年第 3 期。

179. 刘志强、金晶、陈渊：《基于 AHP 层次分析法的东北农业可持续发展能力的动态评价及分区预警》，《农业系统科学与综合研究》2010 年第 2 期。

180. 卢万青：《经济增长方式的国际比较及其关联定位》，《改革》2013 年第 6 期。

181. 芦艳荣、周绍森、李斌：《科技进步对经济发展贡献的研究与建议》，《宏观经济管理》2010 年第 11 期。

182. 陆大道：《建设经济带是经济发展布局的最佳选择——长江经济带经济发展的巨大潜力》，《地理科学》2014 年第 7 期。

183. 路洪卫：《现代服务业推动湖北经济发展方式转变的路径研究》，《当代经济》2014 年第 2 期。

184. 罗光洁：《以人力资本为支撑推动中国经济发展研究》，博士学位论文，云南大学，2015 年。

185. 骆永民：《中国科教支出与经济增长的空间面板数据分析》，《河北经贸大学学报》2008 年第 1 期。

186. 吕福新：《加快转变经济发展方式的主体——生态模式》，《商业经济与管理》2012 年第 12 期。

187. 吕健:《中国经济增长与环境污染关系的空间计量分析》,《财贸研究》2011 年第 4 期。

188. 吕康娟:《上海区县经济发展的空间关联性分析———基于空间计量的视角》,《科学发展》2011 年第 12 期。

189. 马德成:《加快转变经济发展方式的思路和意义》,《生态经济》2011 年第 4 期。

190. 马克:《创新驱动发展:加快形成新的经济发展方式的必然选择》,《社会科学战线》2013 年第 3 期。

191. 马树才、李国柱:《中国经济增长与环境污染关系的 Kuznets 曲线》,《统计研究》2006 年第 8 期。

192. 马腾:《后发国家的追赶型经济发展理论——以李斯特经济思想为中心的考察》,《经济问题探索》2015 年第 5 期。

193. 马永军:《投资黏性对经济增长质量的影响研究》,博士学位论文,湘潭大学,2015 年。

194. 毛广雄、陈海廷、胡相峰:《淮河生态经济带产业协同发展研究》,《江苏师范大学学报》(自然科学版) 2015 年第 3 期。

195. 孟德锋、张兵、刘文俊:《参与式灌溉管理对农业生产和收入的影响——基于淮河流域的实证研究》,《经济学》(季刊) 2011 年第 3 期。

196. 苗志芹:《日照市当前经济运行特点及经济稳发展的对策思考》,《中国商贸》2015 年第 9 期。

197. 欧志文、蒋均时:《转变经济发展方式的科学理念与时代内涵》,《消费导刊》2008 年第 3 期。

198. 潘丹、应瑞瑶:《资源环境约束下的中国农业全要素生产率增长研究》,《资源科学》2013 年第 7 期。

199. 潘开灵、白列湖、程奇:《管理协同倍增效应的系统思考》,《系统科学学报》2007 年第 1 期。

200. 潘世磊:《基于 DEA-Malmquist 指数模型的农业全要素生产率分析——以山东省为例》,《农村经济与科技》2015 年第 5 期。

201. 庞瑞芝、范玉、李扬：《中国科技创新支撑起经济发展了吗?》，《数量经济技术经济研究》2014 年第 10 期。

202. 庞善东、靳英华：《基于理论研究视角下体育与经济增长和经济发展的关系》，《北京大学学报》2016 年第 7 期。

203. 彭代彦、吴翔：《中国农业技术效率与全要素生产率研究：基于农村劳动力结构变化的视角》，《经济学家》2013 年第 9 期。

204. 蒲晓晔：《我国经济发展方式转变动力结构分析》，《经济问题》2010 年第 4 期。

205. 齐建国：《用科学发展观统领经济发展方式转变》，《财贸经济》2010 年第 4 期。

206. 齐元静、杨宇、金凤君：《中国经济发展阶段及其时空格局演变特征》，《地理学报》2013 年第 4 期。

207. 钱津：《中国经济理论研究与中国经济发展》，《河北经贸大学学报》2015 年第 4 期。

208. 秦成、王红旗、田雅楠等：《资源环境承载力评价指标研究》，《中国人口·资源与环境》2011 年第 12 期。

209. 秦成逊、周惠仙：《西部地区经济发展方式转变探析》，《经济问题探索》2008 年第 3 期。

210. 秦莉云、金忠青、江新：《淮河流域水资源持续利用探讨》，《地域研究与开发》2001 年第 1 期。

211. 瞿路航：《"长三角"文化产业发展中政府管理创新探讨——基于 DEA-Mamlquist 指数法的实证研究》，《现代商贸工业》2015 年第 3 期。

212. 全炯振：《中国农业全要素生产率增长的实证分析：1978—2007 年：基于随机前沿分析（SFA）方法》，《中国农村经济》2009 年第 9 期。

213. 全毅：《日本转变经济发展方式与建设"两型社会"的经验及启示》，《亚太经济》2011 年第 2 期。

214. 任保平、郭晗：《经济发展方式转变的创新驱动机制》，《学术研究》2013 年第 2 期。

215. 任保平、李娟伟：《实现中国经济增长数量、质量和效益的统一》，《西北大学学报》（哲学社会科学版）2013年第1期。

216. 任保平、王蓉：《经济增长质量道德基础构建》，《当代经济研究》2013年第1期。

217. 任保平、张文亮：《以供给管理与需求管理相结合来加快经济发展方式转变》，《经济纵横》2013年第2期。

218. 任保平：《结构失衡新特征背景下加快中国经济发展方式转变的机制》，《社会科学战线》2013年第3期。

219. 任保平：《经济增长质量：经济增长理论框架的扩展》，《经济学动态》2013年第11期。

220. 任保平：《新常态下以再工业化推进经济发展方式转变的路径选择》，《社会科学期刊》2015年第3期。

221. 任鹏：《政策冲突中地方政府的选择策略及其效应》，《公共管理学报》2015年第1期。

222. 任志安、徐业明：《大气环境、工业能源消费与工业结构优化——来自淮河流域38个地级市的经验证据》，《工业技术经济》2014年第6期。

223. 商勇：《溢出效应和反馈效应传导机制及其影响——基于河南与其他地区的实证分析》，《经济经纬》2016年第4期。

224. 尚勇敏：《中国区域经济发展模式的演化》，博士学位论文，华东师范大学，2015年。

225. 邵琳：《人力资本对中国经济增长的影响研究》，博士学位论文，吉林大学，2014年。

226. 邵帅、杨莉莉：《自然资源丰裕，资源产业依赖与中国区域经济增长》，《管理世界》2010年第9期。

227. 沈赤、章丹、王华锋：《基于数据包络分析VRS模型的我国政府科技资源配置效率评价》，《企业经济》2011年第12期。

228. 沈露莹等：《上海转变经济发展方式评价指标体系研究》，《科学发展》2010年第6期。

229. 沈满洪、许云华：《一种新型的环境库兹涅茨曲线——浙江省工业化进程中经济增长与环境变迁的关系研究》，《浙江社会科学》2000 年第 4 期。

230. 盛洪：《"中国奇迹"的制度经济学分析》，《经济经纬》2011 年第 4 期。

231. 施震凯、王美昌：《经济市场化进程与经济增长：基于贝叶斯模型平均方法的实证分析》，《经济评论》2016 年第 1 期。

232. 石宏博：《转变经济发展方式的绩效评价与地区间差异分析》，《财经问题研究》2011 年第 9 期。

233. 史晋川：《论经济发展方式及其转变——理论、历史、现实》，《浙江社会科学》2010 年第 4 期。

234. 宋立：《按照经济发展方式转变要求推动经济结构战略性调整》，《农村金融研究》2011 年第 2 期。

235. 苏华、张莹：《关于产业转移模式理论与实践分析》，《合作经济与科技》2014 年第 11 期。

236. 孙蚌珠：《转变经济发展方式 促进科学发展》，《高校理论战线》2008 年第 1 期。

237. 孙凯：《科技进步与经济增长相关性研究》，博士学位论文，西北大学，2006 年。

238. 孙庆刚、秦放鸣：《中国西部少数民族地区经济社会全面发展的影响因素》，《经济问题探索》2010 年第 4 期。

239. 孙晓华、李明姗等：《市场化进程与地区经济发展的差距》，《数量经济技术经济研究》2015 年第 6 期。

240. 孙晓雷、何溪：《新常态下高效生态经济发展方式的实证研究》，《数量经济技术经济研究》2015 年第 7 期。

241. 孙绪：《长吉图产业结构优化与紧急发展研究》，博士学位论文，吉林大学，2014 年。

242. 孙艳玲：《基于 DEA 方法的四川农业可持续发展能力评价》，《软科学》2008 年第 6 期。

243. 孙永正：《做实城镇化：转变经济发展方式和扩大内需的战略选择》，《天津社会科学》2010 年第 4 期。

244. 唐力维：《产业结构优化与金融支持研究》，博士学位论文，西南财经大学，2013 年。

245. 唐未兵、傅元海、王展祥：《技术创新、技术引进与经济增长方式转变》，《经济研究》2014 年第 7 期。

246. 唐羽：《沈阳市经济发展方式转变的评价与比较》，《商业时代》2016 年第 9 期。

247. 田坤明：《转型期文化资本对经济发展的作用：理论框架与中国情境》，博士学位论文，西南财经大学，2014 年。

248. 万伦来、胡志华、金炎：《淮河流域新型工业化道路研究》，《经济研究导刊》2007 年第 11 期。

249. 万伦来、胡志华、余晓钰：《淮河流域产业结构调整战略研究》，《安徽科技学院学报》2009 年第 11 期。

250. 万伦来、麻晓芳、方宝：《淮河流域农业可持续发展能力研究》，《生态经济》2006 年第 2 期。

251. 万伦来、朱驳锋、沈典妹：《淮河流域经济增长与生态环境质量变化的关系》，《地域研究与开发》2009 年第 8 期。

252. 万永坤、董锁成：《产业结构与环境质量交互耦合机理研究——以甘肃省为例》，《地域研究与开发》2012 年第 5 期。

253. 汪慧玲、余实：《资源环境约束条件下甘肃经济可持续发展瓶颈研究》，《经济论坛》2010 年第 3 期。

254. 汪孟宵：《马克思经济增长理论研究》，硕士学位论文，华中师范大学，2015 年。

255. 汪同三、齐建国等：《加快经济发展方式转变论》，社会科学文献出版社 2013 年版。

256. 王兵、杨华、朱宁：《中国各省份农业效率和全要素生产率增长——基于 SBM 方向性距离函数的实证分析》，《南方经济》2011 年第 10 期。

257. 王弟海、崔小勇、龚六堂：《健康在经济增长和经济发展中的作用——基于文献研究的视角》，《经济学动态》2015 年第 8 期。

258. 王定祥、李伶俐：《城镇化、农地非农化与失地农民利益保护研究——一个整体性视角与政策组合》，《中国软科学》2006 年第 10 期。

259. 王飞成、郭其友：《经济增长对环境污染的影响及区域性差异——基于省际动态面板数据模型的研究》，《山西财经大学学报》2014 年第 4 期。

260. 王耕农、李歆、陈永康：《国家审计促进经济发展方式转变的实践与探索》，《审计研究》2011 年第 4 期。

261. 王国刚：《城镇化：中国经济发展方式转变的中心所在》，《经济研究》2012 年第 12 期。

262. 王海霞、黄卓：《兰白经济区创新承接产业转移模式问题研究》，《生产力研究》2016 年第 1 期。

263. 王贺封：《基于 DEA 模型和 Malmquist 生产率指数的上海市开发区用地效率及其变化》，《地理研究》2014 年第 6 期。

264. 王火根、沈利生：《基于空间 Panel Data 的中国区域人均 GDP 收敛分析》，《中国地质大学学报》（社会科学版）2007 年第 5 期。

265. 王静媛：《中国对外经济发展方式转变研究》，博士学位论文，吉林大学，2015 年。

266. 王军：《完善经济发展方式转变的动力问题研究》，《理论学刊》2009 年第 9 期。

267. 王君：《工业化、信息化与经济增长方式转变》，《宏观经济管理》2013 年第 3 期。

268. 王可达：《实现经济发展方式转变的制度安排》，《江西财经大学学报》2010 年第 3 期。

269. 王力为：《吴敬琏谈"十三五"：转变增长方式为何这么难?》，见 http://finance.qq.com/a/20151105/011771.htm。

270. 王立：《实现经济发展方式转变，促进民族地区经济发展》，《前沿》2013 年第 11 期。

271. 王良健、邹雯、黄莹、蒋获：《东部地区环境库兹涅茨曲线的实证研究》，《海南大学学报》（人文社会科学版）2009 年第 1 期。

272. 王梦奎：《中共的全面协调可持续发展》，人民出版社 2004 年版。

273. 王敏、黄滢：《中国的环境污染与经济增长》，《经济学》（季刊）2015 年第 2 期。

274. 王宁西、张文婷：《加快转变经济发展方式的时代内涵》，《北京交通大学学报》2012 年第 1 期。

275. 王锐淇：《我国区域技术创新能力空间相关性及扩散效应实证分析——基于 1997—2008 空间面板数据》，《系统工程理论与实践》2012 年第 11 期。

276. 王新民、薛琳：《县域经济发展方式转变评价指标体系的构建及应用》，《东南学术》2013 年第 6 期。

277. 王一鸣：《加快推进经济发展方式的"三个转变"》，《宏观经济管理》2008 年第 1 期。

278. 王翌秋、张兵：《江苏省产业结构发展与环境质量的关系研究》，《南京财经大学学报》2007 年第 6 期。

279. 王远飞、张超：《淮河流域减灾脱贫可持续发展战略研究》，《经济地理》2000 年第 3 期。

280. 王振波、张蔷、张效瑞等：《基于资源环境承载力的合肥市增长边界划定》，《地理研究》2013 年第 12 期。

281. 王振波：《淮河流域空间开发区划研究》，《地理研究》2012 年第 31 期。

282. 王振华：《城镇化发展、产业结构升级与县域经济增长：理论与实证》，博士学位论文，沈阳农业大学，2014 年。

283. 卫兴华：《创新驱动与转变发展方式》，《经济纵横》2013 年第 7 期。

284. 魏权龄：《评价相对有效性的数据包络分析模型：DEA 和网络 DEA》，中国人民大学出版社 2012 年版。

285. 魏文晶：《各省科技指标对经济增长的影响分析》，硕士学位论文，武汉科技大学，2015 年。

286. 文华：《经济发展与经济增长的理论综述》，《延边大学学报》（社会科学版）2011 年第 5 期。

287. 吴灿新：《转变经济发展方式与文化软实力建设》，《广东社会科学》2011 年第 2 期。

288. 吴丹：《中国经济发展与水资源利用脱钩态势评价与展望》，《自然资源学报》2014 年第 1 期。

289. 吴树青：《转变经济发展方式是实现国民经济又好又快发展的关键》，《前线》2008 年第 1 期。

290. 吴玉萍、董锁成：《北京市环境政策评价研究》，《城市环境与城市生态》2002 年第 15 期。

291. 吴振球、陈婷、王振：《产业结构优化升级、经济发展方式转变与扩大就业》，《中央财经大学学报》2013 年第 12 期。

292. 伍世安：《转变经济发展方式的制度性障碍分析》，《企业经济》2012 年第 2 期。

293. 武康平等：《人口老龄化、经济增长与社会福利——基于内生经济增长理论的分析》，《经济学报》2015 年第 2 期。

294. 向俊杰：《淮河流域水污染治理的政策过程碎片化研究》，《阅江学刊》2015 年第 4 期。

295. 项云帆、王少平：《中国经济增长与能源消费空间面板分析》，《数量经济技术经济研究》2007 年第 12 期。

296. 谢呈阳、周海波、胡汉辉：《产业转移中要素资源的空间错配与经济效率损失：基于江苏传统企业调查数据的研究》，《中国工业经济》2014 年第 12 期。

297. 谢地、刘佳丽：《中国社会主要矛盾转型与经济发展方式转变》，

《四川大学学报》2010年第6期。

298. 谢冬水：《合约形式，交易规模与经济绩效——对传统中国经济停滞的微观解释》，《财经研究》2014年第4期。

299. 谢雄标、严良：《西部矿产资源产业的现状、问题及升级路径选择》，《中国矿业》2011年第20期。

300. 熊永柱、夏斌、张美英：《区域可持续发展的一种评价模型：综合协调度——以广东省沿海城市为例》，《热带地理》2007年第6期。

301. 徐海燕、陈晓键、熊鹰：《产业转移与城镇空间协同发展研究——以珠三角为例》，《经济地理》2014年第12期。

302. 徐康宁、韩剑：《中国区域经济的"资源诅咒"效应：地区差距的另一种解释》，《经济学家》2005年第6期。

303. 徐康宁、王剑：《自然资源丰裕程度与经济发展水平关系的研究》，《经济研究》2006年第1期。

304. 徐琼：《区域技术效率论——基于技术效率的区域经济竞争力提升研究》，中国经济出版社2006年版。

305. 徐彤：《经济增长、环境质量与产业结构的关系研究——以陕西为例》，《经济问题》2011年第4期。

306. 徐现祥、梁剑雄：《经济增长目标的策略性调整》，《经济研究》2014年第1期。

307. 徐业明：《资源环境视角下淮河流域工业结构优化调整研究》，硕士学位论文，安徽财经大学，2013年。

308. 徐永德：《新常态下转变经济发展方式的制度因素和路径研究》，《探索》2014年第5期。

309. 许朗、欧真真：《淮河流域农业用水问题及保障性对策分析》，《水利发展研究》2012年第2期。

310. 许联芳、谭勇：《长株潭城市群"两型社会"试验区土地承载力评价》，《经济地理》2009年第1期。

311. 许信旺：《安徽省农业可持续发展能力评价与对策研究》，《农业经济问题》2005 年第 2 期。

312. 许正送、孔凡斌：《经济发展水平、产业结构与环境污染——基于江西省的实证分析》，《当代财经》2014 年第 8 期。

313. 玄相伯、吴诗锋：《中国货币与财政政策的地区差异效应及其政策含义》，《上海金融》2015 年第 3 期。

314. 薛雨田：《城市碳排放强度影响因素分析及评价研究》，硕士学位论文，华北电力大学，2014 年。

315. 严奉宪：《中西部地区农业可持续增长的理论模型与实证分析》，《农业技术经济》2005 年第 4 期。

316. 阳洁、魏新：《环境经济协调度及其分析评价》，《技术经济与管理研究》2000 年第 3 期。

317. 杨国梁、刘文斌、郑海军：《数据包络分析方法（DEA）综述》，《系统工程学报》2013 年第 6 期。

318. 杨欢进：《论转变经济发展方式》，《河北经贸大学学报》2008 年第 1 期。

319. 杨晓峰、赵宏中：《教育不平等、收入差距与经济增长后劲——包容性增长理论视角》，《经济社会体制比较》2013 年第 6 期。

320. 杨秀玉：《基于 Malmquist 指数的农业全要素生产率动态分析：以山东省为例》，《中国农业通报》2013 年第 35 期。

321. 杨雪锋：《经济增长方式转型：范式困境与破解路径》，《学术月刊》2013 年第 8 期。

322. 杨易、吴秀敏、赵智晶：《基于 Malmquist 指数的四川省农业全要素生产率分析》，《湖北农业科学》2011 年第 6 期。

323. 杨勇、李雪竹：《省区财政支农投入对农业生产率及其构成的影响》，《西北农林科技大学学报》（社会科学版）2013 年第 5 期。

324. 杨友才：《引入制度因素的经济增长模型与实证研究》，博士学位论文，山东大学，2009 年。

325. 杨志强：《经济主体"路径依赖"与转变经济增长方式》，《未来与发展》2013年第8期。

326. 姚士谋、张平宇、余成、李广宇、玉成新：《中国新型城镇化理论与实践问题》，《地理科学》2014年第6期。

327. 姚毓春、范欣、张舒婷：《资源富集地区：资源禀赋与区域经济增长》，《管理世界》2014年第7期。

328. 叶琪：《我国区域产业转移的模式比较与战略选择》，《甘肃理论学刊》2014年第3期。

329. 叶维武：《金融深化与中国农村经济发展》，博士学位论文，中国社会科学院，2013年。

330. 叶卫平：《论经济安全是转变经济发展方式中的重要保障》，《马克思主义研究》2011年第2期。

331. 《依托科技优势加快创新发展支撑吉林振兴发展》，《协商新报》2014年7月1日。

332. 尹国胜：《关于"十二五"时期我国加快转变经济发展方式的思考》，《经济问题探索》2011年第5期。

333. 尤飞、罗其友：《淮河流域农业发展问题与对策研究》，《关注》2012年第6期。

334. 于倩、江晴：《协同演化视角下承接产业转移与转变经济发展方式的互动机制研究》，《宏观经济研究》2012年第10期。

335. 于学东：《经济增长方式与经济发展方式的内涵比较与演进》，《经济纵横》2007年第24期。

336. 余佼佼：《合肥具有标志性意义的是"五个城市"》，见 http：//news.ifeng.com/a/20150523/43820879_0.shtml。

337. 余申哲：《长三角制造业转移的效应和模式选择》，硕士学位论文，浙江财经大学，2016年。

338. 俞守华、区晶莹、余平祥：《基于免疫算法和DEA方法的广东农业可持续发展能力态势分析》，《哈尔滨工程大学学报》2006年第27期。

339. 虞崇胜、张光辉：《经济发展方式转变与政治体制改革的内在逻辑》，《理论讨论》2011 年第 2 期。

340．臧正、郑德凤、孙才志：《区域资源承载力与资源负荷的动态测度方法初探——基于辽宁省水资源评价的实证》，《资源科学》2015 年第 1 期。

341．翟勇、杨世琦：《生态农业评价理论与实证研究》，《西北农林科技大学学报》（自然科学版）2006 年第 11 期。

342．张炳、毕军、葛俊杰、王仕、刘凌轩：《江苏苏南地区环境库兹涅茨曲线实证研究》，《经济地理》2008 年第 3 期。

343．张东琪等：《长江三角洲城市化效率与经济发展水平的耦合关系》，《地理科学进展》2013 年第 7 期。

344．张光辉：《经济发展方式转变的逻辑内涵》，《现代经济探讨》2011 年第 8 期。

345．张光辉：《经济发展方式转变的政治价值意蕴》，《道德与文明》2011 年第 5 期。

346．张贵、王树强、刘沙、贾尚键：《基于产业对接与转移的京津冀协同发展研究》，《经济与管理》2014 年第 4 期。

347．张国祥：《科学发展观与转变经济发展方式》，《理论月刊》2008 年第 3 期。

348．张皓宇：《河南省承接区域产业转移的对策研究》，硕士学位论文，河南大学，2013 年。

349．张宏元：《干旱区城市环境与经济协调发展评价与对策研究——以乌鲁木齐市为例》，《干旱区地理》2006 年第 7 期。

350．张慧：《陕西省产业结构与资源利用的协调发展研究》，硕士学位论文，西安建筑科技大学，2012 年。

351．张建清、刘家君、魏伟：《市场化进程与中国经济的不平衡增长》，《武汉大学学报》2014 年第 4 期。

352．张军、吴桂英、张吉鹏：《中国省际物资资本存量估算：1952—2000》，《经济研究》2004 年第 10 期。

353．张来武：《科技创新驱动经济发展方式转变》，《中国软科学》2011

年第 12 期。

354. 张乐、曹静：《中国农业全要素生产率增长：配置效率变化的引入：基于随机前沿生产函数法的实证分析》，《中国农村经济》2013 年第 3 期。

355. 张连辉、赵凌云：《改革开放以来中国共产党转变经济发展方式理论的演进历程》，《中共党史研究》2011 年第 10 期。

356. 张亮：《区域经济增长与金融支撑能力的实证研究——以吉林省为例》，博士学位论文，吉林大学，2013 年。

357. 张明：《产业升级与经济增长理论研究——兼论中国产业升级和经济增长融合之路》，硕士学位论文，山西财经大学，2013 年。

358. 张千友、王兴华：《民族地区：自然资源、经济增长与经济发展方式的转变研究》，《中央民族大学学报》2011 年第 4 期。

359. 张胜杰：《陕西省科技进步水平评价指标体系构建及分析》，硕士学位论文，西安科技大学，2011 年。

360. 张菀洺：《中国经济结构调整与发展方式转变的制约因素与战略选择》，《广东社会科学》2011 年第 4 期。

361. 张卫国、任燕燕、侯永建：《地方政府投资行为对经济长期增长的影响——来自中国经济转型的证据》，《中国工业经济》2010 年第 8 期。

362. 张协奎：《基于 DEA-Malmquist 指数的北部湾经济区行政效率分析》，《管理世界》2012 年第 8 期。

363. 赵晨：《地方政府、制度创新与经济发展方式转型》，博士学位论文，华中科技大学，2012 年。

364. 赵璐：《安徽承接产业转移模式分析》，《现代商贸工业》2009 年第 22 期。

365. 赵淑芹、刘倩：《基于 DEA 的矿产资源开发利用生态效率评价》，《中国矿业》2014 年第 1 期。

366. 赵伟伟：《四川人口资源经济与经济发展协调性分析》，硕士学位论文，西南财经大学，2010 年。

367. 赵文、程杰：《中国农业全要素生产率的重新考察：对基础数据的修正和两种方法的比较》，《中国农村经济》2011 年第 10 期。

368. 赵小克：《甘肃省金融发展对经济增长的传导机制研究》，博士学位论文，兰州大学，2013 年。

369. 赵雪雁、周健、王录仓：《黑河流域产业结构与生态环境耦合关系辨识》，《中国人口、资源与环境》2005 年第 4 期。

370. 郑予洪：《关于经济增长理论的简明述评》，《商业经济》2013 年第 3 期。

371. 周二敏：《淮河流域经济发展方式转变评价研究》，硕士学位论文，安徽财经大学，2014 年。

372. 周寄中：《科技资源论》，陕西人民出版社 1999 年版。

373. 周丽萍：《转变经济发展方式中的产业结构调整》，《江苏社会科学》2016 年第 6 期。

374. 周亮、徐建刚等：《粮食增产背景下淮河流域农业生产效率时空变化分析》，《地理科学》2013 年第 12 期。

375. 周婷仇、方道、朱传耿等：《淮海经济区产业联系空间特征分析》，《地理科学》2010 年第 30 期。

376. 周维现：《中国欠发达县域经济发展研究》，博士学位论文，武汉大学，2013 年。

377. 周小亮：《新常态下中国经济增长动力转换：理论回溯与框架设计》，《学术月刊》2015 年第 47 期。

378. 周扬、李宁等：《1982—2010 年中国县域经济发展时空格局演变》，《地理科学进展》2014 年第 1 期。

379. 周泽炯、黄邦根：《产业转移的模式与效应及其对产业结构优化升级影响的研究综述》，《滁州学院学报》2014 年第 4 期。

380. 朱洪瑞、刘家顺：《新常态下中国经济发展动力探讨——以煤炭产业转型升级动力分析为例》，《煤炭经济研究》2015 年第 4 期。

381. 朱君：《上市公司对区域经济发展的影响研究》，博士学位论文，东北师范大学，2014 年。

382. 朱微玲：《湖南省承接产业转移的动力机制及模式研究》，硕士学位论文，湘潭大学，2013 年。

383. 朱娅、应瑞瑶：《农民的现代性与农业全要素生产率：基于江苏省农户调查的实证分析》，《华东经济管理》2011 年第 11 期。

384. 朱元秀、徐长乐：《长三角地区转型发展的进程评价》，《华东经济管理》2014 年第 9 期。

385. ［美］梅多斯：《增长的极限》，商务出版社 1984 年版。

386. Jiying（Kelly）Wang，《经济发展与文化价值观变迁》，博士学位论文，中南大学，2014 年。

二、英文参考文献

1. Common M. S.，Sustainability and policy，Cambridge University Press，Cambridge，UK，1995.

2. Althammer. "Does Oil and Gas Wealth Eat Up Total Wealthy Analyzing the Resource Curse with Measures of Sustainable Wealth"，*Wilhelm and Schneider*，2013.

3. Bhattacharyya S. and Hodler R.，"Natural Resources，Democracy and Corruption"，*European Economic Review*，2009（54）：608-621.

4. Brock W. and M. Taylor，"Economic Growth and the Environment：A Review of Theory and Empirics"，*Handbook of Economic Growth*，2005（1）：1749-1821.

5. Ding S.，Knight J.，Why has China Grown So Fast，The Role of Physical and Human Capial Formation，Oxford Bullentin of Economics and Statistics，2011.

6. Elhorst J. P.，Freret S.，"Evidence of political yardstick competition in france using a two-regime spatial Dublin model with fixed effects"，*Reg Sci. Volume* 49，*Issue*，2009（5）：931 - 951.

7. Elhorst J. P.，"Dynamic panels with endogenous interaction effects

when T is small", *Reg Sci Urban Econ*, 2010 (5): 272-282.

8. Elhorst J. P. , Matlab software for spatial panels. Paper presented at 4th world conference of the spatial econometric association, Chicago, 2010.

9. Elhorst J. P. , "Serial and spatial autocorrelation", *Econ Lett*, 2008 (3): 422-424.

10. Elhorst J. P. , Spatial Panel Data Models. Berlin: Springer, 2010 (6): 377-407.

11. Elhorst J. P. , Specification and Estimation of Spatial Panel Data Models》, International Regional Science Review, 2003 (3): 244-268.

12. Grossman G. and Krueger A. , "Economic Growth and the Environment", *Quarterly Journal of Economics*, 1995 (2): 352-377.

13. Hsiao C. , Analysis of Panel Data. 2nd ed. , Cambridge: Cambridge University Press, 2003.

14. John A. , Pecchenino, R. , "An overlapping generations model of growth and the environment ", *Economic Journal*, 1994 (104): 1393-1410.

15. John A. , Pecchenino, R. , Schimmelpfening, D. Schreft, S. , "Short-lived agents and the long-lived environment", *Journal of Public Economics*, 1995 (58): 127-141.

16. Kersebaum KC, Steidl J, Bauer O. , "Modeling scenarios to assess the effects of different agricultural management and land use options to reduce diffuse nitrogen pollution into the river Elbe", *Physics and Chemistry of the Earth*, 2003 (28): 12-13.

17. Keviborg O. , Fosgerau, M. , "Decomposing the decoupling of Danish road freight traffic growth and economic growth", *Transprot Policy*, 2007 (1) .

18. Lakshmanan T. R. , "The broader economic consequences of transport infrastructure investments", *Journal of Transport Geography*, 2011

(19).

19. Matsuyama K. M., "Agricultural Productivity, Comparative Advantage, and EconomicGrowth", *Journal of Economic Theory*, 1992 (58): 317-334.

20. Namibia K. K. M., Gupta A. P., Qinglin Fu., et al., "Biophysical, Chemical and socio-economic indicators for assessing agricultural sustainability in the Chinese coastal zone", *Agricultural, Ecosystems and Environment*, 2001 (87): 209-214.

21. Owen D., Hogarth, T., Green, A. E., "Skills, transport and economic development: evidence from a rural area in England", *Journal of Transport Geograpjy*, 2012 (21).

22. Ozyigit A., Eminer, F., "Bounds Test Approach to the Relationship between Human Capital and Foreign Direct Investment as Regressors of Economic Growth in Turkey", *Applied Economic Letters*, 2011.

23. Parent O., Le Sage J. P., "A space-time filter for panel data models containing random effects", *Comput Stat Data Anal*, 2011 (1): 475-490.

24. Rao B., Vadlamannati, K. C., "The Level and Growth Effects of Human Capital in India", *Applied Economic Letters*, 2011.

25. Resource Curse with Measures of Sustainable Wealth, 2013 (12): 1-22.

26. Sachs J., Woo W. T., Fischer S., "Structural factors in the economic reforms of China, Eastern Europe, and the former Soviet Union ", *Economic Policy*, 1994: 102-145.

27. Sachs J. D., Warner. A. M., "Sources of Slow Growth in African Economics", *Journal of African Economies*, 1997 (6): 335-380.

28. Sachs J. D., Warner. A. M., "Fundamental Sources of Long-run Growth", American Economic Review, 1997 (87) 184-188.

29. Sachs J. D. , Warner. A. M. , Natural Resource Abundance and E-conomic Growth, National Bureau of Economic Research, Cambridge, MA, 1995.

30. Sachs J. D. , Warner, A. M. , "Natural Resources and Economic Development: The Curse of Natural Resources", *European Economic Review*, 2001 (45): 827-838.

31. Selden TM, Song DS. , "Environment quality and development: Is there a Kuznets Curve for air pollution emissions", *Environmental Economic and Management*, 1994 (2): 147-162.

32. Selden T. , Song, D. , "Environmental quality and development: Is there a Kuznets Curve for air pollution emissions?", *Journal of Environmental Economics and management*, 1994 (27): 147-162.

33. Solow, Robert, Technical Change And Production Function. Review of Eeonomics and Statistics, 1957.

34. Stern, D. , and M. Common, "Is There an Environment Kuznets Curve for Sulfur?", *Journal of Environmental Economics and Management*, 2011 (2): 162-178.

35. Toya H. , Skudmore M. , Robertson R. , "Accumulation on Economic Growth Using Natrual Disaster as an instrument", *Eastern Economic Journal*, 2010.

36. Wright, "The Origins of American Industrial Success, 1897-1940", *American Economic Review*, 1990 (80): 651-668.